"浙江越秀外国语学院出版基金"资助出版

中小企业创新的风险与绩效研究
——以纺织企业为例

陈寿雨 著

ZHEJIANG UNIVERSITY PRESS
浙江大学出版社

图书在版编目(CIP)数据

中小企业创新的风险与绩效研究:以纺织企业为例 /
陈寿雨著. —杭州:浙江大学出版社,2015.12
ISBN 978-7-308-15453-6

Ⅰ.①中… Ⅱ.①陈… Ⅲ.①中小企业—企业创新—
研究 Ⅳ.①F276.3

中国版本图书馆 CIP 数据核字(2015)第 306708 号

中小企业创新的风险与绩效研究——以纺织企业为例

陈寿雨 著

责任编辑	张凌静(zlj@zju.edu.cn)
文字编辑	赵黎丽
责任校对	徐 瑾
封面设计	十木米
出版发行	浙江大学出版社
	(杭州市天目山路 148 号 邮政编码 310007)
	(网址:http://www.zjupress.com)
排 版	杭州星云光电图文制作有限公司
印 刷	杭州杭新印务有限公司
开 本	710mm×1000mm 1/16
印 张	14.5
字 数	276 千
版印次	2015 年 12 月第 1 版 2015 年 12 月第 1 次印刷
书 号	ISBN 978-7-308-15453-6
定 价	49.00 元

浙江大学出版社发行部联系方式:0571-88925591;http://zjdxcbs.tmall.com

前　言

进入 21 世纪以来，企业外部环境发生了剧烈变化，传统产业的中小企业的生存和发展受到了严重威胁。为了应对不利的发展环境，中小企业需要创新，建立起新的竞争优势，才能在市场竞争中立于不败之地。在中小企业创新的意愿和压力越来越强、各种创新实践活动不断涌现的背景下，如何识别和防范创新风险、提高创新成功率，以及如何让成功的创新促进企业绩效的提升，从而增强企业的生存能力和竞争力，对中小企业而言，具有十分重要的现实意义。

本书基于中低技术产业创新、中小企业创新、创新风险因素、创新与企业绩效关系等相关理论，通过对浙江中小制造企业创新现状的调查和对绍兴中小纺织企业创新管理现状的调查，以及对浙江 203 家中小纺织企业创新的调查，采用多种规范化的量化实证分析方法，识别影响中小企业的不同类型创新的关键风险因素，分析各类创新与企业绩效的关系，探讨不同类型创新对企业绩效的作用机理，评估创新的关键风险因素与风险后果（包括各类创新不能实现和企业绩效不能实现）的风险等级，最后从微观和宏观两方面提出针对中小企业创新的若干对策措施。本书主要结论有：

第一，中小企业的创新受企业内外部共 11 个关键风险因素的影响。外部风险因素包括技术信息、市场信息、技术合作、营销合作和市场特征等，内部风险因素包括管理技能、技术技能、技能匹配、创新资金、创新管理和创新文化等。这些关键风险因素影响中小企业各类创新的实现。

第二，中小企业各类创新的关键风险因素存在差异。影响产品创新的关键风险因素最多，11 个关键风险因素都与产品创新有关，体现了产品创新的复杂性。影响工艺创新的关键风险因素有 7 个，包括技术信息、技术合作、技术技能、管理技能、创新资金、创新管理和创新文化。影响营销创新的关键风险因素也有 7 个，包括市场信息、营销合作、市场特征、管理技能、创新资金、创新管理和创新文化。影响组织创新的关键风险因素有 4 个，包括管理技能、创新资金、创新管理和创新文化。

第三，中小企业各类创新对企业的财务绩效和成长绩效都有显著影响，各类创新提升了企业绩效。在四种不同类型的创新中，组织创新起到了基础性的作用,它促进了产品创新、工艺创新和营销创新,组织创新也主要通过这三类创新影响企业绩效。产品创新是其他三类创新影响企业绩效的一个中心环节,工艺创新、营销创新和组织创新部分或全部通过产品创新影响企业绩效。工艺创新和营销创新一方面受组织创新的影响,另一方面又通过产品创新间接地影响企业绩效。

第四,创新性(创新程度)起到调节各类创新与企业绩效关系的作用。产品创新性和营销创新性对产品创新、营销创新与财务绩效的关系的调节作用比较显著,而工艺创新性和组织创新性则对工艺创新、组织创新与成长绩效的关系的调节作用比较显著。与低创新性相比,高创新性使财务绩效或成长绩效提升更快。

第五,各类创新与企业绩效的关系还受市场竞争调节。市场竞争对各类创新与财务绩效的关系的调节作用比较明显,而对各类创新与成长绩效的关系的调节作用不明显。与低竞争性市场相比,高竞争性市场使财务绩效提升变慢。

最后,中小企业创新的风险等级总体上为中等。在关键风险因素方面,技术信息、市场信息、技术合作、营销合作、市场特征、管理技能、技术技能、技能匹配、创新管理等9个风险因素的风险等级为中;创新资金和创新文化等2个风险因素的风险等级为高。关键风险因素的风险级别越高,该因素造成创新不能实现的可能性就越大。在风险后果方面,产品创新、工艺创新、营销创新和组织创新等无法实现的风险等级为中,成长绩效和财务绩效无法现实的风险等级也为中。风险后果的风险级别越高,各类创新或各类企业绩效不能实现的可能性就越大。

与国内现有同类研究相比,本书的创新性成果主要表现为三个方面:

第一,在研究对象上,本书聚焦于重要而又被忽视的中低技术产业中小企业的创新。对中低技术产业中小企业的创新进行研究,在某种程度上丰富了我国产业和企业创新理论,表现出一定程度的理论创新。

第二,在研究内容上,以往的研究主要围绕产品创新展开,而本书则通过区分产品、工艺、营销和组织等四类创新进行关键风险因素的识别,使创新风险理论研究得到进一步拓展。本书还深化了对创新与企业绩效关系的认识。通过区分创新类型和企业绩效类型,并把不同类型创新之间的关系、创新性和市场竞争纳入创新与企业绩效关系的研究中,使得研究更加深入。

第三,在研究框架上,本书整合了创新风险因素—不同类型创新—企业绩效的关系。以往的许多研究主要围绕新产品成败的因素,或者创新与企业绩效之间的关系展开,本书将三者的关系纳入一个研究中,既可以识别影响不同类型创新的关键风险因素,又可以发现不同类型创新影响企业绩效的机理,从而使研究更加全面。

目　录

第1章 导 言

1.1 研究背景与意义

1.1.1 研究的现实背景

在我国工业企业中,中小企业不仅数量众多,贡献了大部分的工业产值,还解决了大量的劳动力就业问题,中小企业是我国工业经济的重要组成部分。[①] 以纺织产业为例,2010 年纺织产业规模以上中小企业数量有 33 212 家,占所有产业规模以上企业总数的 99.48%,从业人员 559 万,占规模以上企业总人数的 86.4%,是中小企业从业人员总量最多的行业(《中国中小企业年鉴(2011)》)。但近年来,许多中小企业面临融资难、原材料和劳动力成本不断上涨等不利条件,外向型中小企业还受美元贬值的不利影响,企业生存和发展受到了威胁,珠三角、长三角等地集中出现了中小企业倒闭现象。与大企业相比,中小企业主要集中分布于传统的劳动密集型行业和技术资本有机构成相对较低的产业(《中国中小企业年鉴(2011)》)。许多企业利润率较低,抵御危机能力薄弱,更容易遭受各种不利的外部环境的威胁,面临的困难更加突出。

纺织产业是我国传统优势产业之一,是具有比较优势的劳动密集型产业,也属于典型的 R&D 支出占销售额比例较低的中低技术产业。近几年来,纺织产业遭受了国内外许多不利的宏观环境的影响。以始于美国的"次贷危机"为例,它引发了全球性的"金融海啸",导致我国纺织品出口严重受挫。据统计,全国纺织行

---

① 根据《中国统计年鉴 2010》、《中国经济普查年鉴 2008》的数据显示:全国规模以上工业企业中,中小企业数量所占比重达 99.25%,占所有工业产值的 67.94%,占全部从业人员的 76.86%。如果加上规模以下工业企业数量 1 477 267 个、工业总产值 36 659.71 亿元,从业人员 3 169.70 万,则中小企业在数量、产值和从业人员等方面所占的比重分别达到了 99.83%、69.94% 和 82.97%。

业出口交货值从 2007 年的 3984.09 亿元下降到 2008 年的 3293.85 亿元,下降比率为 17.3%;纺织品出口大省浙江省的纺织行业出口交货值从 2007 年的 1303.42 亿下降到 2008 年的 706.05 亿,下降比率高达 45.8%(《中国工业经济统计年鉴(2008)》、《中国工业经济统计年鉴(2009)》)。在"次贷危机"发生及后续的一段时间里(从 2007 年 8 月到 2009 年 2 月),根据中国・柯桥纺织指数办公室提供的数据显示(见图 1.1),纺织业的总景气指数、总市场景气指数呈下降趋势,总生产景气指数波动较大,大体表现为先升后降的趋势,直到 2009 年 2 月后,三大指数才表现出缓慢上升的势头。

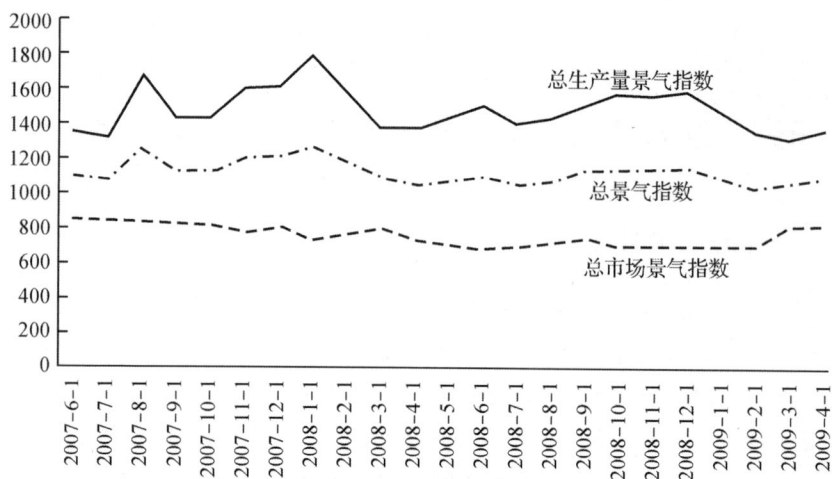

图 1.1 中国・柯桥纺织指数

数据来源:根据中国轻纺城建设管理委员会指数办的数据整理

除此之外,纺织产业正受累于整个社会的劳动力成本快速上升的压力。城镇单位就业人员平均工资在 2007 年增加了 18.55%,在 2008 年增加了 16.9%(《中国统计年鉴 2011》)。

从整个纺织产业链来看,我国许多纺织企业还没有掌握产业链的主要链节,仍局限在不掌握定价权的制造环节,处于产业价值链中的最低层,产业的国际分工地位较低(李生校,赵梁红,2008;王瑾,2009)。虽然,纺织产业是一个"永恒"的产业,但是在不利的全球经济环境中,粗放式经营、生产附加值低、处于产业价值链低端的纺织企业,容易丧失竞争力,也很可能被淘汰出局。

在不利的外部环境和激烈的市场竞争中,创新成了许多企业获取持续竞争力的法宝。企业要持续发展,就需要有竞争优势,而创新则日益成为促进经济增长和构建企业竞争优势的关键(Ansoff,McDonnell,1990;Porter,1990;陈劲,

2001)。在许多行业,技术创新成了取得竞争胜利最重要的驱动因素(Schilling,2005)。战略管理大师麦克尔·波特认为企业做到了降低成本和提高产品(服务)质量还不够,还必须能够创造和商业化相关的一系列朝向技术前沿的新产品和新工艺,同时领先竞争对手一两步(Porter,2001)。管理大师彼得·德鲁克直言"每个组织都需要一项核心竞争力——创新"(Gebreeyesus,Mohnen,2013)。创新理论大师克里斯·弗里曼在其《工业创新经济学》一书中也作出了"不创新,则死亡"的告诫(Freeman,Soete,1997)。因此,促使企业进行各类创新,加快纺织产业升级是我国纺织产业发展的必由之路。

我国各级政府部门也都在不遗余力地倡导和鼓励企业创新,制定了许多有利于创新的政策措施,形成了较为良好的政策环境。2009 年 2 月,国务院通过了《纺织工业调整和振兴规划》,提出:"稳定纺织工业国际市场份额,扩大国内市场消费需求,以自主创新、技术改造、淘汰落后、优化布局为重点,推动纺织工业结构调整和产业升级,巩固和加强纺织工业就业惠农的支撑地位,推进我国纺织工业实现由大到强的转变。"《纺织工业"十二五"科技进步纲要》指出:"以企业为主体、市场为导向,产学研相结合的科技创新体系,为提高创新能力提供动力和支撑。鼓励大型企业加大研发投入,激发中小企业创新活力。"纺织工业大省浙江省从 2003 年提出的"八八战略"到 2007 年的"创业富民、创新强省"的总战略,都涉及传统企业的创新和发展。作为我国重要的纺织工业中心之一的浙江省绍兴市,在 2007 年颁布的《绍兴市科技型企业培育发展规划纲要(2006—2010 年)》中提出"鼓励技术创新,支持企业成为科技创新主体的政策",并于 2008 年和 2009 年先后发布了《绍兴市工业创新发展行动纲要》和《提升发展纺织等五大产业若干政策的通知》,提出"加大创新扶持,推进企业提升"等若干具体政策。

在各级政府部门的政策引导和各类媒体的大量宣传下,许多处于危机中的纺织企业认识到技术创新对于企业生存和发展的重要意义,同时不少企业已经或正在开展各类创新活动。从全国范围来看,从 2008 年到 2011 年,规模以上纺织企业在 R&D 经费支出、开发新产品经费支出、新产品产值、新产品销售收入以及有效发明专利数等方面增长非常迅速(见表 1.1)。

虽然纺织企业总体上在创新方面的投入和产出快速增加,但是创新的复杂性和不确定性,使得目前从事技术创新的纺织企业在数量上和比例上都不太高。2011 年全国规模以上纺织企业有 22 943 家,其中设有研发机构的企业数和有 R&D 活动的企业数分别为 1 087 家和 1 510 家,所占比率分别为 4.74%和 6.58%;在工业总产值中,新产品的比重为 10.21%;在主营业务收入中,新产品的比重为 10.08%(《中国科技统计年鉴 2012》)。

表 1.1　2008—2011 年纺织企业有关创新方面的数据

	R&D 经费（亿元）	开发新产品经费（亿元）	新产品产值（亿元）	新产品销售收入（亿元）	有效发明专利数（个）
2008	53.34	73.27	1045.79	1018.95	829
2009	69.18	87.80	1816.58	1533.08	998
2010	84.64	113.65	2362.51	2352.16	1660
2011	136.02	165.24	3332.49	3253.94	1962
2008—2009 增速	29.7%	19.8%	73.7%	50.5%	20.4%
2009—2010 增速	22.3%	29.5%	30.1%	53.4%	66.3%
2010—2011 增速	60.7%	45.4%	41.1%	38.3%	18.2%
年平均增速	37.6%	31.6%	48.3%	47.4%	35.0%

资料来源：根据《中国统计年鉴 2009》《中国统计年鉴 2010》《中国统计年鉴 2011》和《中国统计年鉴 2012》)数据整理

1.1.2　研究的理论背景

1.1.2.1　中低技术产业创新的研究开始受到重视

根据经济合作与发展组织（Organization for Economic Cooperation and Development，OECD）划分产业类型的标准，把 R&D 投入占销售额的比例在 4% 以下的产业称为中低技术产业（Low and medium-techno logy industries，LMTs）。中低技术产业与高技术产业相比，由于在 R&D 资金投入方面存在差异，中低技术产业创新因此具有一定的独特性（Hirsch-Kreinsen，2008a）。中低技术产业一般以渐进性创新和采用其他产业的创新成果为特征，创新活动往往集中于生产效率、产品差异和市场营销方面（Von Tunzelmann，Acha，2005）。同时，相对于高技术产业，中低技术产业容易受到忽视。然而，中低技术产业（主要是传统产业），在整个国民经济中还占有很大的比重，对经济持续增长有重大影响。目前，有关中低技术产业创新的研究在国外受到了越来越多的重视，如欧盟有研究低技术产业创新和政策的 PILOT（Policy and Innovation in Low-tech）项目、创新领域著名期刊 Research Policy 在 2009 年专门刊出了有关中低技术产业创新研究专辑等。虽然国内直接以中低技术产业创新为主题的研究不多，但围绕传统产业转型升级的研究非常多。有关传统产业转型升级的研究通常与各种形式的产业创新相关，与中低技术产业创新的研究存在许多交集。

1.1.2.2　中小企业创新与大企业创新存在明显差异

从企业层面对创新进行研究比较普遍（Miika，Hannu，2010），以中小企业为背景的创新理论研究受到越来越多的重视。研究表明，中小企业创新活动具有独特性，并且创新对于中小企业至关重要。与大企业相比，中小企业在创新方面既有优势，又有劣势。例如，Galbraith(1993)研究表明，创新活动花费越来越高，只有拥有大量多余资源的大企业才可能从事创新。另一方面，又有很多理由认为中小企业比大企业更具创新性，因为中小企业能够对市场变化和需求作出迅速反应而更易于创新(Ettlie,1983)。大企业在创新方面的优势在于资金和资源，表现为"物质优势"；而中小企业在创新方面的优势在于企业家精神、内部灵活性和对环境变化的快速反应能力，表现为"行为优势"。

创新长期以来就被认为是中小企业生存和发展的关键因素(Acs,Audretsch,1988)。大企业可以通过兼并、收购中小企业、多元化及国际化发展等多种方式获得竞争优势，而对中小企业来说，并没有这么多的战略可供选择，创新往往成为获得竞争优势的方法(Storey,1982)。在知识经济时代和动态化的全球环境中，中小企业只有不断创新才能克服自身的不足(Hoffman et al.，1998)。中小企业必须不断地把握新的机会来维持竞争优势、增强开发新产品的能力和成为价值创造的核心环节(Hurmelinna-Laukkanen et al.，2008)，这样才能使企业获得持续发展。

1.1.2.3 缺少基于特定背景的创新风险因素研究

由于创新活动有很大的不确定性(Rosenberg,1994)，中小企业创新过程存在许多困难或风险(Hussinger,2010;Rolfo,Calabrese,2003)，许多案例揭示创新失败是由各种各样的风险因素造成的(O'Regan et al.，2006)。现有文献在创新的风险因素方面，并没有形成一致性的结论。这在一定程度上说明企业创新的复杂性以及因创新情境不同而产生基于情境的特定研究结论(Acs,Audretsch,1988)。

从 20 世纪 60 年代开始，美国就有技术创新成败的研究，但是研究主要是围绕产品创新或新产品开发的成败，对于其他类型的创新(如工艺创新、营销创新和组织创新等)关注不多。对于中小企业来说，由于从事研发活动的中小企业较少，许多企业没有正式的研发机构或专门研发人员，所以对这类企业的创新不能只考虑纯技术型创新而忽视非技术型创新，因此对产品创新风险之外的其他类型创新风险研究也是至关重要的。

另外，西方学者对创新风险因素的研究主要集中于西方大型企业上，对发展中国家以及中小企业的创新风险关注还不够(Halit,2006)。此外，与西方学者对创新风险研究的成果相比较，我国在这方面研究数量上是偏少的，研究的广度与深度存在不足，这与我国中小企业日益频繁的创新活动这一现实不相适应。因此，结合中国国情及中低技术产业背景的中小企业创新风险研究正凸显其价值。

1.1.2.4 创新与企业绩效之间存在复杂的关系

国外研究创新与企业绩效的文献很多，通常认为创新有助于提高企业的绩效(Damanpour,Evan,1984)。但也有研究表明创新与企业绩效的关系并不这么直接(Freeman,Soete,1997),还会受很多条件的影响。例如,创新可能受到抵制。一旦企业采纳某个创新,可能就会强迫员工、供应商、顾客都使用它,而这些人可能没有认识到这项创新对他们的重要性,从而创新成果可能不被员工、市场所接受(Waarts et al.,2002)。另外,创新往往消耗中小企业的大量资源。对于我国中小企业,我们不能认为创新必然会改善企业绩效,需要结合企业调查数据,进行实证研究来阐述它们之间的关系。

1.1.3 研究的意义

中小企业是我国企业的重要组成部分,通过创新来提升这类企业的竞争力的观点已被广泛认同。但是,创新又是高风险的事业,不仅可能会出现创新过程的失败,还可能出现完成了的创新并没有给企业带来预期的价值。这不仅阻碍了中小企业的创新步伐,而且让部分创新先行者遭受失败的损失,使企业陷入"困境—创新—失败—困境"的恶性循环。在此背景下,对中小企业创新的风险因素以及创新对企业绩效的影响进行研究,可以在一定程度上把握不同类型创新的关键风险因素和不同类型创新对企业绩效的作用机理,从而对创新实践有一定的指导意义。

具体而言,本研究的意义在于:

第一,对中小企业不同类型创新的风险因素进行研究,在理论上,把技术创新风险研究领域从目前以产品创新风险为主拓展到工艺创新风险、营销创新风险和组织创新风险,丰富这方面的研究成果;在实践上,研究成果可以使中小企业了解不同类型创新的关键风险因素,从而更有针对性地防范创新风险。

第二,对中小企业不同类型创新与企业绩效的关系进行研究,在理论上,深化了创新对企业绩效影响机理的认识;在实践上,可以使企业了解通过创新实现企业绩效目标的条件,从而使创新能够更好地提升企业绩效。

1.2 关键概念的界定

1.2.1 创新

1.2.1.1 创新的概念

创新是个古老的词汇,它的本意是"变化"的意思。长期以来,创新被主流经济学家忽视。人们倾向于把新知识、发明和创新看成是游离于经济模型框架之外的"外生变量"(Freeman,Soete,1997)。与此相反,奥地利经济学家约瑟夫·A.熊彼特(Joseph Alois Schumpeter)认为创新是现代经济学的精髓,它是

"创造性地毁灭",使已有的固定资本陈旧过时,创新促使资源配置从旧的过时的产业转移到新的产业上来。熊彼特在 1912 年出版的德文著作 *Theorie der wirtschaftlichen Entwicking*(《经济发展理论》)中,把创新定义为生产体系中的"生产要素的新组合",并指出创新有五种形式:引入新产品、采用新工艺、开辟新市场、利用新原料和采用新的组织方式。他对创新的定义内容涉及广泛,包含了各种可以提高资源配置效率的活动,既有与技术有关的产品创新和工艺创新,也有非技术性方面的营销创新和组织创新。

自从熊彼特提出创新的概念以来,研究者从不同角度对创新概念进行界定和拓展。如 Solo(1951)首次从过程的角度解析创新的定义,认为创新包括新思想的来源以及后序阶段的实现发展。Pfeffer(1956)把创新定义为"许多不同活动的组合",这些活动包括发明、获取资本、建造工厂、人员雇用、市场开发,以及生产和分销等。Mansfield(1968)对创新所下的定义被较多地使用:创新是从企业对新产品的构思开始,以新产品的销售和交货为终结的探索性活动。美国国家科学基金会(National Science Foundation,United States)在《1976 年:科学指示器》中,将技术创新的定义扩展为"技术创新是将新的或改进的产品、过程或服务引入市场"(Feinman et al.,1976)。OECD 认为技术创新是指发现技术发明带来的新机会,并通过开发、生产和营销等过程实现发明的成功商业化的反复过程(Freeman,1991)。该定义包括两层意思:创新包括了技术发明与市场引入的过程,使技术发明在最终用户中被采用和扩散;创新过程是不断反复的,创新是不断推出和改进的过程。根据 OECD 的定义,新的发明在没有商业化之前还不能算创新,创新不仅包括基础研究和应用研究,还包括产品开发、制造、营销、服务,以及后续的产品改进和升级。

我国技术创新理论研究的先驱许庆瑞(2002)院士认为,技术创新是为了满足社会需要而对现有知识的新的综合,是新技术的第一次商业应用,也是科学转化为直接生产力的阶段。因此,技术创新已不是单单局限于技术发明或对产品、生产工艺的改进,还包括新技术产生的新产品和新工艺的首次商业化过程,包括新思想的产生、研发、试制、生产到推向市场实现商业价值的过程。

由于对技术创新理解的不断演进,技术创新的概念趋向于广义,即技术创新是技术变化引起的一系列营销、管理、金融、技术、市场、组织变化乃至产业和经济体系的演变(陈劲,郑刚,2009)。

虽然有关创新的概念有不同的观点,但基本上都是从创新过程或(和)创新内容的视角所下的定义(见表 1.2)。

从创新内容看,我们发现创新不仅仅在技术领域发生,还可以出现在其他非技术领域。基于此,本研究将创新和技术创新视为同一概念,将不再作区分。

表1.2 创新的定义

	过程视角	内容视角
熊彼特(1912)		表现为产品、工艺、市场、原料和组织方式
Solo(1951)	从新思想来源到后序阶段的实现发展	
Pfeffer(1956)	从发明、获取资本,到建造工厂、人员雇用,再到市场开发,以及生产和分销	
Mansfield(1968)	从新产品的构思,到新产品的销售和交货	
NSF(1976)	将新产品、过程或服务引入市场	产品、过程或服务
许庆瑞(2002)	现有知识的新的综合、新技术的第一次商业应用和科学转化为直接生产力。	
OECD(2005)		产品、工艺、营销和组织
陈劲,郑刚(2009)	从技术变革,到营销、管理、金融、技术、市场、组织变化乃至产业和经济体系的演变	营销、管理、金融、技术、市场、组织变化、产业和经济体系

从创新过程看,上述各种定义虽然没有存在严重的分歧,但在采集企业创新的数据时,往往会造成统计口径的差异。因此,OECD 在 2005 年出版的 *The Measurement of Scientific and Technological Activities*, *Oslo Manual*: *Guidelines for Collecting and Interpreting Innovation Data*(2005,the 3nd edition)[1]中,把企业创新分为产品创新、工艺创新、营销创新和组织创新等四种类型,并把它们分别进行定义,从而建立创新数据采集的统一标准,使不同国家或地区的创新调查结果具有可比性。根据 OECD 的观点,产品创新包括商品与服务的创新,它是利用新知识和新技术或者是现有知识和技术的重新组合,或开发它们的新用途。产品创新是在技术进步、顾客需求的变动、产品生命周期缩短和更加竞争性的全球市场背景下,企业要完成的一项艰难又充满风险的事件。工艺创新是指生产工艺和物流方法上的显著变化,包括在技术、装备和软件上的重大革新,以减少单位产品的生产或物流成本,提高质量。营销创新是指实施新的营销方法,包括产品设计和包装、产品促销和分销以及定价方法的改变等。组织创新是指实施新的组织方法,包括商业行为、生产活动、外部关系的改变等。

---

[1]该手册相应的中译本为高昌林译的《奥斯陆手册:创新数据的采集和解释指南(第 3 版)》,由科学技术文献出版社于 2011 年出版。本书参考了该书对相关专业词汇的译法,如将 process innovation 译作"工艺创新"等。

虽然创新有多种类型,但是不同类型创新之间并不是互斥的,正如 Weerawardena(2003)指出的那样:"创新是企业新想法的应用,它直接为企业创造价值或者间接为顾客增加价值,而不管这种新的增加价值的方式体现在产品、工艺、组织系统,还是营销系统中。"当然,不同类型的创新之间还是有所不同的,例如,不同类型的创新需要不同的创新资源,以及对增加回报、提高质量或降低成本等企业绩效的改善有不同的影响(Johne,1999)。另外,技术型创新(主要是产品和工艺创新)和非技术型创新(主要是营销和组织创新)需要在一定程度上的配合和协调,才能更有利于企业绩效的改善(Trist,1981)。

此外,Tidd 等(2005)指出对创新的不全面理解可能会引出许多问题(见表1.3)。对于传统产业的中小企业来说,全面理解创新的含义,而不是把创新仅限于纯技术领域,这样才有助于发现新的创新机会。同时,也不能把"停止使用工艺、营销策略或组织方法,停止销售产品"、"资本的简单替代或扩张"、"仅由价格变化带来的变革"以及"和现有产品没有明显不同的定制"等作为创新(OECD,2005)。

表 1.3　对创新的不全面理解可能引出的问题

如果只把创新看作	则结果可能是
强的研发能力	技术不能满足客户需要并且可能不被接受
专家的活动领域	缺少其他人的参与,缺少来自其他人的关键知识和经验
理解和满足顾客需求	缺乏技术进步,并导致不能赢取竞争优势
跟着科技前沿走	生产的产品或提供的服务市场并不需要,设计方面不能满足用户需求,并且其设计受到抵制
只是大企业的职责	弱小公司依赖大企业;表面上低微的小企业的破坏性创新却抓住了新技术和市场机会
只是突破性的改变	忽略了潜在的渐进式创新,而失去了加强破坏性创新的能力
只想到有战略性目标的项目	可能错失意外机会,而这种机会却开辟了新市场
只与关键个体有关	没有利用其他成员的创造性,也不能利用他们的知识和观点来改进创新
只在企业内部完成	非此处发明的影响,对来自企业外部的好想法进行抵制
只在企业外部完成	创新变成只需写一张外部采购清单这么简单的事,几乎没有内部学习和对技术能力的开发

资料来源:Tidd et al.(2005)

1.2.1.2　创新程度与内容的划分

创新性(innovativeness)经常用于度量一项创新的"新"的程度。高创新性和低创新性分别是创新程度的两个端点(Garcia,Calantone,2002)。按照创新的强度分,从低到高通常可以划分为渐进性创新(incremental innovation)、重大创新(radical innovation)和突破性创新(breakthrough innovation)。渐进性创新是指在原有的技术轨迹下,对产品或工艺流程等进行程度较小的改进和提升;重大创新是指在现有的技术轨迹和商业模式下,推出重大的新产品或者对现有产品或服务进行重大改进;突破性创新是在重大创新中具有科学技术上突破的创新(陈劲,郑刚,2009;许庆瑞,2002)。

对技术型创新(产品创新、工艺创新等)来说,创新程度容易被区分为渐进性创新、重大创新或突破性创新,但对于非技术型创新(营销创新和组织创新)来说,上述区别的界线较为模糊。根据 Zeng 等(2010)对文献的分析,创新性也可分为:对世界来说是新的、对行业来说是新的、对科学领域来说是新的、对市场来说是新的、对企业来说是新的,以及对客户来说是新的。OECD(2005)也作出类似的划分,即对企业而言是新的、对市场而言是新的、对世界而言是新的,以及破坏性创新。这些划分方法,既适合于技术型创新,也适合于非技术型创新。

在创新内容方面,大量文献涉及许多不同的方面,主要有:新技术、新产品线、新的产品功能/特性、新产品设计、新工艺、新服务、新竞争、新客户、新的客户需求、新的消费模式、新用法、新的改进或变化、新开发的技能、新的营销/销售/分销技能、新的管理技能、新的学习/经验/知识、新的质量/利益等(Garcia,Calantone,2002)。以上创新内容,基本上可以归入产品创新、工艺创新、营销创新和组织创新中(见表 1.4)。

表 1.4　创新的内容

创新的类型	创新的内容	
产品创新	产品功能/特性	技 术、质 量、利益
工艺创新	工艺(生产流程)	
营销创新	客户服务、竞争、客户、客户需求、新的消费模式、营销/销售/分销技能、产品设计	
组织创新	产品线、管理技能、学习/经验/知识	

1.2.1.3　本研究对创新的界定

在分析了各种对创新的定义之后,本研究认为 OECD 在 2005 年从创新内容的角度对创新的定义符合本研究的实际,即"创新是指出现新的或显著改进的产品或工艺,或者新的营销方式,或者新的组织方式"(OECD,2005)。创新应该包括有关技术方面的产品与工艺创新,还应包括非技术方面的营销与组织创新,而不是如此对企业创新的狭义划分,仅限于产品创新和工艺创新。OECD 对企业创新的界定已经充分考虑了中低技术产业创新和中小企业创新的实际,在很大程度上体现了本研究所涉及企业的创新活动内容。

在创新程度方面,本研究结合实际,基于 Zeng 等(2010)和 OECD(2005)的观点,只要符合创新的最低标准——"对企业而言是新的或显著改进的",即认为是创新,但不包括微小或缺乏新颖性的变化。

根据上述分析,我们从创新程度和创新内容两个维度,把创新界定为"对企业来说是新的或者显著改进的产品、工艺、营销方式和组织方式"。根据创新定义,创新可以具体区分为产品创新、工艺创新、营销创新和组织创新等四种不同的类型(见表 1.5)。

表 1.5　本研究对创新的分类

创新类型	界定	创新内容
产品创新	开发全新的或有显著改进的产品	技术规范、成分和材料或其他功能特色等方面的改变
工艺创新	出现全新的或显著改进的生产方式或交付方式	技术、设备和(或)软件等方面的改变
营销创新	新的营销方式的实现	产品设计和包装、产品促销和分销以及定价方法的改变
组织创新	执行新的组织方法	商业行为、工作场所组织或外部关系的改变

1.2.2　创新风险

1.2.2.1　风险的概念

英语词汇中的 risk(风险)是一个典型的外来词。Kedar(1970)认为 risk(风险)一词不是来源于阿拉伯语中的"risq",就是来源于拉丁语中的"risicum"。阿拉伯语"risq"具有正面的隐含意义,指上帝赋予某人可以从中获取利润或满足的任何事物;拉丁语"risicum"正好相反,其暗示一件不好的事物,因为该词最早的意思是"航行于危崖间"。希腊语的 risk(风险)认为,就一般而言,风险与可能发生的结果有关,但不清楚可能发生的结果是好的还是坏的,是一个不确定的结果。[①]

人们对风险最常见的理解是指"处在不利中",如《简明牛津词典》把风险定义为"暗示一些坏的事情";现代汉语词典把风险定义为"可能发生的危险"。Vaughan(1995)认为"风险是现实世界处于不利中的状况"。

对风险概念进行定义是风险管理研究和风险管理实践中的首要问题,但是从目前来看,由于不同国家、不同时期、不同环境和不同制度条件下,不同的学

---

①转引自:Moosa, I. *Operational Risk Management*. New York: Palgrave Macmillan,2007,1-3.

派或学者对风险的理解和认识存在差异,对风险的定义也有所不同。有的着眼于不确定性事件的结果,有的着眼于不确定事件发生的可能性。袁泽沛、王琼(2002)通过对文献的归纳,认为以下是几种具有代表性的风险定义:

(1)"不确定性"说,认为当事件的结果存在不确定性时则该事件为风险性事件。这主要来源于保险学,如美国学者哈迪认为风险是与费用、损失或损害相关的不确定性。

(2)"变动"说,又分为变幅说和预期-实际变动说两种。前者认为,当事物的未来结果不固定或可能发生变化时,则存在风险;后者认为,当实际结果与预期结果不符时即存在风险。这主要来源于金融风险的研究。如美国学者威廉姆斯(Williams)和海因茨(Heinz)在其所著的《风险与保险》一书中认为,风险是在一定条件下、一定时期内可能产生结果的变动。

(3)"心理感受"说,认为风险是人们关于危险的一种感受。如美国数理心理学家克雷(Curley)认为风险是人的一种关于危险的感受。

(4)"概率"说,认为事件的状态概率可测时则为风险事件,它源于决策论。在决策论中,把状态概率已知的决策问题称为风险决策。如美国经济学家奈特(Knight)在其早年出版的《风险、不确定性和利润》一书中认为一个事件的状态概率如果可测定,则为风险事件。

(5)"可能性"说,认为风险是发生损失或失败的可能性。这源于经济学关于风险的研究,也最接近于人们对风险的习惯认识。如美国学者海恩斯在1985年所著的《作为经济因素的风险》一书中认为,风险意味着损害的可能性。

Dickson等(1984)也曾对风险的概念进行了归纳,分为以下六种定义:"风险是对某种情况下可能造成的后果的疑虑;风险是对发生某一经济损失的不确定性;风险是一种无法预知的,其实际后果可能不同于预测后果的倾向;风险是不幸事故发生的可能性;风险是损失的可能性;风险是一切危险的综合体。"到目前为止,由于对风险的理解和研究视角不同,并没有形成公认的、统一的风险概念。

一种典型的风险定义是指结果的不确定性(Fone,Young,2000;Harrington et al.,2003;Heins,Williams,1985;Kulp,Hall,1968;Mehr et al.,1983;Pritchett,Athearn,1996;Skipper,Kwon,2007;Williams et al.,1995),结果的不确定性主要表现为损害、损失或达不到预期的状态(Borch et al.,1990;Dorfman,2002;Haynes,1895;Trieschmann et al.,2001;Willett,1951)。

国内学者傅家骥(1992)把风险定义为实际结果与预期的背离而导致的风险后果(利益损失的可能性)。卓志(1998)认为:"风险可以从两个方面加以定义,从易于定性分析的角度看,风险可描述为与不确定性相联系的损失的可能性。从易于定量分析的角度看,风险可描述为实际结果偏离预期结果而导致的损失的可能性。"

另外一种经济或财务层面的风险概念是指风险不仅是一种负面的不确定性,还存在正面的不确定性,即超出预期盈利的可能性。但实际结果比预期结果更好,也被认为是一种风险,与实际理解存在偏差。

根据以上分析,本研究延续风险的一种典型定义,即风险是指实际结果达不到预期目标的一种不确定性,这种不确定性是可以进行预防和削弱的。

1.2.2.2 创新风险的概念

国外有关创新风险的研究一般与创新成败及其因素联系在一起,直接研究创新风险的文献非常少,创新风险定义主要出现在国内学者的研究文献中。

现有对创新风险的定义不仅是指创新活动没有达到预期目标的不确定性,还包括造成这种状况的原因。如,谢科范(1994b)、吴涛(1999)从风险来源的角度把技术创新风险定义为"由于外部环境的不确定性、项目本身的难度与复杂性,以及企业自身能力的有限性所导致企业技术创新活动中止、撤销、失败、或达不到预期的经济技术指标的可能性";孟笑然(1994)从风险因素的角度出发,认为技术创新风险是指"由于技术、市场、资金、财务、政策、法规等不确定性因素而导致的失败的可能性";郭斌、许庆瑞(1997)从技术创新过程的角度,指出技术创新是一个链状过程(设想→原型→中试→批量生产→市场),其中只要有一个环节出现严重障碍,就会导致整个技术创新项目的失败。陈劲、景劲松(2005)进一步指出技术创新风险包含风险因素和风险后果两方面,把导致技术创新活动达不到预期目标的因素称为风险因素,以及将技术创新活动没有达到预期目标的不利后果称为风险后果。

本研究认为陈劲、景劲松(2005)对技术创新风险的解释比较全面,根据风险发生的因果逻辑关系,把风险划分为风险因素和风险后果。在风险因素上,我们同样认为是指创新没有达到预期目标的因素;但在风险后果上,我们认为可以再细分为两个层次:第一层是指创新本身没有实现的不利后果,如一种新的或显著改进的产品没有开发完成就失败或终止了,反之如果新产品开发完成,或当新的工艺、营销方式、组织方式被应用到企业运营中时,创新本身就被实现了,这一层次不包括创新带来的商业上的成功,只表现为不同类型创新的实现;第二层是指虽然创新本身实现了,但它并没有转化为企业绩效,即创新没有在商业上获得成功或创新的企业绩效目标没有实现,这一层次也非常重要,因为企业不同类型创新活动最终是为了实现企业绩效目标(见图1.2)。

由此,本研究对创新风险作如下定义:创新风险是指企业不同类型创新本身没有实现或者实现了的不同类型创新没有实现企业绩效,以及产生这些不利后果的可能性因素。企业创新过程中,没有实现不同类型创新和没有实现企业

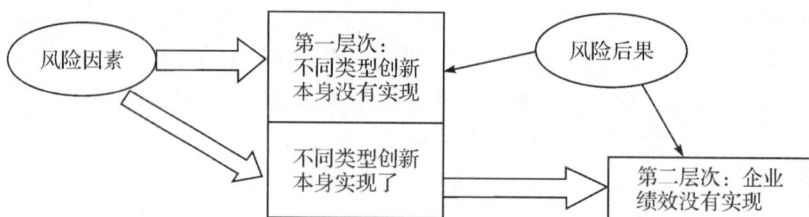

图 1. 2 本研究创新风险的结构

绩效称为风险后果,产生这些不利后果的可能性因素称为风险因素。

1.3 研究目标与内容

本研究的目标是从中低技术产业的视角,调查、归纳中小企业创新的现状和特征,并以纺织企业为例,识别影响不同类型创新的关键风险因素,以及研究不同类型创新对企业绩效的作用机理,同时对中小企业创新的关键风险因素和风险后果进行评估,最后提出中小企业创新的对策。

为了实现上述研究目标,具体的研究内容主要包括以下几个方面:

1. 中小企业创新风险与绩效的理论回顾

对近几十年来的相关研究文献进行回顾,分别从中低技术产业创新、中小企业创新、创新风险因素、创新与企业绩效关系等方面进行文献综述,作为本研究的理论基础。这将是第 2 章的主要内容。

2. 中小企业创新现状的调查分析

通过对浙江中小制造企业创新现状的调查、对绍兴中小纺织企业创新管理的调查,了解中小企业创新的现状和特点,作为本研究的事实基础。这将是第 3 章的主要内容。

3. 中小企业创新的风险因素、企业绩效的理论模型构建

基于相关文献和创新调查,构建影响中小企业创新的风险因素模型、中小企业创新与企业绩效关系的模型,分别提出中小企业创新风险因素的研究假设、中小企业创新与企业绩效关系的研究假设,作为实证研究的第一步。这将是第 4 章的主要内容。

4. 相关变量的度量和数据获取、分析

在相关文献的基础之上,对本研究所涉及的主要变量进行度量。通过设计调查问卷,对中小纺织企业进行调查,对所获得数据进行初步的统计分析。这将是第 5 章的主要内容。

5. 中小企业创新的关键风险因素研究

基于影响中小企业创新的风险因素模型和对中小纺织企业调查所获数据，通过定量分析方法，对中小企业创新风险因素的研究假设进行检验，识别影响中小企业不同类型创新的关键风险因素。这将是第6章的主要内容。

6. 中小企业创新与企业绩效关系研究

基于中小企业创新与企业绩效关系的模型和对中小纺织企业调查所获数据，通过定量分析方法，对中小企业创新与企业绩效关系的研究假设进行检验，研究不同类型创新对企业绩效的作用机理。这将是第7章的主要内容。

7. 中小企业创新风险评估

基于上述实证研究获得不同类型创新的关键风险因素、不同类型创新与企业绩效的关系之后，运用定量分析方法对这些关键风险因素和两个层次的风险后果（依次是各类创新不能实现和各类企业绩效不能实现）进行量化评估，确定风险等级，了解中小企业创新风险发生的可能性高低。这将是第8章的主要内容。

8. 中小企业创新的对策

根据以上研究结果，从微观和宏观两方面提出中小企业创新的对策。这将是第9章的主要内容。

通过以上8个组成部分的内容（从第2章到第9章），进行层层深入的研究，剖析中小企业创新的风险因素、企业绩效问题，服务于研究目标。

1.4　主要研究方法

为了实现研究目标和完成相应的研究内容，本研究所采用的主要研究方法包括理论分析、实地调查与访谈、问卷调查等。

1. 理论分析

本研究利用国内外的中低技术产业创新、中小企业创新、创新风险因素、创新与企业绩效关系等相关理论，分析中低技术产业、中小企业创新的特征，提出影响中小企业创新的风险因素模型与假设、中小企业创新与企业绩效关系的模型与假设，并对相关变量进行度量。

2. 实地调查与访谈

除了理论分析之外，本研究还是在对相关部门和企业的实地调查的基础上做出的。实地调查单位包括中国轻纺城建设管理委员会、中国轻纺城市场、浙江省现代纺织工业研究院、绍兴盈丰纺织制衣有限公司、绍兴三文纺织有限公司等政府部门、科研机构和纺织企业，并对相关管理者、项目负责人进行访谈，取得第一手资料。

3.问卷调查

本研究前后组织了 3 次问卷调查,分别是"绍兴中小纺织企业创新管理现状调查"(2009)、"浙江中小制造企业创新现状调查"(2010)和"中小纺织企业创新调查"(2011)。

在问卷调查所获得的数据基础上,利用 SPSS、AMOS、rosetta 等软件对数据进行分析,并对研究假设进行验证。在分析不同类型创新的关键风险因素时,使用了因子分析和多元回归分析方法;在分析不同类型创新与企业绩效的关系时,使用了层次回归分析和结构方程模型方法;在评估中小企业创新的关键风险因素和风险后果的风险级别时,使用了粗糙集方法和模糊综合评估方法。

从总体上看,本研究采用实证研究方法,即根据现有研究文献和中小企业创新现状,构建理论模型与假设,再基于调查所得数据,通过多种定量方法对数据进行分析,研究变量之间的关系,得出其中存在的演变规律。

1.5　研究思路与技术路线

本研究以中低技术产业创新为视角、充分吸收国内外相关创新方面的理论研究成果,并结合中小企业创新的实践,研究中小企业创新风险与绩效问题,为中小企业进行创新管理和公共部门制定相关政策提供参考。

本研究的思路及技术路线(见图 1.3),主要分为以下几个步骤:

第一,在研究背景分析基础之上,提出相应的研究问题。

第二,根据相关理论研究基础和中小企业创新的调查,构建理论模型、提出研究假设。

第三,根据相关文献,对理论模型和假设中涉及的相关变量进行度量。

第四,通过对中小纺织企业创新调查获得的数据,运用定量分析方法,对理论模型和假设进行检验。

第五,得出检验结果,识别影响不同类型创新的关键风险因素是什么,以及不同类型创新对企业绩效的影响和作用路径。

第六,根据调查数据,运用定量分析方法对检验结果进行风险量化评估,确定风险等级,了解风险发生的可能性大小。评估对象包括关键风险因素和风险后果,其中风险后果包括各类创新无法实现和各类企业绩效无法实现。

第七,根据理论模型和假设的检验结果,以及对关键风险因素、风险后果的评估,提出中小企业创新的对策。

研究背景：现实背景、理论背景

研究问题：中低技术产业视角，中小企业不同类型创新的关键风险因素；中小企业不同类型创新与企业绩效的关系；中小企业创新的关键风险因素和风险后果的量化评估等

理论基础：中低技术产业创新理论、中小企业创新理论、创新风险因素理论、创新与企业绩效关系的理论等。

中小企业创新现状调查：浙江中小制造企业创新现状调查、绍兴中小纺织企业创新管理现状调查等。

相关变量度量的文献

数据获取：中小纺织企业创新调查所获得的数据

定量分析方法：因子分析、多元回归分析、层次回归分析、结构方程模型等

定量分析方法：粗糙集方法；模糊综合评价方法等

理论模型与假设：影响中小企业创新的风险因素模型与假设、不同类型创新与企业绩效关系的模型与假设

研究变量的度量：不同类型创新(产品创新、工艺创新、营销创新、组织创新)的度量，企业绩效(财务绩效、成长绩效)的度量，创新性、市场竞争等变量的度量

检验理论模型与假设：影响中小企业创新的风险因素假设检验、不同类型创新与企业绩效关系的假设检验等

得出研究结果：识别出不同类型创新的关键风险因素、不同类型创新对企业绩效的影响和作用路径等

量化评估研究结果：关键风险因素的量化评估，各类创新、各类企业绩效无法实现等风险后果的量化评估，确定关键风险因素和风险后果的风险等级

提出对策：中小企业创新的微观对策、宏观对策

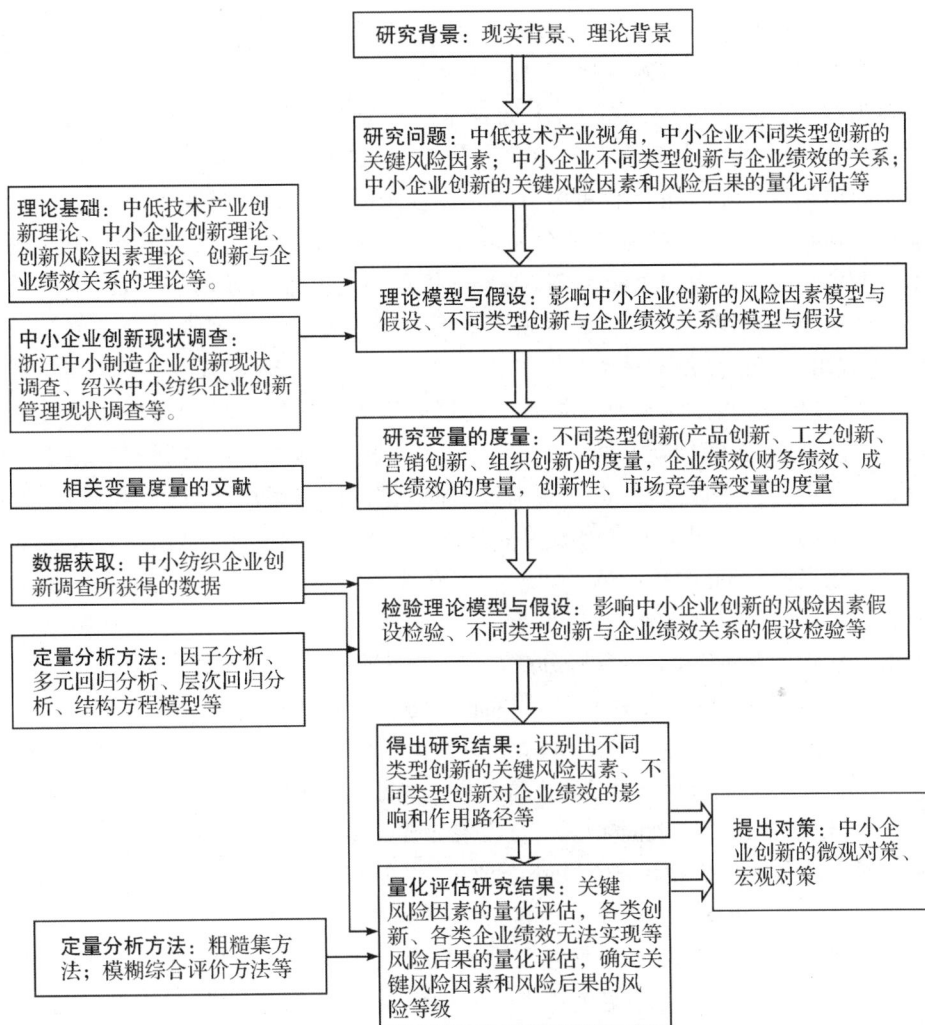

图 1.3　研究思路与技术路线

1.6　本研究的创新与不足

1.6.1　创新之处

与国内现有相关研究成果相比，本研究的创新点主要表现为以下四个方面：

（1）在研究对象上，本研究聚焦于重要而又被忽视的中低技术产业中小企

业的创新。在高科技企业大量涌现和战略性新兴产业迅猛发展的背景下,中低技术产业中小企业的创新发展容易受到学界忽视,国内研究中低技术产业中小企业创新的成果非常少。但是,中低技术产业仍然是我国经济的重要组成部分,中小企业数量占全部企业的绝大多数,中低技术产业中小企业的创新发展对于我国传统产业升级具有重大意义。本研究通过调查中低技术产业中小企业创新现状,归纳中低技术产业创新和中小企业创新的特征,识别影响中低技术产业中小企业创新的关键风险因素、分析创新与企业绩效的关系,提出中低技术产业中小企业创新的对策等,在某种程度上丰富了我国产业和企业创新理论,表现出一定程度的理论创新。

(2)在研究内容上,本研究把技术创新风险因素研究从以产品创新为主拓展到工艺创新、营销创新和组织创新。一直以来,技术方面的创新一直是创新研究的重点,创新风险研究也主要围绕产品创新风险(新产品成败)展开,经过近几十年的研究已积累了丰硕的成果。进入新世纪以来,企业创新实践发生了很大变化,创新研究的领域也得到进一步拓展,除了产品创新、工艺创新等技术型创新继续受到重视之外,营销创新、组织创新等非技术领域的创新研究也越来越多。在此背景下,本研究区分产品、工艺、营销和组织等四类创新进行关键风险因素的识别,使创新风险理论研究得到进一步拓展。

(3)还是体现在研究内容上,对创新与企业绩效关系的研究进一步向前推进。由于创新本身的复杂性、企业的多样性、企业绩效的多面性和环境的多变性,使得创新与企业绩效的关系一直没有定论。针对这些问题,本研究首先把研究对象限定在中低技术产业中小企业中,将创新区分为产品创新、工艺创新、营销创新和组织创新,把企业绩效区分为财务绩效和成长绩效,再把相关创新类型之间的关系、创新性和市场竞争等因素引入不同类型创新与企业绩效关系的研究中,探讨不同类型创新对企业绩效的作用机理,深化了这一领域的研究。

(4)在整个研究逻辑框架上,本研究整合了创新风险因素、不同类型创新和企业绩效三者的关系。以往的许多研究主要围绕新产品成败的因素,或者创新与企业绩效之间的关系,忽视了创新的相关风险因素、不同类型创新和企业绩效三者内在的逻辑关系。把上述关系纳入一个研究中,既可以发现影响不同类型创新成败的关键因素,又可以知道不同类型创新实现企业绩效的条件,使得整个研究更加完整和全面、研究结果具有更好的实践指导意义。

1.6.2　不足之处

本研究的不足之处主要表现为以下三个方面:

(1)由于时间和精力的限制,本研究选择的中低技术产业中小企业样本全部来自中小纺织企业,虽然纺织产业是典型的中低技术产业,但它还是不能代表所有的中低技术产业,因此本研究相关结论是否也适用于其他中低技术产业的中小企业,仍有待进一步的研究和探讨。

（2）创新风险因素的模型与假设没有针对不同类型的创新而进行细化,即不同类型的创新使用统一的创新风险因素模型与假设,这使得各类创新的特色不够突出。因此,在后续的研究中应进一步挖掘文献,针对每一类创新提出更加精细化的风险因素模型与假设。

（3）没有对高技术产业中小企业创新风险和绩效进行系统比较研究,从而未能更好地体现出中低技术产业中小企业创新风险和绩效的独特性,因此在后续的研究中应对高技术产业中小企业与中低技术产业中小企业的创新进行系统的比较研究,突出中小企业因产业技术水平不同而导致在创新风险和绩效方面的多样性。

第 2 章　文献综述

　　虽然熊彼特指出创新在经济发展中起到巨大作用,但在 20 世纪中叶以前,创新在学术研究上却一直没有受到足够的重视;直到 20 世纪 60 年代,创新研究才作为一个独立的研究领域开始出现。在最近的半个世纪里,大量的学者专注于创新领域的研究,产生的大量创新文献,基本上可划分为四类:第一类主要研究创新发生的过程和参与主体,主要包括个人、企业、其他组织、网络等,认为创新从本质上说是一个系统现象,它是在不同的参与主体和组织之间不断相互作用下产生的;第二类主要研究创新的系统属性,从系统的视角,在国家、地区两个层面对创新过程中企业、组织和其他参与主体的作用进行了讨论;第三类是研究创新系统在不同部门或产业中运作的多样性;第四类是研究创新带来的社会经济结果和相关的政策问题(见表 2.1)。当然,这四类研究之间没有清晰的界线,并且还存在相互交叉现象,如表 2.1 中全面创新管理不仅涉及创新主体和过程,而且同时又是一个创新系统。

表 2.1　创新研究领域例举

研究领域	相关研究主题	相关文献
第一类:创新过程与主体	创新过程	Utterback(1971);Rothwell(1994b);Cooper(1994,2000)
	创新主体(企业)	Nonaka(1995)
	全面创新管理	许庆瑞等(2003);陈劲,王方瑞(2005)
	自主创新	陈清泰(2011);柳卸林(1997);陈劲,柳卸林(2008)
第二类:创新系统	国家创新系统	Nelson(1993);Freeman(1995)
第三类:特定部门(产业)创新	高技术产业创新或战略性新兴产业创新	Coad,Rao(2008)
	中低技术产业创新或传统产业转型升级	Bender(2004);Hirsch-Kreinsen(2005);Von Tunzelmann,Acha(2005);Hirsch-Kreinsen(2008a)
	中小企业创新	Rothwell,Dodgson(1991);Nadvi(1995);Hoffman et al. (1998)

（续表）

研究领域	相关研究主题	相关文献
第四类:创新绩效与政策	创新成败	Rothwell(1992,1974);Christensen(1997);Christensen,Raynor(2003);Cooper(1979b,1981)
	创新绩效	Cordero(1990);Frenz,Ietto-Gillies(2009);Guan et al.(2006)
	（宏观、微观）创新政策	Dodgson,Bessant（1996）;Oughton et al.（2002）;OECD(2008)

在上述创新文献分类基础之上,根据本研究的实际,本章将从中低技术产业创新、中小企业创新、创新风险因素、创新与企业绩效关系等四方面对相关文献进行综述。

2.1　中低技术产业创新的相关研究

在建设知识型社会的过程中,对高技术产业政策的过分关注分散了政策制定者和学者们的注意力,在一定程度上使我们忽视了高技术产业外的其他一些产业的可持续发展。在许多国家,尤其是在发展中国家,中低技术产业仍然占据国民经济的大部分比例,并解决大量人口的就业问题,也为高技术产业的发展提供了广阔的市场。因此,这些产业的创新活动近年来已受到越来越多的学者和政策制定者的关注。

2.1.1　中低技术产业的界定

中低技术产业是 OECD 根据研发资金投入占销售额的比例划分出来的一种产业类型,研发投入占销售额的百分比在 4% 以上称为高技术产业,4% 以下称为低技术产业,1% 到 4% 之间称为高中技术或中低技术产业,后两类合在一起也可以称为中低技术产业(low- and medium-technology industries,LMTs),这类产业一般属于传统产业,如纺织、食品、印刷、木材加工、五金、塑料等(见表 2.2)。这种分类方法被广泛采用(Kirner et al.,2009)。

表 2.2　OECD 根据技术密集程度划分制造业类型

行业类型	行业名称	研发资金占销售额比例
高技术行业	航空航天、计算机、电子通讯、制药	高于 4%
中高技术行业	科学仪器、汽车、电子机械、化学、交通装备、非电子机械	
中低技术行业	橡胶和塑料制品、造船、有色金属、非金属矿产品、金属制品、石油冶炼、钢铁	1%~4%
低技术行业	造纸印刷、纺织服装、食品饮料和烟草、木材家具	低于 1%

资料来源:Kaloudis et al.(2005)

我国学者高洪成、王琳(2012)认为单一采用R&D密集程度区分高中低技术产业的方法受到越来越多的挑战,并提出从研究强度、研发人员素质和产品创新等三个指标界定中低技术产业范围。该方法划分产业类型的结果也与OECD的划分结果类似。

2.1.2 中低技术产业创新的研究现状

中低技术产业相对高技术产业,容易受到忽视(Hirsch-Kreinsen,2008b)。但是由于中低技术产业在整个国民经济中还占有很大的比重,中低技术产业创新将对经济增长有重大影响。在建设知识型社会的今天,不管在发达国家还是在发展中国家,中低技术产业仍然发挥着重要作用。因此,中低技术产业创新的研究开始受到了越来越多的重视。有许多学者开始关注并研究中低技术产业在知识社会中的创新问题,其中以欧盟的PILOT项目[①]最为突出,该项目参与者发表了一系列中低技术产业创新方面的研究成果。此外,英国杂志 *Research Policy* 专门在2009年出版了一期"中低技术产业创新研究"专辑(V38,2009)。

国内学者也开始关注这方面的研究。白玲、邓玮(2008)认为在知识经济时代,中低技术产业的创新对经济发展仍具有重大意义,表现为中低技术产业依靠其不同于高技术产业的创新方式,不仅始终保持着较高的创新频率,而且也在很大程度上促进了高技术产业的持续创新;同时也认为中低技术产业在我国经济发展中将长期居于主导地位,理解中低技术产业创新的源泉和特有的创新模式,并在政策制定上给予足够的重视,对我国自主创新和创新型国家建设具有十分重要的意义。

江剑、官建成(2008)使用DEA方法和技术创新的两阶段模型来测度我国中低技术产业技术创新活动的相对效率,并分析影响我国中低技术产业创新绩效提高的关键因素,提出我国产业的技术创新效率从高到低的顺序是低技术产业、高技术产业和中技术产业;我国中低技术产业在创新活动的各阶段主要表现为显著的规模报酬递增,并建议加大中低技术产业的创新投入。

王燕玲(2011)从专利数量变化角度来分析低技术制造业技术创新的发展变化特征。她根据低技术制造业专利申请总量、发明专利、实用新型专利申请量以及专利授权量的数量变化,提出技术成熟度低的行业在专利申请总量和专利授权量、发明专利申请总量、发明专利等方面占所有专利的比例上高于技术

---

①PILOT(Policy and Innovation in Low-Tech)项目受欧盟委员会资助,项目的合作者来自欧洲九国。研究团队已经完成了一系列有关中低技术产业企业的案例研究,它主要调查这类企业的价值链、地区网络以及受政策的影响。

成熟度高的行业；技术成熟度高的行业实用新型专利申请量的增长速度在一定的阶段总是高于技术成熟度低的行业的增长速度。

　　总的来说，国内在这方面的研究成果还非常少，为避免在政策制定时忽略中低技术产业与高技术产业间的共生作用以及中低技术产业在提高经济全面创新能力的重要作用，从而导致中低技术产业发展停滞，甚至萎缩，在客观上就要求迅速开展中低技术产业创新领域的研究（白玲、邓玮，2008）。以下主要就中低技术产业创新的特征、战略和政策等相关的重要文献进行梳理和评述。

2.1.3　中低技术产业创新的特征

　　中低技术产业与高技术产业相比，在研发资金投入方面存在差异，由此导致中低技术产业创新具有一定的独特性。作为 PILOT 项目的主要参与者，Hirsch-Kreinsen 等对欧洲 11 个国家 43 个中低技术产业中的企业进行研究后得出，与高技术产业相比，中低技术产业创新的主体大部分是中小企业，其创新是基于企业内部的高度相关的隐性知识（经验）和外部的显性知识，创新的关键驱动因素是新技术和市场需求；这类产业中的企业在创新过程中会与高技术产业的特定供应商、顾问以及部分顾客进行联系，但不会倾向于深入合作；与许多机构保持松散的关系，在产业结构中的组织嵌入性差（Hirsch-Kreinsen，2008a）。在技术创新方式上，中低技术产业适合在现有技术成果的基础上进行应用开发而不是探究全新技术；进行模块化组合创新，而不是激进式创新；企业增加值的多少取决于产生能力而不是研发（Palmberg，2001）。低技术产业创新与高技术产业创新的差异见表 2.3。

表 2.3　中低技术产业创新与高技术产业创新的差异

	中低技术产业创新	高技术产业创新
关键驱动因素	新技术、市场需要	与市场需求相联系的科学与技术
典型战略或创新方式	应用开发、渐进式创新、结构化创新、模块化组合创新	与激进式创新密切相关，主要聚焦于产品创新；探究全新技术
企业规模	大多数是中小企业	大多数是大企业
知识基础	内部：高度相关的隐性知识 外部：显性知识	内部：高度相关的显性知识与隐性知识相结合 外部：跨越部门边界、广泛来源的显性知识
公司能力	大部分是以管理为基础和非熟练工作，有限的竞争能力	管理、工程师、专家和熟练工作者，宽广的竞争能力
网络关系	与高技术产业、专门供应商、顾问等合作，部分与顾客开展有限的合作	来自不同部门的各类外部合作者；与外部合作者进行密切合作
企业增加值	主要在生产领域	在研究、生产等多领域

资料来源：根据 Hirsch-Kreinsen(2005)和 Palmberg(2001)整理

中低技术产业与高技术产业的创新不仅存在明显的区别,还存在互补的关系。中低技术产业专注于工艺创新、设计、营销、制造、外部获取知识,同时进行较少的内部(in-house)研究,它与知识密集型的高技术产业存在互补关系,是高技术产品的主要购买者、新知识的吸收和利用者,正如 Pol 等(2002)用图 2.1 清楚地表示出两者的关系。

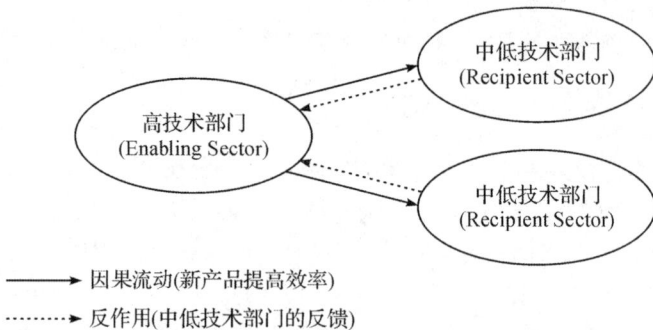

中低技术部门
(Recipient Sector)

高技术部门
(Enabling Sector)

中低技术部门
(Recipient Sector)

→ 因果流动(新产品提高效率)

┄┄► 反作用(中低技术部门的反馈)

图 2.1　中低技术部门与高技术部门在创新方面的关系

资料来源:Pol et al.(2002)

通过对相关文献进行归纳和总结,笔者发现中低技术产业创新的特征在以下两方面比较突出,从这些特征可以看出中低技术产业创新是其独特性的。

2.1.3.1 "上游"行业或供应商主导的创新

某些新技术可以溢出它所在的原始产业并被传统行业重新利用。通用技术经常具有"侵略性",它会逐步渗透和占领不同的行业(Freeman,Louçã,2001)。这些通用技术为中低技术产业创造了新的机会,尤其是第三次工业革命带来的信息通讯技术、生物技术和智能材料技术,通过有效地运用这些技术可以提升中低技术产业创新和经济绩效。大多数的通用技术是通过"上游"活动,如设备和资本品的活动,或基本材料的活动,逐步扩散到中低技术产业中。

因此,Pavitt(1984)认为中低技术产业创新是被供应商主导的,经典的"线性"创新模型并不适合于该产业的创新。Heidenreich(2005)的相似研究也证实了该观点,并进一步指出这些企业创新类型主要是工艺创新、组织创新和营销创新。Santamaría 等(2009)从产品创新的角度得出:中低技术产业为了实现产品创新,设计、使用先进机器设备和员工培训等非研发活动是其创新成功与否的决定性因素。

中低技术产业中几乎没有正式的科学和技术学习,至少在企业层面上是这样,与创新和采纳有关的学习活动主要通过"干中学"和"用中学"在实践层面和程序层面发生。相对于高技术产业,中低技术产业内部创新能力弱,造成了这类产业的创新严重依靠外部机器设备供应商和软件供应商。不管中低技术产业的产品创新、工艺创新、营销创新,还是组织创新,供应商在创新过程中的作用不可替代,往往是首要投入的要素,这一特征对指导中低技术产业创新具有重要意义。

2.1.3.2 基于非正式信息网络的创新

与高技术部门进行创新相比,使用顾问、雇用相关人员、合作创新和研发外包等形式从外界信息网络中获取非正式信息对于中低技术部门创新的作用是不可或缺的。代表性的有 Chen(2009)对台湾机床行业进行的研究,证实中低技术产业中的非正式信息获取网络——与当地用户一起工作、分享供应商的技术窍门和利用公共研究机构等地方性的非正式信息网络,以及参加国际贸易展、咨询国外经销商以及建立跨国战略联盟等全球性的非正式信息网络——极大地促进了该行业的技术创新,实现了技术跨越。

在同行之间,非正式信息网络对于创新也非常重要。一群分享一系列相似技能和专业知识的人被称为"实践社团"(Wenger,1998)或"实践网络"(Brown,Duguid,2001)。这些松散的社团成员从事相关的工作实践,成员之间的思想交流和专有知识充分共享,这无疑会有利于创新,其中一项代表性的研究是 von Hippel(1987)对美国小钢铁制造厂商间专有信息的共享研究。在对工厂经理以及其他掌握生产过程的直接知识的工程师访谈的基础上,他发现,与合作企业以及竞争企业的专有知识交易都很平常。他最初惊奇于专有知识是这样地"容易被泄露",但是他接着认识到信息的交换是高度互惠的,并且以期望帮助的请求能被满足作为条件,当竞争企业中的工程师间的关系特别密切时,更多的专有信息会被交换,最后他指出工程师间的共享复杂信息对小型制造厂的创新作出了重要贡献。

高技术产业凭借自身的技术条件以及巨大研发资金的投入,很有可能在企业内部实现技术创新,而中低技术产业创新往往离不开外界信息资源以弥补企业内部创新资源的不足,所以中低技术产业企业的社会网络结构、网络成员之间的联系与沟通,将对其创新活动起到很大的作用。

有关上述两个特征的其他一些研究文献见表 2.4。

另外,关于中低技术产业创新的特征,部分学者的研究结论存在冲突。例如,Maskell(1996)认为创新基于长期信任的合作伙伴关系,这一点与 Hirsch-Kreinsen(2008a)的结论相反。这之间的差别,可能与不同研究对象的文化背景差异有关。这就需要结合特定文化背景进行研究。上述两个特征对我们了解我国的中低技术产业创新具有积极意义。我国各级政府部门一直在强调传统产业的转型升级、增加产品附加值,以应对日趋激烈的市场竞争环境。因此,基于中国背景,研究中低技术产业(主要是传统产业)创新的特征,对国内这类产业创新的作用不可忽视。

表 2.4　有关中低技术产业特征的其他一些研究文献

研究文献	涉及产业	创新特征	数据来源
Taplin,Frege (1999)	服装	私有化的过程使企业主开始激励内部员工用知识和经验来克服技术瓶颈,并重视新技术引进	匈牙利
Laestadius (1998)	纸浆和造纸	大约半数的创新来源于设备供应商;半数来源于用户;供应商、企业、用户三者高度整合已超越了一个产业范畴	OECD 成员国
Maskell (1996)	木制家具	与合作伙伴保持长久的关系(平均 13 年),相互之间高度信任、理解,共享价值观及文化	丹麦
Aplin,Winterton (1995)	纺织服装业	运用计算机辅助设计(computer aided design,CAD)系统和以小组为单位的制造系统应对市场的变化;小型企业部分业务外包	英国、美国

2.1.4　中低技术产业创新的战略

创新战略可以理解为企业对创新方面的选择、活动以及收集和扩散各种不同类型创新的能力(Whitley,2000)。不同的创新战略不仅反映在处理技术不确定性和市场需求的差异上,而且反映在企业的内外部结构、传统、权力分配和先前的技术路径上(Scott,2001)。创新战略的差异一般跟企业自身的知识储备、员工素质、组织能力和制度环境相关。

由于中低技术产业与高技术产业在许多方面存在差异性,两者之间的创新战略相应也存在差异。首先,高技术部门的创新比中低技术部门的创新更注重技术导向,因为前者在研发投入上比后者更多;对中低技术部门而言,在传统产业高度竞争环境中,需要在技术导向与非技术导向之间作出选择(von Tunzelmann,Acha,2005)。其次,中低技术部门可以在渐进式创新(incremental innovation)与结构性创新(architectural innovation)之间进行选择(Henderson,Clark,1990)。这两种创新战略,都是在企业现有核心组件不变的情况下,只对组件的连接变化制定发展路径(见图 2.2)。激进式创新(radical innovation)通常是高技术产业的创新战略。

核心组件

核心组件的 连接		加强	推倒
	不变	渐进式创新	模块化创新
	变化	结构性创新	激进式创新

图 2.2　创新分类

资料来源：Henderson，Clark(1990)

表 2.5　中低技术产业创新战略的类型

	渐进式	顾客导向	过程专门化
主题领域	渐进式产品开发	提升市场地位,开发新市场	技术流程最优化
事　例	汽车产业的供应商	时装家具	造纸、食品加工
主要条件	企业有稳定的细分市场	不稳定市场、企业之间差异很大	较高自动化及集成制造的企业
案例数量	17	13	13

资料来源：Hirsch-Kreinsen(2008a)

　　针对中低技术产业创新战略，Hirsch-Kreinsen(2008a)的研究结果是把创新战略归纳为渐进式创新、顾客导向创新和过程专业化创新等三种战略(见表2.5)，并且在案例中发现，很多企业创新战略行动受资源和能力限制，因为大部分中低技术部门都是中小企业。

　　Porter(1985)认为存在三种主要的竞争战略，即成本领先、差异化和目标聚集战略。如果根据传统的产品生命周期理论(Levitt，1965)，成本领先战略更有可能是企业在成熟的中低技术行业中的首选战略，因为中低技术产业依靠流程创新降低成本，但同时又有观点认为另外两种战略也是那些在低技术环境中希望至少可以生存的企业的可选战略，其中通过对品牌差异化的选择非常关键(Von Tunzelmann，Acha，2005)。

　　孙理军、陈劲和王恒彦(2010)根据过去30年的功能变化，把中国纺织服装业分为四个阶段，认为不同阶段的主要创新战略不同(见表2.6)，这反映了产业演化过程中不同阶段战略的内在逻辑、依赖条件等方面的差异。

　　冯军、颜永才(2011)从我国中低技术产业的对外技术依存度和研究强度，把产业技术创新分为四个阶段：低技术生产阶段、技术依赖阶段、模仿创新阶段和自主创新阶段(见图2.3)，并指出："大量吸收国外先进技术是我国低技术制造业经济快速发展时期的阶段特征和技术追赶的重要战略路径。"

表 2.6 产业发展阶段及其创新战略的关系

创新战略	产业发展阶段	内在逻辑	依赖条件
市场创新	产品制造、满足国内需求和扩大出口	要素可在量多大市场实现价值；市场开放，产品具有市场竞争力；存在产品满足更大市场的制度和基础设计	市场可以扩大；产品价值能够在更大市场转移和增加
产业组织创新	世界制造、产业调整	市场体系、先进流程与制度等能够提高已有要素的产出价值并带来较高利润	制造改革、市场秩序和机构的建立和完善可以降低交易费用，提高效益
技术创新	先进制造	研发投入可以改变要素的比较优势，提高要素的生产率和产出竞争力	研究与知识员工投入可以改变生产要素组合，新的比较优势要素能提高生产率及单位产出价值
集成创新	制造业资源的全球优化配置	具有研发实力和创新能力；技术升级带来更高生产效率和利润，产出可以更好地满足市场并具有更强竞争力	劳动力等要素比较优势提升到技能、技术，再到知识创造与管理；产出满足更大市场，实现更高价值

资源来源：孙理军，陈劲和王恒彦（2010）

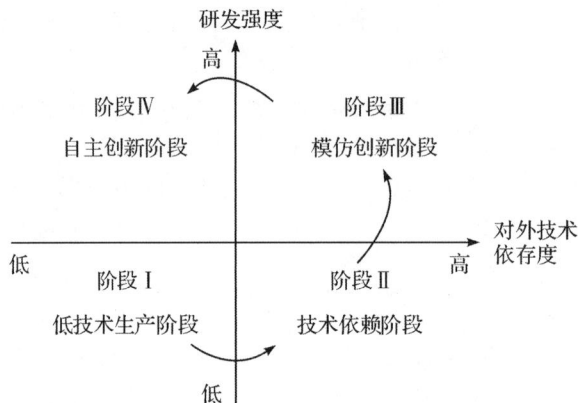

图 2.3 我国低技术制造业不同发展阶段的技术创新模式

资料来源：冯军，颜永才（2011）

基于上述文献分析，中低技术部门的创新战略模式可以概括为以下几点：关键的创新驱动因素是技术范式的变化和市场需求的差异化，这些变化可看作中低技术产业创新过程的必要前提条件；成功创新战略的充分条件是企业如何处理这些变化，以及如何挖掘基于自身在管理和组织方面的潜力。

从现有的中低技术产业创新战略的研究成果来看,创新战略的共同点的研究没有对其"特征"的研究多。此外,不同产业的创新战略模式还需进一步探讨。但在全球创新浪潮背景下,不同地区、不同产业创新实践丰富多彩,基于情境的创新战略研究可能更容易形成比较理想的理论成果,不过目前在这方面深入研究的文献尚不多见。

2.1.5　中低技术产业创新的政策

高技术部门是从事基础创新(基础科学研究)的关键部门,其创新力量将带动其他部门的成长,因此高技术产业创新应该获得公共资金的支持(Pol et al.,2002)。政策对中低技术产业创新重视不足(Bender,2004),其中存在两方面原因:一方面,建设知识型社会的需要,高技术产业创新往往容易得到政策扶持,而中低技术产业创新相对不容易得到政策扶持;另一方面,受经典的从科学到技术再到新产品的"线性"创新模式影响,处在该创新模式前端扮演科学研究角色的高技术部门也会优先得到政策支持。然而,中低技术部门的作用并没有减弱多少,国家的创新系统仍然受到中低技术产业的强烈影响。虽然中低技术产业内部研发不多,但它们已经嵌入特定的地区结构中,是地区企业网络的组成部分(Hirsch-Kreinsen,Jacobson,2008)。作为高技术产业创新产品的用户,中低技术产业既有利于自身在获取的创新成果基础上进行创新,也给高技术产业带来丰厚回报。在政策上忽视中低技术产业可能会阻碍高技术产业的发展。

更进一步,从现有的产业创新政策来看,不管对高技术部门还是对中低技术部门,政策都还存在一定问题。政策虽然强调高技术产业创新,但忽视了通过扩散创新成果获得更多的研发投资回报;中低技术部门(主要是传统产业)承受不了创新、现代化及成长的沉重负担,因其在政策上得不到支持(Hirsch-Kreinsen,2005),或者支持不到位,因为适合于中低技术产业创新首先需要政策制定者对该产业的创新特征有充分的认识,从而才有可能为该产业的创新创造良好的政策环境。

白玲、邓玮(2008)在文献分析的基础上,认为中低技术产业创新所需要的创新政策包括:提高全社会对于中低技术产业的重视,提高中低技术企业合理高效地利用各种政策的意识,引导企业建立创新实现能力。

基于此,制定针对中低技术产业创新的政策,首先要基于对中低技术产业深刻的认识;政策应有助于增加企业知识储备和培育企业从外部网络获取知识的能力;政策应重视企业组织的结构,使之符合跨企业合作的需要;政策还需把高、中低技术产业看作一个整体。目前,基于中低技术产业创新特征,从可选择的创新战略等角度,对该如何针对中低技术产业创新制定有效政策的研究还是比较粗浅的。

从现有关于中低技术产业创新理论研究成果来看,学者们对中低技术产业创新特征的了解比较全面,并且没有明显的分歧,但是如果结合特定的文化背景,其特征可能具有一定的特殊性。现有理论对低技术部门与高技术部门的关系及如何互动的理论模型还太简单,高技术与中低技术部门的关系需要有更复杂的、能整合不同创新路径的模型来解释,若能找到缓冲变量进行研究,这两个部门的互动关系将进一步深化。中低技术产业创新战略方面研究成果还太少,现有的研究还只停留在具有探索性质的个案研究上,就目前所得到的研究成果在理论上还不严谨。关于创新政策的研究更多还是侧重于引起政府重视方面,对具体的政策及其对中低技术产业创新作用机制目前知之甚少。由于对政策方面缺少专门的深层次研究,所以现有理论对指导政策制定所起的作用有限。

目前这方面的研究成果主要来源于欧美学者对当地中低技术产业创新的研究,是基于西方发达国家的社会经济文化背景的。虽然这些成果对我们有很好的参考价值,但是毕竟东西方在各个方面都存在巨大差异,中低技术产业创新赖以生存的社会网络关系同样有明显差别。我国中低技术产业创新在某些方面肯定存在不同于其他国家的独特性。

创新必然存在风险,虽然中低技术产业创新风险普遍小于高技术产业创新,但中低技术产业的主体是中小企业,抗风险能力较弱,迫切需要创新风险管理知识,才能识别和弱化创新风险。因此,围绕中低技术产业创新的风险问题也亟待研究。

2.2 中小企业创新的相关研究

不同类型组织的创新都是对其所处内外部环境的反应。由于所处内外部环境不同,导致了不同类型组织之间创新的差异性。中小企业(small and medium sized enterprises,SMEs)和大企业由于在组织规模上不同,往往受不同的内外部环境影响,从而表现为不同的创新特征。中小企业在创新方面既有优势,又有劣势。由于中小企业创新在经济发展和技术进步中扮演重要角色,所以在许多文献中出现了以中小企业为背景的创新研究(Acs,Audretsch,1988)。

本节将从中小企业的界定、中小企业创新的特征以及中小企业创新的障碍等三个方面对中小企业创新理论展开综述。

2.2.1 中小企业及其创新

中小企业与大企业之间存在的最大不同在于员工的数量(Bowen et al.,2010;Rosenbusch et al.,2011),不同国家或地区对于中小企业的界定主要是以企业员工数量为标准(见表 2.7),并且随着社会经济的发展,中小企业划分的标准也不断地改变,表现为标准的上限越来越高。根据中小企业划分的最新标准(见表 2.7),我国大约有 1000 万家中小企业,美国小企业占美国企业总数的99.7%,欧盟中小企业也占所有企业数量的 99%。由于中小企业数量众多,在一国经济发展过程中具有举足轻重的地位,也是创新的重要来源。因此,学界对中小企业创新的研究文献也非常丰富。

表 2.7　中国、美国和欧盟对中小企业的界定

国家/地区	中小企业的界定
中国	工业和信息化部等部门根据不同行业对中小企业分别进行界定。以工业为例,从业人员 1000 人以下或营业收入 40 000 万元以下的为中小微型企业。其中,从业人员 300 人及以上,且营业收入 2 000 万元及以上的为中型企业;从业人员 20 人及以上,且营业收入 300 万元及以上的为小型企业;从业人员 20 人以下或营业收入 300 万元以下的为微型企业。详见《中小企业划型标准规定》(2011)
美国	美国小企业局(Small Business Administration,SBA)根据不同行业类型的销售额或雇员数量界定小企业的标准,大多数制造业企业以雇员数量划分,大多数工业企业雇员在 500 以内属于小企业,少数行业的制造业企业雇员在 750 或 1000 以内属小企业。详见 *Table of Small Business Size Standards*(2012)
欧盟	根据欧盟委员会的定义,雇员小于 250 人,且营业额不超过 5000 万欧元(资产负债表总计不超过 4300 万欧元)为中型企业;雇员小于 50 人,且营业额不超过 1000 万欧元(资产负债表总计不超过 1000 万欧元)为小型企业;雇员小于 10 人,且营业额不超过 200 万欧元(资产负债表总计不超过 200 万欧元)为微型企业。详见 *EU Recommendation* 2003/361/EC

由于中小企业相对大企业人员数量少,营业收入低,其创新活动也往往不同于大企业。根据对中小企业创新状况的研究,Baldwin(1995)把中小企业的创新划分为四种类型(见表 2.8),第一类与第二类企业的创新成就显著,受到了广泛的关注;第三类与第四类中小企业没有令人瞩目的创新成就,但它们对全球经济产生了深远影响。本研究主要从中低技术产业或传统产业的视角研究中小企业的创新,研究的对象主要聚焦于第四类中小企业。

根据一份对法国企业的综合调查(见表 2.9),随着企业规模(人数)的增加,创新企业也随之增加;从创新的源泉看,企业规模越大,其来自于自主研究的创新就越多,来自于设备供应商或材料供应商的就越少。在人数少于 100 人的企业里,从事创新的企业比例远远少于大企业,且创新更多地依赖供应商与原材料。相对于大型企业,中小企业自身创新能力弱,造成了这类企业的创新严重依赖外部机器设备供应商和原材料供应商。

表 2.8　中小企业创新的分类

	第一类:创新明星:1950 年以来从小企业变成大企业	第二类:以新技术为基础的企业	第三类:专业化供应商	第四类:供应商主导的企业
案例	宝丽莱、美国数字设备公司、德州仪器、施乐、英特尔、微软、康柏、索尼、卡西欧和贝纳通	电子、生物技术和软件领域的企业	机器、部件、仪器和软件等产品生产企业	生产纺织、木材、食品等传统企业和许多服务企业
竞争优势来源	成功利用重大发明和技术轨迹	在快速变化和专业的领域进行产品或工艺开发	结合技术与顾客的需要	整合和采纳供应商的创新
创新战略的主要任务	为替代原有发明(发明者)做准备	超级明星或专业化供应商知识或金钱	将高级技术与普遍技术相联系	在设计、分销和协作方面开发基于 IT 技术的机会

资料来源:Baldwin(1995)

表 2.9　不同规模企业的创新源泉

企业规模（人）	创新企业数量	创新的源泉(下面数字代表符合企业的数量)(个)					
		自主研发	兼职研发	在外研发	许可证	设备供应商	材料供应商
20~49	50	16	25	10	5	26	18
50~99	66	19	25	10	5	23	16
100~199	70	21	25	11	5	22	16
200~499	80	24	24	12	6	20	15
500~1999	86	26	23	12	6	19	14
2000 以上	96	25	21	14	6	18	14

资料来源:Tidd,Bessant 和 Pavitt(2005)

2.2.2　中小企业创新的特征

　　中小企业与大企业在雇员人数上存在很大的区别,还在其他方面存在较大的差异。在创新研究文献中,一个重要的主题是相对于大企业,中小企业创新的重要性问题。中小企业在技术变革和经济增长中所扮演的角色在经济学家之间一直存在争论。如,Galbraith(1957)主张大企业和垄断势力的重要性,认为创新需要很高的成本,只有大企业才有相应的资源进行创新;而 Schumaker(1973)则强烈主张"小即是美的"。一些研究表明,中小企业在 20 世纪的创新中扮演重要角色(Oakey et al.,1988;Rothwell,1994a;Rothwell,Zegveld,1982)。更多的研究则表明中小企业与大企业在创新上各有优劣势。

　　许多学者对中小企业创新和大企业创新在多个方面进行了比较(见表 2.10),说明中小企业与大企业在技术创新上存在很大的差异(Freel,2003;Winter,1984)。

表 2.10　中小企业与大企业在创新上的差异

	中小企业	大企业
市场营销	能对快速变化的市场需求及时作出反应;与客户关系紧密;是有效的市场补缺者	强大的渠道和服务能力;现有产品具有市场势力
管理	所有者与管理者通常是一致的;比较少的官僚主义和管理层次,快速决策制定;具有企业家精神的管理者能对有利的机会作出快速反应,并愿意承担一定风险	所有者与管理者通常是分离的;职业经理人控制复杂的组织和制定公司战略;正式的管理技巧
内部	高效的非正式内部信息沟通网络,能对内部产生的问题及时解决;具有随外部环境变化及时对组织进行重组的能力	内部沟通常不通畅,导致对外部机会和威胁反应迟钝
技术人员	常常缺少合适的技术专家;通常不具备展开较大规模的正式研发的能力	能够吸引高技术水平的专家;能够成立大型的研发实验室
外部沟通	常常缺少时间或资源去识别和使用重要的外部资源(科学和技术的专门知识);吸收知识能力较弱	能够和外部的科学技术和专门知识保持密切联系;能够提供图书和信息服务;发研活动有专门的专家去完成;能够购买关键的技术信息和技术
财力	在吸引资本(风险投资)方面比较困难;在创新方面存在很大的财务风险;通常不能通过多个项目或产品组合来分散风险	能够从资本市场获得资金;有能力通过项目或产品组合来分散风险;能够为开发新产品和开拓新市场提供资金
规模经济	在一些存在规模经济的领域对中小企业形成巨大的进入壁垒;没有能力提供完整的产品线和整个系统	能够建立起进入壁垒;能够获得研究、生产和营销的规模经济;能够提供一系列相关的产品;有能力对"交钥匙"工程进行竞标
成长	存在获取外部资金以满足快速成长的需求的因难;企业家型管理者时常不能处理和驾驭日益复杂的组织	有能力对扩大生产规模提供资金;能够为多元化和并购提供资金支持;有能力控制复杂的组织
专利研发	不尚于处理与申请专利的部门打交道,没有足够的时间和成本卷入有关专利的争锋中非正式的、临时的	有能力雇佣申请专利方面的专家;能够通过法律保护专利,防止被侵权正式的,有计划的
政府规制	通常不能应对复杂规制条款;服从规制对中小企业来说通常单位成本高	能够为解决复杂的规制规定提供法律支持;能够分散规制产生的成本;能够对应对规制进行的研发活动提供资金

资源来源:根据 Rizzoni(1991);Rogers(2004);Rothwell(1983,1989);Vossen(1998a);Nooteboom(1994);Kafouros et al. (2008);Vossen(1998b),González et al. (2005);Vermeulen(2005)等研究整理

　　大企业在创新方面的优势在于资金和资源。企业资源对创新的企业绩效有强烈影响(Narver,Slater,1990),大企业拥有越多的资源,市场势力也越强,

在这方面所具有的竞争优势可以转化为创新的企业绩效。例如,资源丰富的大企业可以迅速建立分销渠道来增加创新产品的销售。一家企业拥有大量的资源,这对顾客也是一项重要信号,可以减少顾客所面对的对创新成果的不确定性以及使顾客对创新成果作出积极响应;而中小企业的优势在于企业家精神、内部灵活性和对环境变化的快速反应。

中小企业因为"小"给它带来很多优势。许多中小企业具有很好的灵活性,并能跟客户保持紧密的联系,对技术和市场变化做出迅速反应。中小企业通常内部沟通顺畅,具有动态的创业管理风格(Rothwell,1994a)。同时,一些研究发现在中小企业中技术人员的平均能力较高,企业创新的平均成本比大企业较便宜(Cooper,1964)。中小企业还探索新技术领域。因此,中小企业创新更有效果和效率(Vossen,1998b)。

但在另一方面,许多中小企业根本不会去创新。研究者发现了少量创新型中小企业和大量非创新型中小企业的区别(Acs,1999;Hadjimanolis,Dickson,2000),以及在一些文献中强调许多阻碍中小企业创新的因素。缺少资金、在管理和营销上的不足、缺少技工、获得外部信息和联络少、难于应对政府的管制等因素制约了中小企业的创新(Buijs,1987;Freel,2000;Rothwell,1994a)。中小企业没有能力开发新产品可能是由于组织和营销的限制。还有一些研究还讨论了文化的障碍,如不情愿变革、忽视过程、专注于短期需求、缺少战略眼光和责备文化蔓延等(Filson,Lewis,2000;Freel,2000)。中小企业的主要问题在于对创新领域的组织管理问题缺少应有的关注(Cobbenhagen,2000)。

根据上述分析,中小企业创新的优势在于:灵活的组织,较少的官僚,对技术和市场等环境的变化能做出迅速反应,内部沟通快速并富有效率;企业主参加管理,具有企业家精神,偏平的领导方式和直接推动创新,主要表现为"行为优势"(Rothwell,1994a)。劣势在于:缺乏管理技能(计划性不强、授权不足、缺少职能专家或支持)、依靠企业家个人生存;在资金方面,难以吸引风险资本和银行贷款,创新项目失败可能导致财务上的巨大损失,面临技术投资的高固定成本和启动资金;在人员方面,难以吸引有技能的员工,难以对技术知识进行升级,主要表现为"资源劣势"。

中小企业创新的优势带来创新的机会,而劣势可能会阻碍创新活动,在不同行业由于资本密集程度不一样,中小企业的创新贡献显示出很大差别。根据Freeman 和 Soete(1997)的早期研究,按工业部门分析 1949 年至 1970 年小企业的创新贡献时发现:在航空航天、汽车、染料、药品、水泥、玻璃、钢、铝、合成树脂和造船、煤和煤气等高资本密集型的工业部门中,小企业的资源劣势造成小企业对创新的贡献,不管是相对而言还是绝对而言,很小或看不出来;而在科学仪器、电子、地毯、纺织、纺织机械、造纸和纸板、皮革和鞋类、木材和家具、建筑业等相对低资本密集型的工业部门中,很多产品的资本强度和开发成本较低,新公司的投入成本也较少,导致小企业对创新的贡献相当大。

2.2.3 中小企业创新的障碍

从现有的文献中,我们也可以发现一些针对中小企业的创新障碍的研究,这些研究大都是经验研究。由于研究背景以及相应的数据来源存在较大差异,研究的结论也不尽相同。一些研究所得出的中小企业创新的障碍及其重要性排序见表 2.11。

表 2.11 中小企业创新的障碍及其重要性排序

因素重要性排序	Kaufmann，Tödtling(2002)对上奥地利省的 140 家中小企业的研究	Lee et al.(2010)对 817 家韩国中小企业的研究	Xie，Zeng 和 Tam(2010)对 188 家中国中小企业的研究
1	缺少资金	外部难以找到合适的人才	缺少技术专家
2	太高风险	内部缺少合适的人才	缺少财务资本
3	缺少技术决窍	创新产品的市场不确定性	缺少技术信息
4	没有相应的或太昂贵的技术	技术创新模仿的可能性	低回报率
5	缺少时间	在研发计划和管理方面能力不足	创新高成本高风险
6	不需要创新	缺少技术信息	缺少正确的企业战略
7	在营销或商业化方面存在缺陷	技术不确定性引起的高风险使得资金吸引困难	知识产权保护意识不强
8	受外部的需求(客户)决定	高的创新和商业化成本使得资金吸引困难	缺少市场渠道
9	客户的保密需要	缺少市场信息	缺少外部创新合作者
10		人员(尤其是研发人员)频繁流动	缺少有效的管理系统
11		难以使用外部的技术或商业服务	政策限制

Baldwin(1995)对 1500 多家加拿大中小工业企业进行调查,结果如下:只有9.3%的企业进行自己的研发活动,10.4%的企业进行产品创新,5.4%的企业进行工艺创新,并且约有 55%的企业创新来源为顾客、供应商或内部管理,而出自正规的研发成果很少。中小企业的创新受到它们供应商的影响很大,部分中小企业的创新还受到顾客的影响。在这种情况下,与供应商或顾客的密切联系,或地域上的邻近,可以增强并扩大中小企业的创新源泉。为了实现产品创新,设计、使用先进机器设备和员工培训等非研发活动是创新成功与否的决定性因素。

2.3 创新风险因素的相关研究

虽然创新已经被认为是企业获取利润和实现持续成长的关键,但是由于创新存在许多风险和不确定性,导致较高的失败率,使得许多企业不愿从事创新。因此,在过去的 50 多年里,人们从不同角度对如何克服创新的风险和寻找创新成功的因素等问题进行了研究。

但是,现有的文献对哪些因素会决定创新成败并没有形成统一的结论。一些研究声称某些因素是创新成功的关键,而另一些研究则忽视了这些因素,并给出另外的结论。造成研究结论不一致的可能原因之一是研究样本的异质性以及方法的不同。对于选择的样本来说,一些研究调查一个特定的行业,而另一些研究则涉及几个行业。不同研究采取的研究方法也不同,一些研究采用定性的方法,而另一些采取定量的方法。另外一个可能的原因是对成功创新的测度标准不一致。因此,在研究样本、研究方法和变量度量上的差异性很可能导致得到不同的研究结论。

国外直接研究技术创新风险的文献不多。技术创新风险的研究文献大都是关于创新成败的研究。有许多文献是有关新产品开发成败因素的研究,或者是有关技术创新成功的决定性因素研究。这些研究试图发现是什么因素造成了创新的成功或失败。本节把创新风险因素与创新成败一并进行文献综述。

2.3.1 早期案例回顾性研究

技术创新成败的研究,早期一般使用回顾性研究方法,主要通过对创新项目文档资料的分析,探究成功创新的条件。比较有代表性的研究项目有:Project Hindsight、TRACES Study 和 Accomplishments Study。

20 世纪 60 年代中期美国国防部所进行的 Project Hindsight,对武器系统使用新技术情况进行回顾性的研究,其中研究目标之一就是识别成功的研究和技术项目中最重要的管理因素(Sherwin,Isenson,1967)。对 15 项武器系统中 556 个有记录的研究和技术事件(events)进行分析,发现产生一个有用的创新需同时具备三个要素:一个公认的需求,有在相关科学或技术方面能胜任的人,以及获得资金支持,缺少其中任何一个要素都会成为影响创新成功与否的决定性因素(Sherwin,Isenson,1966)。

1967 年,美国国家科学基金会(National Science Foundation,NSF)设立的 TRACES(Technology in Retrospect and Critical Events in Science)Study 对导致一系列技术创新的关键事件进行追溯,目标之一是提供有关成功技术创新所需的各

种机制、制度和研发活动的更多信息,用于确认成功创新资源和影响创新成功的因素(Isenson,1968)。TRACES Study 相应的后续研究(Battelle,1973;Narin,1989),都是围绕影响创新成败的关键事件进行的,研究是从历史创新项目中吸取教训以助于在将来的创新项目管理中提高成功的概率。

20 世纪 80 年代末到 90 年代初,美国国防部高级研究项目局(Defense Advanced Research Projects Agency,DARPA)进行了 Accomplishments Study 项目的研究[①],对该局成立以来所资助的几百个项目中的 49 个项目进行详细研究,以识别创新项目成功的条件。

通过对这些回顾性的研究项目结果的分析,成功创新的条件主要涉及以下六大类:

- 先进知识的储备;
- 技术机会和需求的识别;
- 推动创新的技术型企业家;
- 强大资金的支持;
- 高层管理的支持;
- 在某个领域进行持续的创新和开发。

2.3.2　新产品创新成败研究

2.3.2.1　英国的 SAPPHO 项目

19 世纪 70 年代由英国苏塞克斯大学的科学政策研究所实施的 SAPPHO (Scientific Activity Predictor from Patterns with Heuristic Origins)项目,主要意图是通过依次在每个行业部门中选择一家创新成功的企业和另一家失败的企业配对,以进行系统比较,从而证实或反驳关于技术创新规律的总结[②]。该项目可以说是创新成败研究的先行者(Maidique,Zirger,1984)。

[①]研究成果为三大卷资料,分别是:Reed, S. G., Van Atta, R. H., Deitchman, S. J. "DARPA technical accomplishments","*An historical review of selected DARPA projects*". *DTIC Document*,1990,1. Van Atta, R. H., Reed, S. G., Deitchman, S. J. "*DARPA technical accomplishments*","An historical review of selected DARPA projects". *DTIC Document*,1991,2. Van Atta, R. H., Deitchman, S. J., Reed, S. G. "DARPA technical accomplishments","*An overall perspective and assessment of the technical accomplishments of the defense advanced research projects agency*:1958－1990". *DTIC Document*,1991,3.

[②]当时认为创新成功的企业应有的特点是:企业自己有实力雄厚、专业化的研发;开展基础研究或与进行基础研究的机构保持密切联系;利用专利获取保护并取得与竞争对手讨价还价的能力;规模大、足以长期提供研发费用;比竞争对手研制周期短、投产快;愿意承担高风险;及早而有想象力地发现及证实未来的潜在市场;密切关注潜在市场,切实努力了解、培训和帮助用户;企业实力雄厚,能有效地协调研究开发、生产与销售;与外面科学界以及消费者保持充分交流(Freeman,Soete,1997)。

SAPPHO 项目的第一阶段是对化学和科学仪器行业的 58 个试验性创新项目进行的研究。化学工业创新主要是工艺创新,仪器创新则全部是产品创新。该项目的第二阶段是对两个行业的创新配对作研究,主要是比较化学和科学仪器行业的 29 个成功的创新项目和 29 个不成功的创新项目,希望在每对各自的成功或失败的特点中找出区别。当一对创新双方某个特点或一组特点互不相同时,有可能被认为是创新成败的原因。如果很多配对的创新成功模式与失败模式之间多次显示某种显著差别,这就为某个假设或几组假设的成立提供了系统的证据。通过对文献中创新成功和失败的可能原因的分析,在 SAP-PHO 项目中设计出可验证的大量单一假设,同时又可以验证大量因素综合的多种可能性。通过对每例成功或失败项目都做了大约 200 项的调查,发现两个行业比较相似,只有少数能明显区分成功与失败(见表 2.12),有 27 项特征可以把成功项目与不成功项目区别开。区分成功与失败最明显的因素是了解用户需求,此外营销能力、开发过程效率、及时获得外部信息能力和管理能力也是区别创新成败的重要因素(Robertson,Achilladelis 和 Jervis,1972)。

表 2.12　区分创新项目成功与失败的调查结果

调查问题	化学和仪器行业			二项式检验
	成功数大于失败数	成功数等于失败数	成功数小于失败数	
1. 对世界技术而言,创新是否具有开创性?	12	15	2	0.0065
2. 比较而言,寻找创新是否慎重?	13	14	2	0.0037
3. 在机构内部是否有人从商业的角度反对该项目?	2	16	11	0.0112
4. 在制订生产计划和预算生产成本时,一例是否比另一例更多地利用研制工程师?	9	17	3	0.073
5. 一机构是否比另一机构有更完善的信息关系网?	10	17	2	0.0193
6. 一例是否比另一例的 R&D 主管资历更高?	11	13	5	0.105
7. 销售业绩是不是创新成败的一个主要因素?	16	13	—	0.000015
8. 产品销售后是否根据用户经验作过改进?	3	14	12	0.0176
9. 是否有售后问题?	1	6	22	0.000005
10. 是否采取措施对用户进行培训?	14	14	1	0.00049
11. 如果工业生产需要新工具或设备,决定大规模生产前是否订购?	10	17	2	0.227
12. 在特定领域内与外部科技界的交流程度如何?	13	15	1	0.00092
13. 在宣传和广告上花多少精力?	10	17	2	0.0193
14. 用户是否必须修改创新?	—	17	12	0.00024
15. 是否有意外生产调整?	2	14	13	0.00636
16. 最初生产阶段是否有小故障必须处理?	2	11	16	0.0049

（续表）

调查问题	化学和仪器行业			二项式检验
	成功数大于失败数	成功数等于失败数	成功数小于失败数	
17.决定在生产线或现有工艺中采用创新时,市场或销售部门是否作过系统预测?	11	12	6	0.166
18.一例的创新者是否比另一例的创新者更全面地了解用户需求?	24	5	—	0.0000001
19.一例的创新者是否比另一例的创新者经验更丰富?	16	10	3	0.00377
20.一例的企业创新者是否比另一例的企业创新者地位更高?	13	12	4	0.0245
21.一例的企业创新者是否比另一例的企业创新者职权或权力更大?	15	11	3	0.000656
22.对外部技术的依赖在多大程度帮助或阻碍生产?	16	10	3	0.00221
23.项目开始时以多大规模的项目组从事创新工作?	16	6	7	0.0466
24.项目高峰期从事创新工作的项目组规模有多大?	16	8	5	0.0133
25.企业创新者在工业上花多少年时间?	12	11	6	0.119
26.企业创新者是否有国外工作经验?	8	20	1	0.0352
27.一例的企业创新者是否比另一例的企业创新者管理责任更重大?	14	12	3	0.00636

资料来源:转引自文献(Freeman, C., Soete, L.,1997)

在 SAPPHO 的后续研究过程中,Rothwell(1992;1994a)把该项目的研究结果和后来的其他创新项目研究综合起来,证实了 SAPPHO 项目的结论也适用于其他行业和其他企业,进一步指出管理计划和指挥程序对于创新项目成功的重要性,并从企业角度出发强调高层管理的责任和长期战略(见表 2.13)。

表 2.13　创新项目成功因素

项目执行因素	企业水平因素
• 内部和外部充分交流:获取外部技术诀窍	• 高层管理者信奉和明确的支持创新
• 将创新作为全公司范围的任务:有效的内部职能协调,各种职能全面平衡	• 长期企业战略及与之相关的技术对策
• 执行详细的计划和项目指挥程序:高质量的前期分析	• 长期支持重大项目
• 开发工作效率高,生产质量好	• 企业对变革做出灵活反应
• 强烈的市场导向:强调满足用户需求,研制着重于创新使用价值	• 高层管理者承担风险
• 为用户提供最佳技术服务:有效的用户培训	• 形成接受创新,并使之与企业精神相容的文化
• 有力的产品主管和技术把关者	
• 高质量开明的管理:旨在发掘利用优秀人才资源	
• 争取项目间最佳协作效果和项目内部互相学习	

资料来源:Rothwell(1992;1994a)

2.3.2.2 加拿大的 NewProd 项目

紧接着 SAPPHO 项目的是加拿大学者 Cooper 所进行的 NewProd 项目。基于对已有文献的分析,并充分考虑营销的角度,Cooper(1979b)构建了新产品产出模型(见图 2.4),创新过程产出商业实体(新产品),其成败受市场性质决定,同时整个创新过程都是处于三种环境(市场性质、企业资源和创新性质)之中。因此,Cooper 把影响新产品成败的因素分为 6 大类:

第一类是市场引入(新产品),主要包括新产品的特征和优势,它是新产品开发过程的产出。

第二类是信息获取,如企业是否有市场潜力的精确数据、消费者行为和生产成本等信息。

第三类是过程活动,包括从创新产生到新产品上市,如是否有详细的市场研究、试生产或市场测试等。

第四类是市场属性,指新产品的市场特征,如竞争的性质和强度、市场规模和成长性、产品生命周期特征等。

第五类是企业属性,指企业资源与创新项目的适应性,即有关资源多样性、研发、生产、分销和销售能力的企业-产品的匹配度。

第六类是项目属性,指新产品项目的特征或风险,如项目涉及技术的广度、深度、复杂性,产品的创新性和创意来源等。

Cooper 把这 6 类影响因素组合成两大类,分别是环境变量和可控变量,环境变量由市场性质、企业性质和项目性质组成,而可控变量包括商业实体(新产品)、过程活动和信息获取等,并给出了 6 个方面的共 72 个假设变量[①](见表 2.14)。

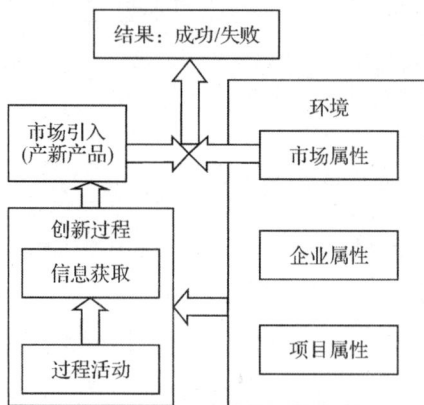

图 2.4 新产品产出模型

---

①原文为 82 个项目,这里去掉重复的 10 个项目,最后剩下 72 个项目。

表 2.14　Cooper 的产品创新风险因素

变量	类别	影响因素
环境变量	企业性质 （10 项）	有与项目相应的工程技能；有与项目相应的生产资源；有大量的资金资源；有必要的市场研究资源；有需要的管理技能；有相应的销售或渠道资源；有足够的广告技能；促销技能和资源；工程技能和人力；生产技能和资源
	项目性质 （16 项）	产品等级对企业的新颖性；产品使用（需要服务）对企业的新颖性；分销、销售对企业的新颖性；产品技术对企业的新颖性；广告促销对企业的新颖性；企业的新竞争者；生产流程对企业的新颖性；潜在顾客对企业的新颖性；高技术产品；高的单位价格；机械、技术复杂性产品；产品市场定义清楚；从一开始技术解决方案清楚；产品是否是客户定制；项目相对巨大的投资；市场驱动的创新
	市场性质 （12 项）	激烈竞争的市场；激烈的市场价格竞争；大量竞争者；客户对竞争者产品满意；客户对这类产品有巨大需求；市场规模巨大；高成长市场；只存在潜在的需求；强大的主导性竞争对手；客户对竞争对手产品的忠诚；市场中频繁的新产品引入；快速变化的客户需求
可控变量	市场引入 （13 项）	生产设施的准备；引入市场时强大的销售力量；销售队伍目标明确；产品对客户来说有独特的优势；比竞争产品更好地满足客户需求；产品让客户减少成本；产品为客户解决特定的任务；比竞争对手更高的产品质量；有强大的广告或促销启动；广告目标明确；产品数量足够满足需求；企业产品第一个投入市场；比竞争对手更高的产品定价
	过程活动 （12 项）	很好地做过前期的技术评估；很好地做过产品开发；很好地在内部做过产品原型测试；很好地做过试生产；很好地做过生产启动；很好地做过前期的市场评估；很好地做过市场研究；很好地做过市场测试；很好地做过市场启动；很好地做过最初创新的描述；很好地做过财务分析；市场中政府的角色
	信息获得 （9 项）	很好地知道产品技术；很好地知道产品设计（没有瑕疵）；知道生产流程和技术；理解客户的需求、欲望；理解客户的价格敏感性；理解竞争形势；理解客户行为；理解或知道潜在市场的大小；是否对成功有自信

　　在构建理论模型和假设之后，该研究对 103 家企业的 195 个产品创新项目（成功项目 102 个，失败项目 93 个）进行了调查。接受调查的企业管理者需要就每个因子对创新成败的影响强度进行打分。对从调查中所获得数据进行因子分析，共萃取出 18 个因子（见表 2.15）。

　　在这 18 个因子中，Cooper 发现有三个因素决定产品创新的成败。最主要的因素是新产品的独特性及现有产品的不可替代性，其次是创新者的市场信息以及对市场发展趋势的把握，最后是产品创新与企业的总体技术水平和资源相适应（Cooper，1980）。

表 2.15 新产品项目的影响因子

因子名称(解释方差的百分比)(%)	因子名称(解释方差的百分比)(%)
1.技术与产品协同及熟练度(28.8)	10.产品定义明确(2.8)
2.营销知识及其熟练度(11.7)	11.生产启动效率(2.5)
3.对企业的新颖度(10.1)	12.产品对市场的新颖性(2.2)
4.产品独特性和优势(9.0)	13.存在主导性的竞争对手(2.1)
5.市场竞争性和顾客满意度(6.7)	14.市场动态性(1.8)
6.营销和管理协同(5.1)	15.产品的相对价格(1.7)
7.产品技术复杂性(4.4)	16.商业化活动的熟练程度(1.6)
8.市场需求、成长和规模(3.5)	17.产品的定制性(1.6)
9.营销沟通的优势和市场启动效果(3.1)	18.创意来源/投资规模(1.4)

2.3.2.3 美国的斯坦福创新项目

1984 年,Maidique、Zirger 进行的斯坦福创新项目(Stanford Innovation Project)第一阶段,主要研究电子、计算机、航空、生物技术、化学和制药等高技术行业的新产品创新成败因素。研究由 3 个步骤组成:

第一步是对在斯坦福大学研修的美国电子企业的 120 位高级管理者(总裁、副总裁和部门高级管理者)开展开放式问卷调查。在这一步使用的开放问卷中包括 3 个组成部分:被调查者及其所在企业的人口统计学信息;要求被调查者选择出企业的一组创新,包括一项成功的创新和一项失败的创新,并描述这些创新;最后两个问题要求被调查者回答分别是什么因素导致了企业创新成功和创新失败。最后收到 79 份完整的问卷作为研究的数据基础。

第二步是结构式问卷调查。这一步问卷的结构和 SAPPHO 项目相似,基于第一步开放式的调查、前人的研究和研究者的经验,编制出有 60 个因素的问卷,要求完成第一步的 79 位被调查者回答每一个因素是否决定创新成功、失败、都不影响或都影响。最后收到了 59 份已完成的问卷。

第三步是对完成前两步的企业中,选择 20 家企业进行深度案例研究。这步有 3 个目标,一是验证从第二次问卷调查获得结果的有效性;二是与调查结论进行对照和比较;三是发现影响产品成功或失败的其他因素。

通过上述研究,发现影响创新成败的因素有 3 大类:环境变量、企业技能和资源、产品和产品策略。选择产品的收益成本比和组织营销熟练度这两个变量作为创新成功的比例最大,达到 25%,而作为创新失败的因素的分布相对分散。

影响创新成功的因素中,产品特征占 33%,营销占 18%,市场特征占 48%;而影响创新失败的因素中,产品特征占 18%,营销占 18%,市场特征占 13%。

该研究的最后结论是在以下 8 种环境下(Maidique,Zirger,1984),新产品更易于成功:

- 深入了解客户和市场,推出高性价比的产品;
- 熟悉营销,把更多的资源用于销售和促销产品;
- 产品给企业带来高的边际贡献;
- 研究过程得到很好的计划和执行;
- 创意、生产和销售职能相互协调和配合;
- 产品在早期进入市场;
- 新产品比现在开发中的产品更有市场和技术优势;
- 从启动到上市的产品开发阶段有高层管理的支持。

早期的 Hindsight、TRACES 等项目对创新成功的因素的研究主要以历史回顾的方法对某些重要的创新项目进行分析,试图找出影响创新项目成功的关键事件。SAHHPO 项目通过访谈和案例研究方法对比创新成功与失败的企业,试图发现其中的影响因子,而 NewProd 项目开创了大样本研究该问题的先河。因此,从创新风险的研究方法来看,表现出从简单到复杂,从定性研究到定量研究的变化(见表 2.16)。

表 2.16　早期的创新成败研究项目

时间	研究项目名称	研究内容	研究方法
1964 年	Hindsight 项目（Sherwin,Isenson,1967)	技术创新的项目管理模式	回顾二战后到 1962 年武器系统开发成功的项目管理经验
1967 年	TRACES Study（Bartocha,Narin 和 Stone,1970)	成功的创新资源和影响创新成功的管理因素	回顾之前 50 年的创新项目
20 世纪 70 年代	SAPPHO 项目第一阶段（Robertson,Achilladelis 和 Jervis,1972)	系统的分析和寻找成功的创新项目与失败的创新项目存在的差异	第一阶段对比 29 对创新成功与失败的企业;第二阶段增加到 43 对企业
1980 年	NewProd 项目（Cooper,1980)	新产品成败的原因	对 195 个新产品样本调查
20 世纪 80 年代早期	斯坦福创新项目（Maidique,Zirger,1984)	高技术行业的新产品创新成败因素	对电子等高技术企业进行问卷调查和案例研究

资源来源:根据相关文献整理

SAPPHO 项目通过比较创新成功和失败,获得大量有用的结果,但是还是存在许多问题。它碰到了在任何新领域进行研究的方法论问题,例如,如何定义一个成功的新产品等操作性定义是模糊的或不一致的;也缺少理论模型的构建;样本容量比较小,研究方法可信度较低,使用的数量方法也是最初级的。同时,项目的研究者一般是工业经济或技术研究者,考虑市场相关的变量较少。

NewProd 项目有效地突破了 SAPPHO 项目研究中存在的问题。一方面,构建了理论模型;第二方面,把随机样本量增加到 100 对左右,数量分析方法也从单变量分析升级到多变量分析。

虽然 SAPPHO 与 NewProd 的研究结果很相似,但也存在一些区别,如SAPPHO 项目强调组织因素、有效利用外部技术和市场因素,但忽视产品本身,而 NewProd 项目的结果则强调了产品特征、市场变量和组织变量。

在研究方法上,从 SAPPHO 项目开始,成对比较的研究方法成为产品开发研究中的可选方法之一。该方法通过比较成功创新与失败创新的特征,去寻找其中存在的相同点和不同点。在 SAPPHO 项目中,选择在同一个市场中竞争的不同企业的 29 对创新产品,并从每家企业选择几个相关人员进行问卷调查。在 NewProd 项目中,随机选择 103 家企业,给每家企业的当事人,主要是总经理,寄送一份问卷来收集资料。

两个项目在比对和统计分析时有所区别,SAPPHO 项目在比较每对创新产品时把市场作为常量(同一个市场中的成功和失败的创新),而 NewProd 则把企业作为常量(每一个企业中的成功和失败的创新)。因此,有理由推断SAPPHO 揭开了成功企业的组织和营销方法,而 NewProd 则倾向于强调成功产品本身的特征。

斯坦福创新项目的研究结论与 SAPPHO 和 NewProd 有许多相同的部分,也有一些不同的地方。共同点在于认同没有哪个单一的因素可以解释创新的成败,以及这三个研究一致认为对市场深入了解是新产品成功的关键因素。不同的方面有:产品本身的属性及其与现有产品线的关系。NewProd 和斯坦福创新项目都强调产品特征的重要性,如产品的独特性、产品的价值等,而产品在SAPPHO 项目中不是一个重要变量。

在 SAPPHO 和 NewProd 的研究中都没有发现市场特征是一个重要变量,而在斯坦福创新项目第一阶段的开放式问卷所得数据中发现环境是决定新产品成功的一个重要因素。另外,在斯坦福创新项目第二阶段的研究中发现,为了获得竞争优势,进入市场的时机是非常重要的。与现有能力的协同这一点,没有出现在 SAPPHO 项目研究结论中,而在 NewProd 和斯坦福创新项目中发现它具有重大影响。

当然这些研究的差异很可能跟研究的背景有关。第一,样本来源不一样,SAPPHO 样本来自化学和仪器工业,斯坦福创新项目样本来自电子工业,而 New-Prod 项目的样本来源比较广泛。第二,研究区域不同,SAPPHO 项目以欧洲国家为背景。而 NewProd 出现在加拿大,斯坦福创新项目则以美国为背景,由于加拿大和美国的背景较为相似,NewProd 和斯坦福创新项目有更多相同的结论。

在上述产品创新成败研究项目(见表 2.16)的带动下,20 世纪 80 年代以来,西方学者对创新成败及其决定因素进行了大量的研究;我国从 20 世纪 90 年代开始,也有越来越多的学者进行技术创新风险方面的研究。

2.3.3 普遍认同的创新风险因素

从 20 世纪 60 年代开始,在 Project Hindsight(美国)、TRACES Study(美国)、SAPPHO(英国)、NewProd(加拿大)和斯坦福创新项目(美国)等研究项目的带动下,越来越多的学者投入创新成败的研究中。于是,出现了许多关于这方面的研究(见表 2.17)以及相应的研究结论(见表 2.18)。

通过对大量相关文献进行归纳总结,发现影响创新成败的因素有:企业相关因素、项目相关因素、产品相关因素和市场相关因素(见图 2.5)。这些影响创新成败的因素被许多文献所证实。

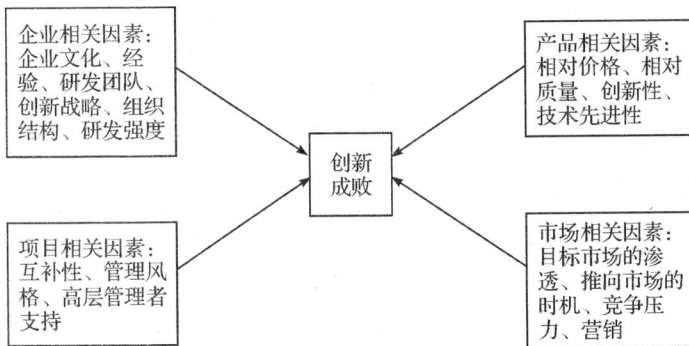

图 2.5 创新成败的因素

表 2.17 有关创新成败因素的研究项目

研究者	研究对象	研究目标	研究方法
Mansfield, Wagner(1975)	美国化学和电子行业的 20 家企业	组织因素对成功创新的影响	理论
Rubenstein et al. (1976)	美国 6 家企业 103 个项目	识别技术上和经济上成功的因素	经验
Johne(1984)	英国仪器行业 16 家创新公司	获得创新活动组织方面的经验	经验
Yoon, Lilien (1985)	法国 53 家企业的 112 项创新	比较渐进性创新与突破性创新的因素	经验
Cooper, Kleinschmidt(1987)	美国 125 家企业的 200 项创新	测量创新成功和识别成功的因素	经验

（续表）

研究者	研究对象	研究目标	研究方法
Crawford (1987)	无样本	对创新成败研究进行评估	理论
Gobeli，Brown (1987)	美国 13 家高技术企业	比较不同的创新战略	经验
Souder(1988)	美国 289 个创新项目	阻碍研发与营销交互因素	经验
Larson，Gobeli (1988)	美国 540 个创新项目	创新项目的组织背景	经验
Pinto,Slevin (1989)	无样本	识别创新成败的因素	理论
Kleinschmidt，Cooper(1991)	美国 125 个工业企业的 195 项创新	创新程度与成功的因果关系	经验
Rothwell (1992)	无样本	评估创新过程	理论
Griffin,Page (1993)	无样本	评估衡量创新成功的方法	理论
Calantone et al.(1993)	美国财富 500 强中的 142 家企业	组织结构、营销和技术能力对组织活力的影响	经验
Kleinschmidt，Cooper(1995)	美国、英国、加拿大、德国等 21 家化工企业 103 个创新项目	每个成功因素的相对重要性	经验
Zirger(1997)	美国电子行业 147 个创新项目	经验对创新活力的影响	经验
Ekvall(1998)	瑞典 150 名大学管理者	领导力对组织绩效的影响	理论
Martinez，Briz (2000)	西班牙食品和饮料行业 149 家企业	创新活动对企业绩效的影响	经验
Zwick(2002)	来源于德国曼海姆创新面板数据,涉及对 5000 名左右管理者的调查	员工抵制创新	经验
Frenkel(2003)	以色列北部 211 家工业企业	区域创新政策对企业创新的影响	经验
Galia,Legros (2004)	涉及 1772 家企业	制造企业创新面对的障碍	经验
Hausman (2005)	美国 3 家小企业;西班牙 3 家小企业	影响创新性的因素（行业、企业、创新）	经验
Hewitt-Dundas (2006)	348 家爱尔兰企业	制约创新活动的资源和能力,以及在小企业和大企业中的不同影响	经验

资源来源:根据相关文献整理

表 2.18　影响创新成败的主要因素

成败因素	来源
企业文化(员工或管理层抵制变革)	Voss(1985);Galia,Legros(2004);Mohnen,Röller(2005);Hewitt-Dundas(2006)
创新战略	Maskell(1996)
经验(技术、市场)	Maskell(1996);Cooper,Kleinschmidt(1987);Rubenstein et al.(1976);Maskell(1996);Zirger(1997);Ekvall(1998)
研发团队(多学科性、参与全程产品创新、合格研究人员)	Maidique & Zirger(1984);Voss(1985);Stuart,Abetti(1987);Kleinschmidt,Cooper(1991);Ekvall(1998);Frenkel(2003);Galia,Legros(2004);Mohnen,Röller(2005);Zwick(2002)
组织(结构、有机性、自治、沟通、嵌入性)	Maskell(1996);Voss(1985);Rubenstein et al.(1976);Zirger,(1997);Ekvall(1998)
成本(成本高低、成本控制能力、资金来源)	Rubenstein et al.(1976);Zirger(1997);Martinez,Briz(2000);Frenkel(2003);Galia,Legros(2004);Mohnen,Röller(2005);Hewitt-Dundas(2006);Zwick(2002)
创新管理(完成开发阶段和评估、计划、项目选择)	Maskell(1996);Voss(1985);Cooper,Kleinschmidt(1987);Rubenstein et al.(1976);Kleinschmidt,Cooper(1991);Zirger(1997);Ekvall(1998)
协同性(市场、技术、分销、生产、核心能力)	Maskell(1996);Cooper,Kleinschmidt(1987);Rubenstein et al.(1976);Gobeli,Brown,(1987);Zirger(1997)
高层管理支持	Maskell(1996);Kleinschmidt,Cooper(1991)
质量	Cooper,Kleinschmidt(1987);Rubenstein et al.(1976);Zirger,(1997);Ekvall(1998)
价格(性价比、有限的购买风险)	Maskell(1996);Cooper,Kleinschmidt(1987);Rubenstein et al.(1976);Ekvall(1998);Ekvall,(1998)
创新性(独特性)	Maskell(1996);Cooper,Kleinschmidt(1987)
技术(技术先进性或复杂性)	Maskell(1996);Cooper,Kleinschmidt(1987);Rubenstein et al.(1976);Ekvall(1998)
及时市场导入	Maskell(1996);Voss(1985)
竞争(市场竞争性、市场规模、市场成长)	Rubenstein et al.(1976);Gobeli,Brown(1987);Ekvall(1998)
营销(促销、销售、预期销量、市场研究、顾客参与,市场定位)	Maskell(1996);Cooper,Kleinschmidt(1987);Rubenstein et al.(1976);Kleinschmidt,Cooper(1991);Zirger(1997);Ekvall(1998)
信息(市场信息、技术信息)	Galia,Legros(2004);Hewitt-Dundas(2006);Frenkel(2003);Zwick(2002)
外部合作	Mohnen,Röller(2005);Hewitt-Dundas(2006);Hausman(2005)
政府政策	Hadjimanolis(1999);Freel(2000);Frenkel(2003)

资源来源:根据相关文献整理

2.3.3.1 企业相关因素

综合相关文献对产品创新成败因素的研究,与企业相关的因素主要包括企业文化、创新经验、研发团队的特征和企业的创新战略等。

1.企业文化

培育一种易于创新的文化的必要性得到企业的广泛认可,因为从长期来看,创新是形成技术能力的关键(Ekvall,Ryhammar,1998;Lester,1998)。形成创新文化的阻力可能来自于根深蒂固的常规和惯例。这些常规和惯例,使得员工只关注他们自己的任务和职责。当需要超越个人的职责,寻找解决方案时,往往遇到障碍,这与创新项目固有的团队活动存在冲突,因为创新要求所有参与者的工作朝着一个共同的目标展开(Dougherty,1992)。

同样,企业各部门的合作程度影响技术的可行性。Rochford,Rudelius(1997)发现,有2/3的创新公司报告部门间合作受阻,主要原因是缺乏相互信任。例如,部门间预算和能力的竞争可能会导致不和谐,这会对技术可行性产生负面影响(Souder,1988)。作为补救,各部门应从参与项目开始,明确有关部门的任务和责任的安排,形成易于创新的文化(Calantone et al.,1993)。此外,明确强调产品的开发价值和内部企业家精神的任务声明,可以影响企业的文化(Johne,Snelson,1988)。最后,Calantone et al.(1993)认为适当的部门间的沟通可以达到同样的目的。

2.创新经验

以前从事的创新项目,有利于增加企业的创新能力,因为之前创新过程所需的技术、生产和销售技巧受到了检验(Bessant,1993;Stuart,Abetti,1987)。此外,依据以往创新项目的经验,可以减少现在创新所花的时间,从而缩短新产品上市的时间(Wind,Mahajan,1988)。创新经验的其他重要的优点源于"干中学"和从失败中学习的效应,前者提高企业研发效率,后者可以暴露企业的弱点。Maidique、Zirger(1984)和Zirger(1997)认为这两种现象对于产品创新是至关重要的。

3.研发团队的特征

研发团队的几个特征影响公司的技术能力。其中一个显著特点是团队的配置,跨学科的团队增加了该项目的可行性(Roure,Keeley,1990)。尽管技术能力是先决条件,但是技术往往受到过多的强调,而在技术和营销技能之间的平衡是必不可少的(Cooper,1983)。第二个显著特征是产品推动者(product champion)的出现。面对创新的阻力,研发团队由产品推动者支持,比起缺乏这种支持的团队更容易成功(Cooper,Kleinschmidt,1995;Link,1987)。由于缺乏高层管理人员的支持,许多项目缺乏产品推动者的献身精神,从而影响了创新活动(Page,1993)。

4. 企业的创新战略

一个明确的创新战略,通常作为创新成功因素,Lester(1998)认为创新战略提供了一个指导方针来处理诸如选择市场进入和技能开发等重大问题,以及使企业能够充分利用创新项目之间的协同作用,并从以前成功的创新中获益(Rothwell,1992)。Cottam,Ensor 和 Band(2001)实证研究后认为实现创新利益最大化,创新活动必须有一个战略方向。

2.3.3.2　项目相关因素

有两个与项目相关的因素会影响创新,一个是资源互补性,另一个是管理风格。

1. 资源互补性

Stuart,Abetti(1987)认为项目与企业资源和能力的兼容性,和项目的技术可行性上存在因果关系,这些企业资源和能力包括管理和市场研究技能、销售、分销、研发和生产设备。许多文献强调技术开发与营销活动要紧密相连。Cooper(1983)和 Link(1987)声称创新与营销优势协同比起生产优势协同更重要。产业市场中,客户会考虑创新是否与他们熟悉的产品线相匹配,所以也需要在产品层面进行协同(Hopkins,1980)Zirger(1997)。认为协同来源于"干中学"和规模经济和范围经济。Maidique 和 Zirger(1984)通过实验研究发现产品的市场和技术前景取决于产品与企业优势的互补性。

2. 管理风格

企业的管理风格往往影响创新项目可行性。根据 Cozijnsen、Vrakking 和 van IJzerloo(2000)的观点,恰当的时间管理、成本管理、信息管理和决策制定决定了 60%项目的可行性。为了使项目便于管理,许多创新者把项目分割成几个连续的阶段(Crawford,1987)。创新越是保持这个轨迹,就越容易成功。通过实证研究表明,一旦项目被分割成几个阶段,那么跳过某个阶段是失效的主要原因(Cooper,Kleinschmidt,1987;1995)。

2.3.3.3　产品相关因素

影响创新的产品相关因素有相对的价格和产品的质量。

1. 相对的价格

这方面的研究虽然比较少见,但是创新产品的价格相对于竞争对手产品或替代品的价格对创新成功的影响没有太大的争议。创新减少客户总的使用成本的程度(Cooper,Kleinschmidt,1987)和产品性价比的高低(Maidique,Zirger,1984)对创新成败有重要影响。成功的创新通常要同时满足客户的多个需求,如产品的质量、相对价格、总使用成本、使用的便利性、售后服务和后序兼容性等(Maidique,Zirger,1984)。相反,不太成功的创新只是在某一方面满足客户的需求。

2.产品的质量

不少文献一致认为产品质量是创新成功的前提条件,Calantone、Di Benedetto 和 Divine(1993),Link(1987),Roure 和 Keeley(1990)甚至认为质量是成功创新的唯一真正的决定因素。

2.3.3.4 市场相关的因素

影响市场创新的市场相关因素包括目标市场的集中度和市场引入的时机。

1.目标市场的集中度

影响产品创新成功与否的一个市场因素是目标市场的集中度,如果产品的购买者越集中于某个市场,那么沟通将变得更容易,但这两者的关系并不是简单的线性关系。Roure 和 Keeley(1990)认为买者的集中度和商业可行性两者呈 U 形的关系,即高的或低的买者集中度使产品具有更高的商业可行性。

2.市场引入的时机

第二个与市场相关的因素是新产品市场引入的时机。Hopkins(1980)、Maidique 和 Zirger(1984)认为早期进入市场中将会产生巨大的竞争优势,要先于竞争者把产品引入市场。Johne 和 Snelson(1988)估计如果产品上市相对迟6 个月到 1 年,资金收入将减少一半。因此,Wind 和 Mahajan(1988)建议缩减创新流程,加快上市进程。

2.3.4 存在争议的创新风险因素

以上四类影响创新成败的因素被许多文献所证实。但还有一些因素存在较大的争议,如组织结构、研发密集度、高层管理者的支持、市场营销等。

1.组织结构

对于什么是适应于创新的组织结构存在许多争议。传统职能制组织的正式体系和控制,与创新过程所需要的"试错"存在冲突,例如 Johne 和 Snelson(1988),Calantone、Di Benedetto 和 Divine(1993)的研究。创新者本身也倾向于驳斥职能型结构。Larson 和 Gobeli(1988)发现只有 20％具有职能型结构的企业能够满足创新过程的要求。另一具有更多灵活性和适应性的有机型组织结构普遍受欢迎。有机型组织结构的企业比职能型组织结构的企业获得的成功率更高。Calantone、Di Benedetto 和 Divine(1993)认为技术和市场能力都是创新成功的重要因素,而有机型组织结构具有开发先进的技术和市场营销的能力。

有机型结构有利于创新的第一个理由是该结构有利于发挥个人才能的多样性以及想法的表达,并容易产生产品推动者,这将是创新成功的一个重要因素(Howell,Higgins,1990)。第二个理由是由创新过程的性质决定的,实证研究表明成功的创新企业在创新的最初阶段保持松散的结构,而当产品定型之后则转化为正式的结构(Bart,1993;Johne,Snelson,1988;Rothwell,1992)。

也有一些观点是反对有机型结构的。一方面,有实证研究发现有机结构对企业创新能力起到消极作用,例如,Rubenstein 等(1976)指出企业应该紧紧控制创新过程,尤其是在创新的早期阶段;Stuart 和 Abetti(1987)也认为以自由行为刺激创新是错误的。实际上也有许多创新者在整个创新过程中喜欢紧紧地控制(Larson,Gobeli,1988)。

2. 研发密集度

企业在研发上投入更多资源将产出更多的创新,因此,有研究认为大量的财务资源是成功的前提条件(Page,1993),而缺少财务资源被看作是一个主要的创新失败因素(Rubenstein et al.,1976)。研发密集型企业通常获得高的商业成功率(Gemunden,Heydebreck & Herden,1992),但两者的关系还不够清晰。例如,Acs 和 Audretsch(1991)指出研发投入和创新产出之间的关系受规模递减规律影响。Brouwer、Budil-Nadvornikova 和 Kleinknecht(1999)发现研究密度与创新产出的关系受区域知识溢出、需求拉动效应和技术前景的差异等诸多因素的影响。这些因素使得两者的关系很难直观地表述清楚。Cooper (1983)专门对此做了研究,他发现低研发投入的企业(研发支出占销售额比例只有 1%)的创新产品销售额占全部销售额的 25%,而研发高投入的企业(研发支出占销售额比例超过 4%)的创新产品销售额只占全部销售额的 40%。Stuart,Abetti(1987)对一个案例研究后声称,研发密集度与产品的可行性呈现负相关。

3. 高层管理者的支持

高层管理者的支持将推动创新项目的启动,克服内部对创新的抵制(Rothwell,1992)。Page(1993)在他所研究的案例中发现,1/4 的创新者认为高层管理支持是创新成功的前提条件。另一个证据是有关产品生命周期理论的,Brenner(1994)声称从创新启动后至少需要 5 年才可以判断这项创新是否可行。因此,创新项目需要长时间的努力,这就要求高层管理对风险的容忍,不仅能防止好项目被中途放弃,还能使企业从失败中学习。最后,Gobeli 和 Brown (1987)观察到突破性创新比渐进性创新具有更高的成功率,这跟高层管理的贡献分不开。

另一方面,高层管理者的支持也可能损害创新,过多的高层管理者的支持可能使个人卷入太久而产生僵化(Rubenstein et al.,1976)。Kleinschmidt 和 Cooper(1995)认为高层管理支持导致的项目成功与失败数量差不多。

4.市场营销

市场研究的技术常被作为一个创新成功的因素（Calantone，Di Benedetto & Divine，1993；Cooper，1983；Yoon，Lilien，1985），而缺少足够的市场研究被看作是创新失败的主要因素，如过高估计需求、误把工程师的渴望当作客户的需求等（Hopkins，1980）。

虽然许多文献都支持把充分的市场研究作为创新成功的一个因素，通过市场研究把客户纳入创新过程中，可以提高创新成功率，但这一观点还是存在争议。一个论点是支持客户参与创新是源于客户需求的波动，但要充分了解客户需求（Calantone et al.，1993；Wind，Mahajan，1988）。大部分成功的想法来自于市场，而不是在企业内部（Johne，1984；Maidique，Zirger，1984）。这些论点都得到了经验的支持：有 3/4 的创新者重视客户参与；一半的创新者认为客户参与是创新成功的前提。客户参与的创新者获得显明更高的成功率（Gemunden et al.，1992）。

反对客户卷入创新的观点认为，随着客户经常性地参与创新，有关客户需求的偏见将成为创新陷阱（Maidique，Zirger，1984）。客户的卷入有可能使创新者偏爱模仿创新，源于顾客对他们已经熟悉的产品存在偏好，同时客户几乎不可能预想他们未来的偏好，或者不可能进行完整表述。实际上，客户参与可能降低创新者的创造力和导致对技术驱动型创新的忽视。因此，创新需要在技术推动和市场拉动之间保持一个平衡（Johne，1984）。

2.3.5 国内学者对技术创新风险因素的研究

20 世纪 90 年代以来，国内学者对技术创新风险展开了广泛的研究。具有代表性的研究者谢科范、吴涛、周寄中、王立新等都曾得到国家自然科学基金或国家社科基金的资助，对技术创新风险进行研究。谢科范先从定性的方法提出技术创新风险的辩证观（谢科范，1996）、风险律（谢科范，1994c）和综合论（谢科范，1994a），也用定量的方法对技术创新的关键风险因素进行研究（谢科范，1999）；吴涛主要基于技术创新风险分类的角度，提出风险分析的二维分析模型和三维分析模型，构建技术创新风险因素架构（吴涛，2002；2004）；周寄中等对技术创新风险进行分类识别（周寄中，薛刚，2002）；王立新等从企业技术创新过程的角度分析企业技术创新风险的来源与识别（王立新，李勇和任荣明，2006）。

以下分别从定性研究和定量研究两方面对文献进行综述。

2.3.4.1 技术创新风险因素的定性研究

关于技术创新风险因素的研究大多是一些思辨性的定性分析，定量的、实证性的研究极少。以下是一些比较有代表性的定性研究。

　　周寄中和薛刚(2002)把技术创新风险归纳为 3 个层次共 8 大类风险,战略层次的风险主要是决策风险,组织层次的风险主要有组织、资金、信息管理、企业文化和外部环境等风险(见表 2.19),项目层次的风险主要有技术风险和市场风险。

表 2.19　技术创新风险组成

企业层次的风险	主要内容
组织风险	组织结构可能不适合技术创新;组织结构可能僵化;决策权可能过于分散
资金风险	项目进行期间,资金不足导致项目中途流产;新产品量产期间,资金不足导致生产规模不够、成本上升或质量下降
信息管理风险	对外部信息的搜集不足;内部信息沟通不畅;信息管理系统能力不足
企业文化风险	组织的惰性过大;企业内部压力过大;员工报喜不报忧
外部环境风险	宏观政治、经济环境;法律环境;自然灾害

资料来源:根据周寄中,薛刚(2002)整理

　　毛荐其和霍保世(2002)认为技术创新风险是指"由外部环境的不确定性、项目本身的难度和复杂性、创新者的能力与实力的有限性,而导致技术创新活动达不到预期目标的可能性",并指出技术创新风险包括技术风险、市场风险、财务风险、政策风险、生产风险和管理风险,在对这几类风险分析的基础上,列出了各类风险包含的 24 种风险类型细分(见表 2.20)。

表 2.20　技术创新风险类型细分

风险分类	主要内容
技术风险	技术开发难度大;关键技术预料不足;技术知识无法获得;关键技术难以突破;存在技术障碍和技术壁垒;实验基地、设备和工具缺乏
市场风险	新产品由于性能、稳定性或消费者惯性等因素一时难以被市场接受;市场需要开拓且难度较大;因价格等原因市场需求不旺或增长不快;市场定位不准、营销策略、营销组织失误;新产品生命周期短或开拓的市场被更新的产品替代
财务风险	技术创新资金不足;融资渠道不畅
政策风险	不符合国家或地方的环保、能源、科技和外贸政策;无法获得产品、原辅材料、设备、技术的进口许可等
生产风险	难以实现大批量生产;工艺不合理或现有工艺不适应;生产周期过长或生产成本过高;原材料供应无法解决;检测手段落后、产品质量难以保证、可靠性差
管理风险	组织协调不力,其他部门配合不好;高层领导关注不够;调研不充分,市场信息失真;创新主体的领导人固执己见做出错误决策;风险决策机制不健全,研发过程不协调

资源来源:根据毛荐其,霍保世(2002)整理

吴运建等(1996)基于技术创新过程理论,提出企业技术创新风险依次包括环境风险、开发前风险、技术风险、生产风险、市场风险和财务风险等6个阶段共14项风险因素(见表2.21)。

表2.21 技术创新风险因素

风险因素		主要内容
环境风险 财务风险	开发前风险	市场调查;技术发展调研及技术选择;通过可行性研究进行创新决策;技术获取方式选择
	技术风险	规划立项;新产品或新工艺的设计准备;新产品或新工艺的设计;新产品试制;中间试验;小批量试制和定型
	生产风险	员工的教育培训;生产准备及小批量试生产;大批量生产
	市场风险	营销和服务

资料来源:根据吴运建等(1996)整理

吴涛在上述技术创新风险的一维分析的基础上,提出了二维分析模型和三维分析模型。在技术创新风险分析的二维结构中,除了风险维(包括技术、市场、财务、生产、管理、政策等风险)外,还包括决策维(含战略决策层、战术决策层和作业决策层)(吴涛,2002)。他把各层次的决策风险整合到技术创新的各类风险来源中,从决策的角度剖析风险是如何产生、演变的。在二维结构的基础之上,吴涛又加入了技术创新的逻辑维(见表2.22)。逻辑维涵盖了技术创新整个过程,包括寻求创意、筛选创意、形成产品概念并测试、商业分析、产品开发、试销和商品化(吴涛,2004),逻辑维把新产品开发的流程整合到技术创新风险分析中,细化了技术创新风险的来源,从而在更深层次上探究技术创新风险因素。但是技术创新风险三维分析模型更多的只是提供一个发现或分析风险来源的框架,并没有详细涉及A11~A56中的具体风险内容。

表2.22 技术创新风险的三维分析

决策维		战略决策层:影响技术创新活动的重大决策					
		战术决策层:影响技术创新活动局部的相对次要的决策					
		作业决策层:技术创新活动中具体问题和细节的决策					
逻辑维		寻求创意	筛选创意	概念测试	商业开发	试销	商业化
风险维	技术风险	A11	A12	A13	A14	A15	A16
	市场风险	A21	A22	A23	A24	A25	A26
	财务风险	A31	A32	A33	A34	A35	A36
	管理风险	A41	A42	A43	A44	A45	A46
	政策风险	A51	A52	A53	A54	A55	A56

资源来源:根据吴涛(2004)整理

以上国内的研究文献从研究方法上看,是以思辨性的定性分析为主。由于只是从文献到文献的借鉴或推演,对技术创新风险因素的区分也大致相同。同时,这些文献的研究结论存在明显的可验证性不足问题。

2.3.4.2 技术创新风险因素的定量研究

谢科范提出了技术创新风险的 4 大类 58 个因素,并进行了问卷调查。经过对 94 份有效问卷进行分析后,给出 58 个因素重要性的排序,结合重要性的高低次序以及每大类要求至少涉及 3 个因素的标准,得出企业技术创新中需要重点考虑和防范的风险因素主要是"企业科技人员实力弱、企业管理能力低、项目负责人水平与能力低、技术不成熟、技术难度和复杂性高、技术不先进、项目组的总体实力与能力低、新产品的生产成本过高、项目的资金需要量大、中间试验的难度与复杂性高、企业信誉与知名度不高、对市场及技术信息的了解不足、消费者需求变动、竞争对手实力过强、竞争对手数量过多等"(谢科范,1999)。

与谢科范的研究类似,田方军和董静(2007)根据事先设计的 13 个维度(政治风险、经济风险、社会风险、自然风险、技术风险、市场风险、营销风险、产品和工艺创新风险、财务风险、生产风险、管理风险、人力资源风险、战略决策风险)共计 51 个具体指标,通过对 34 份有效问卷数据进行聚类分析后,得出 51 个风险因素可以被分为 7 类,其中最重要的一类风险因素包括进入时机、辅助性技术的配套、市场竞争状况、技术难度与复杂程度、技术寿命、市场的接受能力、人力资源的供求状况等。谢科范使用较为简单的因素排序法找出重要因素,田方军等使用的聚类分析方法则更为复杂。因此,从分析方法上而言,该项研究向前提升了一步。

相似地,王立新、李勇和任荣明(2006)应用灰色关系模型方法,首先确定 19 个技术创新风险因素的权重,再建立技术创新风险指标体系的层次结构,最后归纳出企业创新中需要重点考虑和防范的关键风险因素。

在针对技术创新风险分析的信息残缺、不能直接进行定量分析的情况下,王鹏、王墨玉和李亨英(2007)提出了改进的层次分析法对 6 大类风险因素(技术因素、市场因素、财务因素、政策因素、生产因素和管理因素)进行分析,得出企业技术创新活动中的重要风险以及进行总体风险性估计。

总体上看,目前国内对技术创新风险的定量研究还是比较缺乏的。定量研究采用的方法一般是直接提出技术创新风险因素,再通过选取定量分析方法给出风险因素的重要性排序,从而发现企业技术创新的关键风险因素并重点防范。这些研究的前提是建立在没有理论支撑的风险因素设计上的,大部分文献直接罗列了一系列风险因素,没有提出各项风险因素的理论背景和实践基础,因而这些研究不够严谨。另外,所采用的定量分析方法只是对风险因素的重要性进行排序,没有涉及风险因素与技术创新成败关系的定量分析。没有从风险因素与创新成败的因果关系中识别技术创新的关键风险因素,在没有明确的创新目标的前提下较为空泛地分析技术创新各项风险因素的重要性,表现出逻辑不够严密,研究结论也缺乏说服力的缺陷。

国内学者普遍认同技术创新风险因素研究的重要性。由于这方面研究起步较晚,所以不管是定性研究还是定量研究,研究文献所涉及的深度和广度都还不够。

纵观近几十年来的有关创新风险因素的研究,并没有形成一个普遍一致的结论,对于如何取得创新成果有不同的观点。有的研究认为组织是创新成功的关键因素,另一些研究则不认同并提出不同的结论。导致这些观点差异的原因可能是研究对象与研究方法的不同。影响高技术企业创新的风险因素与影响中低技术企业创新的风险因素显然是不一致的;对于某一个特定产业的创新风险因素研究与涉及多个产业的研究所得结论也可能是不一致的。创新者访谈方法所得出的结论与大样本问卷调查所到出的结论也可能不一样。

2.4 创新与企业绩效关系的相关研究

自从熊彼特在 1934 年提出创新对于经济发展的重要作用以来,创新已普遍被认为是影响企业绩效的关键因素,在战略研究领域表现得更为明显。实际上,很多企业想方设法通过不同类型或方式的创新以获得更高的利润。但是,现有的文献对许多创新企业的研究表明,创新对企业绩效的影响并不一致。创新作为单一变量很难与企业绩效建立简单的关系。因此,许多研究,尤其在企业战略领域的研究分析了创新与企业绩效的关系。本节将从创新对企业绩效的直接影响、创新对企业绩效的影响受环境调节,以及创新与企业绩效之间存在中介变量等三方面对相关国外研究文献进行综述。

2.4.1 创新对企业绩效的直接影响

创新对企业绩效有积极的影响,这已被许多研究证实。Roberts(1999)对美国制药行业展开研究之后,发现从长期来看,创新活动对企业的投资回报率有积极影响。Cho 和 Pucik(2005)基于对财富 1000 强企业进行实证研究后得出企业的创新性与企业成长、盈利性存在正相关。Hua 和 Wemmerlöv(2006)调查了新产品比率与绩效的关系,发现在个人计算机行业,两者存在正相关,并提出企业如果持续开发一列系的新产品,可以长期获得高利润。除了制造行业,Salavou(2002)和 Prajogo(2006)分别对希腊和澳大利亚的服务业进行研究,发现产品创新是服务企业成长和盈利能力的重要决定因素。还有其他的相关研究证实,越有创新性的企业,越有可能获得较高的企业绩效(Price,2005)。

对于中小企业来说,虽然它们通常要面对许多资源的约束,但中小企业经常是成功的创新者。企业的小规模、灵活的组织结构,以及创始人和经理们的企业家精神往往激发创新。中小企业实施创新战略可以从多处受益。熊彼特认为创新可以使小企业通过建立临时垄断的市场势力以获取"垄断租",持续的创新活动是企业长期成功的关键,因为中小企业比起他们的对手大企业来说行动更迅速,从而有可能在更长的时期内享有"垄断租"。向利基市场(Niches Market)引入量身定制的创新产品、工艺和商业模型,是中小企业在竞争中脱颖而出的一个机会(Porter,1980)。为利基市场的顾客带来有价值的创新,增加了中小企业的顾客品牌忠诚度,减少了顾客的需求价格敏感度。由于企业小且更加灵活,中小企业用创新产品服务于利基市场比大企业有优势。创新给中小企业带来的这些好处可以帮助它们成功地与拥有巨大资源的大企业对手们竞争。通过提供高创新性产品,中小企业可以避免价格战。此外,创新产品可以创造新的需求,从而有利于企业成长。如果创新性中小企业的经理们设置较高的行业进入壁垒以阻止竞争者进入市场,那么企业在行业中的地位将得到增强,其创新能够带来长期的高于平均水平的回报(Porter,1980)。

然而,为了得到创新的好处,成功地开发和引入创新需要特定的组织资源和能力,并且创新还表现出多面性。在不同环境下,不同的企业创新的绩效也可能不一样。例如,创新也可能受到抵制,包括采取创新企业的内部抵制和市场抵制,这样创新对企业绩效的影响很有可能将不起作用。一旦企业采纳某个创新,可能会强迫员工、供应商、顾客都使用它,而这些人可能并没有认识到这项创新对他们的重要性。Ram 和 Jung(1991)研究发现在强迫采取某一创新情境下,甚至连组织内的创新者也会抵制创新。销售人员也有可能担心从事新产品销售可能影响他们的业绩,从而产生对新产品的抵制情绪(Hultink,Atua-hene-Gima,2000),造成创新产品不容易被市场接受。同时,创新通常消费大量资源。因此,与创新相关的活动可能不能直接驱动企业绩效。如果创新是由于偏见或路径依赖驱动,而不是市场需求驱动,创新则对企业绩效可能没有直接的影响;虽然新开发的商品和服务优于市场上现有的商品,但如果与顾客想要的不一致,也很难取得商业上的成功。传统衡量创新的指标(研发支出、专利等),没有考虑到潜在顾客需求的话,以研发支出或专利计量的创新对企业建立竞争优势的要求也很可能没有联系。

2.4.2 创新对企业绩效的影响受环境调节

虽然环境的不确定性及动态变化引起企业的创新活动,同时创新有助于提高企业的绩效。但有研究表明,创新与企业绩效的关系并不这么直接,而是受环境的竞争性影响。Huang 和 Rice(2009)指出创新的投入与企业绩效的关系不是确定性的,还受内部资本存量、外部市场和环境因素的影响。

在一个稳定的环境中,生产者、客户和供应商不想轻易作出改变,因此,一个企业的创新行为对其绩效可能产生负面影响。如果市场不愿意改变现有的状态,则创新不可能有用。想保持现状的客户和现有的标准、规范把创新性企业推到不利的竞争地位(Hargadon,Douglas,2001)。结构的刚性和组织的惰性也可能扼杀企业的创新活动,进而会影响整个行业。在稳定的竞争环境下,行业的领导者很少会首先进行创新以破坏现有的环境,而是培育市场为后来者逐步引入新产品铺路。

在动态的环境中,创新对企业绩效起到正面作用。一个动态的产业中,变化是常态。企业为了紧跟变化的步伐,就必须进行创新。在这种环境下,非创新者可能被淘汰,而创新者能保住有利的竞争地位。处在不确定环境中的企业通过创新可胜过在动态环境中不创新的企业(Garg et al.,2003)。动态变化的环境使新进入的企业更富创新性和企业家精神,从而能够获得成长和利润(Zahra,Neubaum,1998)。

Otero-Neira、Lindman 和 Fernández(2009)对意大利、西班牙和芬兰等三国的家具制造企业的案例进行研究之后,发现创新对企业绩效的影响跟企业所在的行业环境有关:西班牙企业的创新利润受渠道主导的激烈竞争影响,芬兰企业由于国内市场小,创新利润被限制了,而意大利企业的产品面向国际市场,创新对企业绩效的影响最大,拥有国际市场是家具行业未来成功的关键条件。

2.4.3 创新与企业绩效之间存在中介变量

Neely(2001)等不仅分析了相关外部环境如何对企业的创新能力和创新产生影响,还提出了不同创新类型对企业绩效的作用机理,构建了外部相关环境、创新能力、创新、创新产出和企业绩效的关系模型(见图 2.6)。该模型既包含创新能力影响创新的假设,也包括了外部相关环境如何影响创新能力和创新的假设。通过对意大利威尼托和东英格兰两地的公共政策制定者和企业管理者进行调查,验证了模型的有效性。在不同类型创新对企业绩效的影响中,Neely 加入一个创新产出变量,以其作为中介变量。创新产出是指获得的创新效果,如更低的成本、更好的服务。创新产出也是不同创新开发的结果。实证研究的结论是:外部相关环境同时影响企业的创新能力和创新;创新能力影响创新;产品创新通过改进产品和新产品提高了企业的竞争地位和客户价值;工艺创新通过降低成本提高了投资回报;IT 创新一方面使成本降低从而提高投资回报,另一方面改进服务水平,从而增加竞争地位和客户价值;通过管理创新来降低成本和提高服务水平,同时在投资回报、竞争地位和客户价值等方面得到改善;组织创新可以降低成本,提供更好的服务,从而提高投资回报和客户价值。

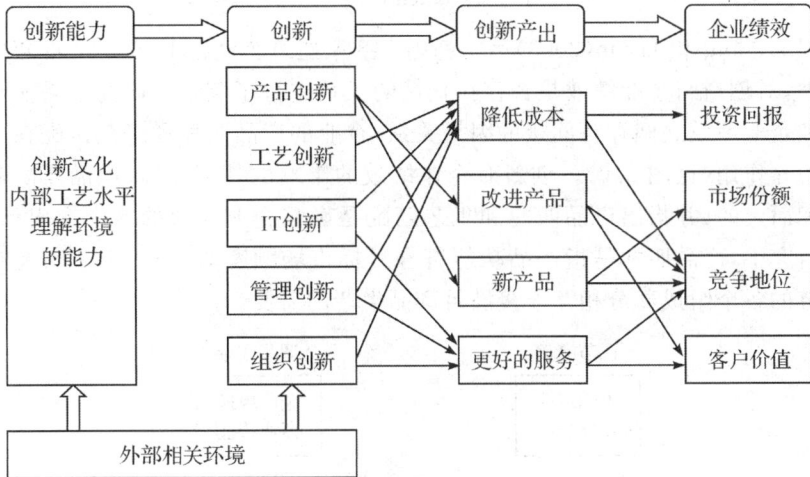

图 2.6　企业绩效的模型

资料来源:Neely et al. (2001)

Liao 和 Rice(2010)通过对澳大利亚 449 家中小制造企业 1996—1997 年和 1997—1998 年两个年度的数据进行分析之后,认为组织的产品或服务创新对企业绩效的推动作用只有在这些创新与企业所在市场前景的变化同时发生时才会发生,创新对组织绩效不存在直接作用,并把市场前景的变化与企业运作的变化叫做转变产出(transformation outcomes)(见图 2.7)。在模型中,转变产出作为中介变量(潜在变化),通过商品/服务的范围变化、商品/服务的分销变化和市场目标的变化等三个显性变量来测量;创新作为自变量通过研发密集度、培训密集度和生产技术密集度来测量;组织绩效由销售额增长和期望销售额增长两个指标来衡量。

图 2.7　创新—转变产出—组织绩效模型

资料来源:Liao,Rice(2010)

Dibrell、Davis 和 Craig(2008)通过结构方程模型对 375 家美国中小企业进行实证分析后得出(产品、工艺)创新不直接作用于企业绩效,而是通过 IT 投资起作用的结论。IT 投资在创新与企业绩效之间存在中介效应(见图 2.8)。

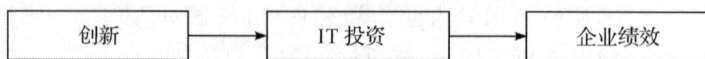

图 2.8 创新—IT 投资—绩效模型

资料来源:Dibrell et al. (2008)

Choi、Jang 和 Hyun(2009)运用韩国 118 家建筑企业在 1997—2003 年之间的数据,对创新与企业绩效是否存在直接的关系进行了验证。研究结果显示在创新和企业绩效之间存在间接的因果关系,企业的产品匹配和工艺匹配在其中起到中介作用(见图 2.9)。创新对企业绩效的影响由外部环境、产品匹配和工艺匹配而定的,并指出产品匹配和工艺匹配是影响企业成败的两个突出指标。在该研究中,产品匹配是指产品功能符合目标市场顾客的需要;工艺匹配是指价值链的各个组成部分相互连接满足产品生产的需要。

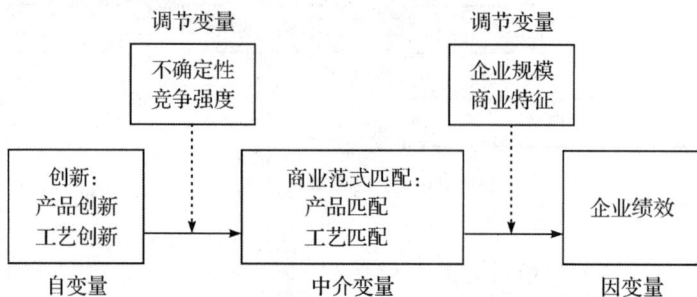

图 2.9 创新与企业绩效模型

资料来源:Choi et al. (2009)

Günday 等(2011)整合创新绩效分析方法,构造了产品、工艺、营销和组织等四种不同创新类型通过企业创新性的中介作用,对市场、生产和财务等绩效影响的模型(见图 2.10),并通过对土耳其的 184 家制造企业进行实证研究,检验创新与企业绩效的关系。研究结论实证创新性在各类创新对企业绩效的影响中起到中介作用。

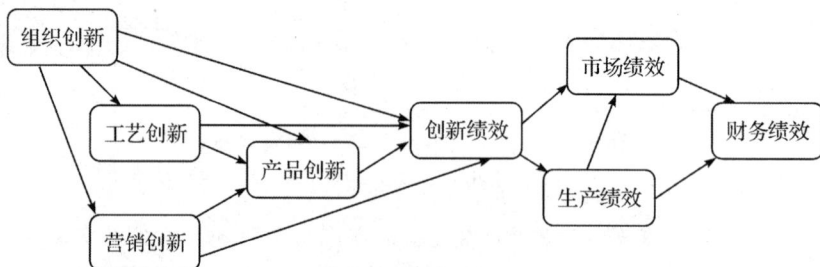

图 2.10 创新类型与企业绩效模型

资料来源:Günday et al. (2011)

最后,Zott(2003)通过研究之后指出企业的市场地位在创新与企业绩效之间起到中介作用。

以上这些研究的归纳见表 2.23。从以上分析可知,关于创新对企业绩效的影响,有三种不同的观点:第一,认为创新能直接作用于企业绩效,起到积极作用或不起作用,甚至负面作用;第二,创新对企业绩效影响受调节变量的影响,主要的调节变量是产业环境或市场环境;第三,在创新与企业绩效之间存在中介变量,认为创新是通过中介变量对企业绩效产生影响,涉及的中介变量主要有转变产业、创新产出、IT 投资、产品匹配和工艺匹配、创新性、市场地位等。归纳总结这些关系,一方面可以给我们提供进一步研究创新对企业绩效影响的方向;另一方面也可以帮助我们进一步认清创新对企业绩效的作用机理,使创新能切实地提高企业绩效。

表 2.23　创新与企业绩效关系的研究

创新对企业绩效的影响方式	相关研究文献
创新对企业绩效的直接影响 创新 → 企业绩效	积极影响:Roberts(1999);Cho,Pucik(2005);Hua,Wemmerlöv(2006);Salavou(2002);Prajogo(2006);(Price,2005);(Porter,1980)等。 无影响或负面影响:Ram,Jung(1991);(Hultink,Atuahene-Gima,2000)等
创新对企业绩效的影响受环境变量的调节作用 调节作用 产品创新、工艺创新 组织创新、营销创新 → 企业绩效	环境变量:内部资本存量、外部市场和环境因素(Huang,Rice,2009);稳定的环境(Hargadon,Douglas,2001);动态的环境(Garg et al.,2003;Zahra,Neubaum,1998);渠道、国内市场、国际市场等行业环境(Otero-Neira et al.,2009)等
创新对企业绩效作用关系之间存在中介变量 产品创新、工艺创新 组织创新、营销创新 → 中介变量 → 企业绩效	中介变量:转变产出(Liao,Rice,2010);创新产出(Neely et al.,2001);IT 投资(Dibrell et al.,2008);产品匹配和工艺匹配(Choi et al.,2009);创新性(Günday et al.,2011);市场地位(Zott,2003)等

2.5　对现有研究的总体评述

目前国内外关于创新风险的研究文献,主要围绕创新风险的分类和新产品成败等方面进行定性和定量的研究和刻画,研究历史较长,内容比较全面,但是缺少特定的研究背景,并且文献大都是侧重于产品创新或新产品的风险研究,对其他类型创新风险的研究文献较少,对创新风险因素、不同类型创新和企业绩效三个方面的联系不够紧密,主要表现在以下几个方面:

1. 结合特定产业和企业背景的创新风险研究还不够

许多文献没有结合创新的产业、企业背景、技术性质等不同条件,没有针对性质相同的某一特定类型创新进行风险识别研究,其研究的出发点只是基于一般性的技术创新风险或产品创新风险进行识别。

正如 Balachandra 和 Friar(1997)指出的,研究的具体背景不同,会导致同一个因素对技术创新的意义不同,如果不考虑这些前提条件,研究的结论很可能是错误的。结合特定产业和企业的创新风险进行针对性的研究,能取得更有指导意义的结果。

中低技术产业中小企业的创新往往处在一个被遗忘的角落,虽然少数学者已经提醒并指出对这类企业创新研究的重要性,但是有关中低技术产业中小企业创新的研究文献还很少,关于中低技术产业中小企业创新风险的研究更是缺乏,在现有的文献中我们还没有发现关于中低技术产业中小企业创新风险因素识别的研究成果。

2. 对不同类型创新风险的研究还不够

企业创新活动多种多样,随着企业创新实践的发展,企业的创新类型包括了产品创新、工艺创新、营销创新和组织创新。但是,目前有关创新风险研究文献主要集中于产品创新或新产品开发,许多创新风险研究项目也主要与新产品的成败有关。对中低技术产业中小企业来说,除了产品创新、工艺创新等技术型创新,还广泛存在营销创新、组织创新等非技术型创新。不同类型创新之间存在的差异致使对产品创新风险的研究结论不能完全用在其他类型的创新上。因此,对产品创新之外的其他创新类型的创新风险进行研究也是非常必要的,但目前来看这方面的研究还很少。

3. 缺少"创新风险因素—不同类型创新—企业绩效"三者的整合研究

目前有许多文献研究创新与企业绩效的关系,也有大量文献研究创新成败的因素。但很少有文献把创新风险因素、不同类型创新和企业绩效放在一起进行研究,这样造成其逻辑结构不够完整。企业在创新时会遇到两个阶段的问题,第一阶段的问题是创新本身能否顺利完成,第二阶段的问题是完成了的创新是否有助于实现企业的预期绩效。如果能够同时对上述两个问题进行研究,那么研究内容将更完整,逻辑层次将更清楚,研究结论也将更有现实意义。

第3章 中小企业创新的相关调查

第2章相关文献综述,为后续研究提供了理论基础。本章将用两个相关调查报告来了解中小企业的创新现状,为后续研究提供事实基础。

浙江中小制造企业创新现状调查是基于欧盟统计局编制的区域创新调查(community innovation survey,CIS)问卷,调查产品创新、工艺创新、创新活动、信息源、创新绩效、创新风险因素等方面的现状。

绍兴中小纺织企业创新管理现状调查主要围绕创新的类型、创新想法的来源、创新实现的方式,以及创新风险管理现状等方面去了解基于纺织产业背景的中小企业创新管理的现状。

3.1 浙江中小制造企业创新现状调查

经济学家和政策制定者关于创新对于企业获取持续竞争力的重要性已经毫无争议,尤其是在传统制造业转型升级的背景下,从以前以资源为基础的经济到现在以知识为基础的经济转变过程中,创新的作用不可或缺。为了了解企业层面的创新状况及其演进,在欧盟国家中,欧洲统计局从1993年开始的第1次区域创新调查(CIS),到2008年已经进行了4次,调查的目的是收集企业创新活动方面的数据,为创新领域的学术研究和政策制定提供信息。美国的商务部和统计局也曾联合对企业的研发和创新进行调查。这些调查所得资料有利于政策制定者对企业的创新活动有更深入的了解,有助于制定合意的公共政策。

不管对于创新领域的学术研究者来说,还是对于制定创新政策的公共决策部门来说,获取有关企业创新活动的数据是非常重要的。为此,我们在2010年5月对浙江中小制造企业的创新进行了一次调查,所使用的问卷由11类问题组成,主要包括产品创新、工艺创新、创新活动、信息源、创新产出、创新风险因素等方面。问卷中的题项主要来源于比较成熟的欧洲统计局编制的第4次区域创新调查问卷(CIS4)。本次调查收集的是 2007—2009 年 3 年间的企业创新情况。我们向有 3 年以上相关创新管理经历的经理人员发放了共 550 份问卷,最后回收问卷有 132 份(24%),其中有效问卷有 104 份,这些有效问卷主要来自纺织企业(34%)、机械制造企业(28%),以及其他中低技术行业企业(42%)。以下是对这次调查所获数据的统计描述分析,其中表格中出现的数字代表符合条件的被调查者数量或所占总数的百分比。

3.1.1　产品创新与工艺创新的现状

创新是把新的或显著改进的产品(服务)引入市场或者在企业内部引入新的或显著改进的工艺。在我们的调查中,把产品(服务)创新定义为向市场引入新产品(服务)或显著改进的产品(服务),比如在功能、操作、产品成分或组件等方面的改进。工艺创新定义为实施新的或显著改进的生产流程、物流手段以及为开发产品服务的各种支持活动。

根据表 3.1,我们发现从 2007 到 2009 年的 3 年间,有 83 个(79.8%)被调查对象进行过商品创新,63 个(60.6%)被调查对象进行过服务创新。46 个(44.2%)被调查对象的产品创新(含商品创新和服务创新)是在本企业内部完成的,38 个(36.5%)被调查对象的产品创新是与其他企业或机构合作完成的,16 个(15.4%)被调查对象的产品创新是从其他企业或机构获得的。从以上数据可知,商品创新与服务创新相比较,商品创新数量超过服务创新;同时超过一半以上的产品创新活动是在与合作企业一起完成或者由其他企业完成后通过购买获得的。

从工艺创新来看,根据调查所得数据,在 2007—2009 年 3 年间,有 79 个(76%)被调查对象引入新的或显著改进的生产产品或提供服务的方法,61 个(58.7%)被调查对象采用了新的或显著改进的物流、配送方法,60 个(57.7%)被调查对象使用了新的或显著改进的各种支持产品或服务创新的活动,如维修、采购、会计、信息系统等。有 50 个(48.1%)被调查对象的工艺创新是由本企业与合作企业或机构联合开发完成的,由企业内部独立开发完成,以及由其他企业或机构完成的被调查对象人数(比例)分别为 33 人(31.7%)和 18 人(17.3%)。

3.1.2　创新活动

从表 3.2 可知,获取先进的机器设备和软件、外部研发,培训员工等是企业三项最主要的创新活动,在有回答的 101 个被调查对象中,分别得到 83 个(82.2%)、82 个(81.2%)、80 个(79.2%)被调查对象的认同。与内部研发活动相比,外部研发活动相对较多。从其他企业或机构购买专利或非专利技术、诀窍,以及其他类型的知识产权在创新活动中也较为常见,得到 60 个(59.4%)被调查对象的认同。市场调研、广告发布等市场引入方面的创新活动也受到 64 个(63.4%)被调查者的认同。

表 3.1　创新类型及其创新者

创新类型		是	否	创新者		
				企业内部	合作企业	其他企业
产品创新	商品创新	83(79.8%)	21(20.2%)	46	38	16
	服务创新	63(60.6%)	41(41.0%)	(44.2%)	(36.5%)	(15.4%)
工艺创新	制造方法	79(76.0%)	25(24.0%)	33	50	18
	物流配送	61(58.7%)	42(40.4%)	(31.7%)	(48.1%)	(17.3%)
	支撑活动	60(57.7%)	44(42.3%)			

资料来源:根据调查问卷结果整理

表 3.2　创新活动

创新活动	是	否
内部研究	55	46
外部研发	82	19
获取机器设备和软件	83	18
获取其他外部知识	60	41
培训	80	21
市场引入创新	64	37
其他准备工作	74	27

资料来源:根据调查问卷结果整理

3.1.3　信息源

在所有的创新源中,顾客(有 59 个被调查对象认为重要性高)和供应商(有 53 个被调查对象认为重要性高)是两个最主要的创新活动的信息源(见表 3.3)。竞争者(同业者)也被认为是关键的信息源(有 47 个被调查对象认为重要性高),这一结果在一定程度上暗示创新模仿容易在竞争者之间出现。然而,大学、公共研究机构等在提供企业创新信息方面没有充分发挥其重要角色,有 16 个被调查对象没有使用过这些机构的信息。

3.1.4　创新产出

创新活动为企业在产品创新、工艺创新及其他方面带来产出(见表 3.4)。在增加产品线、进入新市场或增加市场份额、提高产品质量等产品创新产出上,分别有 51 个(50.5％)、38 个(37.6％)、64 个(63.4％)被调查对象认为具有高重要性,而提高灵活性、提高生产和服务提供的能力、减少单位产品的劳动成本、减少单位产品的能源和材料消耗等工艺创新产出上,分别只有 39 个(38.6％)、39 个(38.6％)、28 个(27.7％)、26 个(25.7％)被调查对象认为具有高重要性。

表 3.3 信息源

信息源 \ 回应数量 \ 重要性	高	中	低	没有用	总计
内部:					
企业或集团内部	37	48	10	6	101
市场					
供应商的设备、材料、部件和软件	53	36	7	4	100
顾客或消费者	59	38	4	0	101
同行或竞争者	47	45	5	4	101
顾问、商业实验室和私人研发机构	13	46	31	11	101
机构:					
大学或其他高等教育机构	6	34	45	16	101
政府或公共研发机构	9	33	43	16	101
其他:					
会议、交易会、展览会	32	47	15	7	101
科学杂志、贸易或技术出版物	10	23	50	18	101
专业人士、行业协会	20	33	29	19	101

资料来源:根据调查问卷结果整理

表 3.4 创新产出

创新产出 \ 回应数量 \ 重要性	高	中	低	不相关	总计
产品创新:					
增加产品线	51	46	2	2	101
进入新市场或增加市场份额	38	53	9	1	101
提高产品质量	64	34	1	2	101
工艺创新:					
提高灵活性	39	59	3	0	101
提高生产和服务提供的能力	39	53	7	2	101
减少单位产品的劳动成本	28	44	29	0	101
减少单位产品的能源和材料消耗	26	50	19	6	101
其他产出:					
减少环境影响、改善健康	38	52	9	2	101
符合管理机构要求	36	54	10	1	101

资料来源:根据调查问卷结果整理

在产品创新产出的三个维度中,提高产品质量是最重要的产出,有 64 个(63.4%)被调查对象认同重要性高。提高灵活性、提高生产和服务提供的能力是工艺创新产出中最重要的两项,都有 39 个(38.6%)被调查对象认同重要性高。然而,工艺创新对于减少每单位产品的劳动成本、原料燃料消耗作用不大,分别有 29 个(28.7%)、19 个(18.8%)被调查对象认为重要性低。

除了在产品创新和工艺创新方面的产出外,创新活动在减少环境影响、改善健康以及符合管理机构要求等方面,也扮演了重要角色。

3.1.5　创新风险因素

问卷通过 9 个问题对 3 类创新风险因素进行调查。根据表 3.5,大部分被调查对象曾经历过所有这些风险因素。在这些风险因素中,大约有一半的被调查对象认为这些风险因素的重要程度为中等,约 25% 的被调查对象认为这些风险因素的程度为高或低。在所有 9 个风险因素中,获取资金成本太高被认为是最重要的风险因素,有 39 个(38.6%)被调查对象认同重要性高。其次,缺少合格的人力资源、缺少有关技术的信息、缺少有关市场的信息等 3 个风险因素约有 25 个(24.7%)被调查者认为是重要性高的风险因素。

表 3.5　创新风险因素

回应数量　风险因素	高	中	低	没有经历过	总计
资金因素:					
企业或集团内缺少资金	20	51	20	13	104
缺少外部融资渠道	20	53	22	9	104
获取资金成本太高	39	49	14	2	104
知识因素:					
缺少合格的人力资源	25	55	20	4	104
缺少有关技术的信息	24	56	18	6	104
缺少有关市场的信息	26	49	24	5	104
难以找到创新合作者	16	45	28	15	104
市场因素:					
市场已被其他企业主导	16	43	36	13	104
对创新产品或服务需求的不确定性	17	45	34	8	104

资料来源:根据调查问卷结果整理

3.1.6 调查结论

对浙江中小制造企业进行创新现状调查后,笔者得出以下主要结论:

(1)企业既有产品创新(含商品创新和服务创新),又有工艺创新,这些创新在企业内部独立完成的比例相对较低,只占一半不到;企业有超过一半以上的产品创新或工艺创新是通过与外部企业合作和使用其他企业创新成果来实现的。

(2)企业主要的创新活动包括获取外部机器设备和软件、外部研发和培训员工;而在企业内部的研发活动相对较少。

(3)顾客、供应商和同行竞争者是企业创新活动的最重要信息源;而大学、公共研究机构等信息源对企业创新的重要性较低。

(4)产品创新最重要的产出表现在产品质量的改进上;工艺创新最重要的产出表现在提高灵活性、提高生产和服务的能力上。

(5)在影响企业创新的风险因素上,获取资金成本太高是最重要的风险因素;缺少合格人力资源、缺少有关技术信息、缺少有关市场信息等也被认为是重要的风险因素。

3.2 绍兴中小纺织企业创新管理现状调查

纺织业是绍兴第一大产业,其经济总量约占全市经济总量的半壁江山。纺织业的发展与实现绍兴"工业立市"的目标密切相关。绍兴纺织业在20多年的发展中,历经了"化纤"革命(20世纪80年代初期)、"市场"革命(1988年)、"体制"革命(1993年)、"无梭化"革命(1995年前后)、"外贸"革命(1998年之后)。五大革命创造了中国式纺织产业集群的发展奇迹,奠定了其全球制造基地的重要地位,也记载了绍兴纺织不断创新与超越的发展历程(戴红梅,2006)。

为了了解企业创新管理方面的现状,本研究对绍兴中小纺织企业的51个创新项目进行了问卷调查。调查内容涉及创新的类型、创新想法的来源、创新实现的方式以及创新风险管理的现状等方面。

3.2.1 创新的类型

根据对绍兴中小纺织企业创新项目类型的调查数据(见图3.1),企业进行最多的创新类型是开发和生产新产品,占28%;其次是开拓新市场,占25%;引进新机器设备或生产工艺的比重也比较大,占23%;接下来依次是寻找新的原料供应来源和采用新的原材料(占15%)、建立新的管理部门和管理流程(占

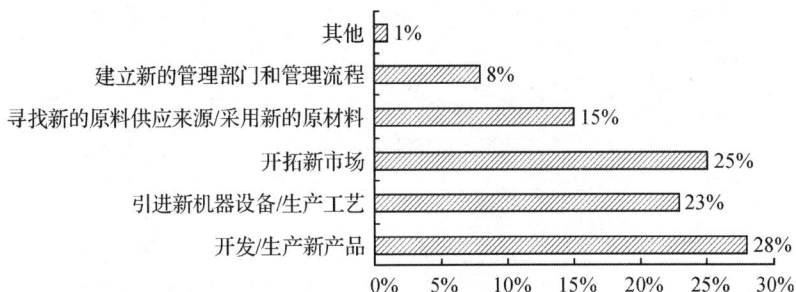

图 3.1　创新的类型

数据来源：根据问卷调查结果整理

8%)等。上面的数据反映出开发新产品和开拓新市场是绍兴纺织企业创新活动的中心。由于纺织产业属于低技术产业,该行业中的大多数企业技术水平较低,产品创新的方式主要通过引进新机器设备或生产工艺来实现的,因此生产工艺方面的创新也被许多企业所采用。从企业管理或管理流程的角度进行创新,绍兴纺织企业还做得不够,这在一定程度上反映出企业整体管理水平不高,仍采取粗放式管理或管理流程不科学,也可以大致说明企业注重"硬件"投资,而忽视了"软件"建设。

3.2.2　创新想法的来源

有关创新想法的来源的调查结果显示(见图 3.2),共有 43 个创新项目曾经从顾客那里获得创新想法;其次,创新的想法来源于高层管理者的有 28 个项目;供应商也是重要的创新想法来源,有 18 个项目的创新想法是从供应商那里获得的;员工和政府部门对企业创新的想法贡献较少,分别只涉及 13 个和 12 个创新项目。

这些数据说明,顾客是企业创新想法的最大源泉,也反映出绍兴纺织企业具有很强的市场意识,从顾客的需求出发,进行针对性的创新,开发适销对路的新品种。市场营销观念是绍兴纺织企业的主要经营哲学,体现了浙商与时俱进的经营理念(冀春贤,王凤山,2008)。从高层管理者中来的创新想法是来自普通员工的 2 倍以上,由此表明员工在创新的初始阶段,即创新想法的来源方面,没有起到应有作用。美国的 3M 公司、施乐公司以及日本的丰田汽车公司等这些发达国家的企业鼓励全员创新已经有较长一段历史了,而绍兴纺织企业在这方面可能还没有起步,创新只凭企业高层管理者或企业主的个人创意和能力。受我国传统文化的影响,一些民营企业的领导人竭力想把企业命脉牢牢掌握在自己或家族成员的手中(张亚东,2004),限制了普通员工对企业创新活动的积极作用。政府对企业创新的影响在于宏观上的指导和对部分企业的政策扶持，在企业具体创新想法上所起的作用不明显。

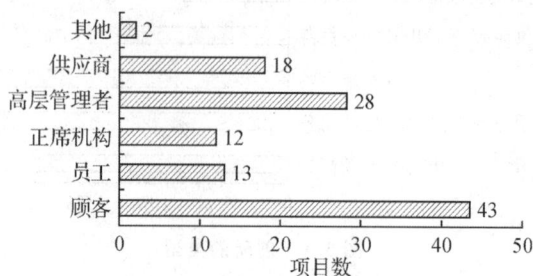

图 3.2 创新想法的来源

数据来源：根据问卷调查结果整理

3.2.3 创新实现的方式

有关企业创新实现方式的调查数据显示（见图 3.3），绍兴纺织企业使用最多的创新实现方式是合作创新，有 31 个创新项目通过合作完成；通过购买创新成果（或模仿创新）和自主创新方式实现创新的项目各有 23 个。

这三种实现创新的方式中，自主创新具有高投入、高风险、高回报等特点，其创新主体要有创新的主动性、有能力和资源作支持并独立承担创新风险，它比较适合经济效益好、技术力量强的大中型企业和科技型企业。模仿创新是指企业通过学习模仿率先创新者的创新思路和创新行为，吸收其成功经验和失败教训，购买或破译率先者的成功核心技术和技术秘密，并在此基础上改进完善和进一步开发。模仿创新的企业在工艺设计、质量控制、成本控制、大批量生产管理、市场营销等创新链的中后期阶段投入主要力量，早日生产出在性能、质量、价格等方面富有竞争力的产品与率先创新的企业竞争，以此确立自己的竞争地位，占有一定市场份额，从而获取经济利益的一种企业行为。合作创新的投入和风险基本处于自主创新与模仿创新的中间，一方面通过合作降低了创新的投入和风险；另一方面，它不是购买或模仿他人的现有创新成果，而是需要自己参与开发来获取成果，其投入和风险又要比模仿创新大。

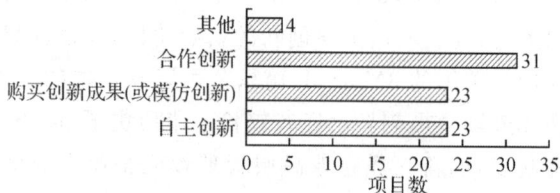

图 3.3 企业实现创新的方式

数据来源：根据问卷调查结果整理

　　绍兴纺织企业实现创新的方式中,合作创新的比重较大,是比较符合企业实际的。因为对数量众多的中小型纺织企业来讲,进行自主创新所需的资源和能力还不够,抗风险能力还比较差;同时,如果单纯依靠模仿别人的创新,就只能靠降低价格取胜,企业的盈利能力较差。通过与其他组织进行合作创新,例如中小企业与科研机构合作进行创新,在一定程度上有助于克服本身技术实力不强的状况,又能获取独特的创新成果,实现产品的差异化,避免进入"从众跟风"的困局,从而"另辟蹊径"(劳建芳,2005)。

　　另外,绍兴纺织企业自主创新越来越多,这与省、市、县等各级政府积极倡导和鼓励分不开。同时,企业创新意识的改变和科技实力、人才的积累,也为更多的自主创新提供了条件。一些技术领先的纺织企业建立起自己的研究机构,从事合作创新与自主创新的活动。依靠自主创新或合作创新,加大产品开发力度,提升产品档次,增加产品附加值,已成为绍兴纺织产业的自觉行动,也带动了绍兴整个纺织产业的结构升级。

　　最后,通过购买创新成果(或模仿创新)还会占有较大的比重,并且很可能会持续下去。从依赖于其他企业的技术创新成果,到能够与其他机构进行合作创新,再到自主创新,对不少企业来说,还有很长的一段路要走。目前,只会进行简单的模仿创新的企业,一般只能靠价格竞争在市场中生存,在不利的宏观经济形势下很可能是最先倒下来的一批企业。

3.2.4　创新风险管理的现状

　　创新按实现的三种途径(自主创新、合作创新和模仿创新)划分,具有不同的风险性。以企业开始重视的自主创新和合作创新为代表,这类创新是具有较高风险、低成功率的。国外通常认为只有 60% 的前期研发活动能在技术上成功,而技术创新的总成功率仅为 20%,即完全失败和部分失败的约占 80%(蔡宇,2005)。

　　纺织业的创新项目除了具有一般创新项目面临的风险问题外,还有一些特殊的风险问题,如纺织行业属于低技术产业,其创新项目的风险水平在总体上要小于高科技产业。但是,相对风险较小,并不表示纺织企业就能忽视创新项目的风险管理。

　　根据对创新风险管理现状的调查数据显示(见图 3.4),风险管理知识、风险管理措施与项目的风险大小关系比较密切。50% 以上的被调查者认为两者关系大,并且超过 25% 的被调查者认为两者的关系很大;认为两者关系一般或关系小的占比还不到 20%。

　　针对项目立项时是否有专门而系统的风险识别和评估活动这一问题,提供下列四个选项让被调查者选择:有专门而系统的风险识别和评估活动;有风险识别和评估活动,但不系统;有风险识别和评估活动,但只是附带性的;没有。

如图 3.5 所示,从被调查的 51 个创新项目来看,只有 3 个项目在立项时没有进行风险识别和评估,占被调查对象的 5.9%;13 个项目有风险识别和评估活动,但只是附带性的,占被调查对象的 25.5%;20 个项目有专门的风险识别和评估活动,但不系统,占被调查对象的 39.2%;有 15 个项目有专门而系统的风险识别和评估,占被调查对象的 29.4%。

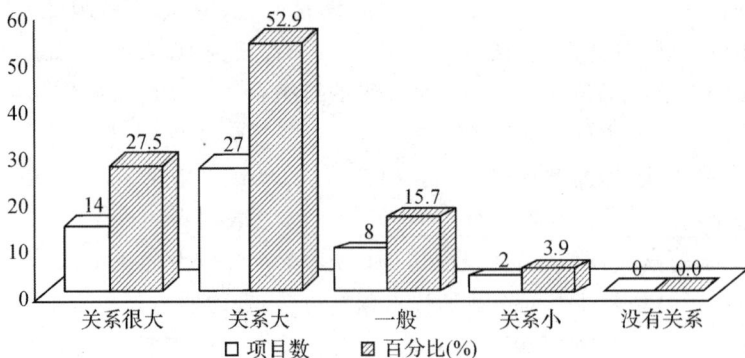

图 3.4　项目风险与风险管理知识及风险管理措施的关系

数据来源:根据问卷调查结果整理

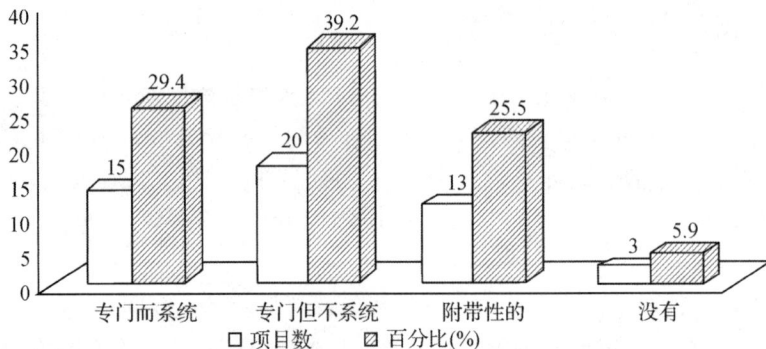

图 3.5　纺织企业技术创新项目的风险识别与评估调查

数据来源:根据问卷调查结果整理

从创新过程中有没有风险管理措施这一问题的回答情况来看(见图 3.6),有 5 个项目在立项时没有风险管理措施,占被调查对象的 9.8%;11 个项目有风险管理措施,但只是附带性的,占被调查对象的 21.6%;23 个项目有专门的风险管理措施,但不系统,占被调查对象的 45.1%;有 12 个项目有专门而系统的风险管理措施,占被调查对象的 23.5%。

　　基于上述对绍兴中小纺织企业创新项目的风险管理的调查数据,我们认为虽然在被调查对象中既没有进行风险识别和评估,又没有风险管理措施的创新项目很少,但是 60％以上创新项目的风险识别和评估以及风险管理措施是不系统的,甚至是附带性的。

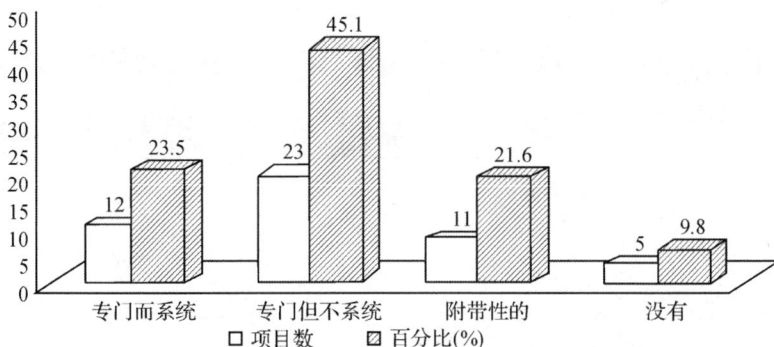

图 3.6　纺织企业技术创新项目的风险管理措施调查
数据来源:根据问卷调查结果整理

　　由此可见,从管理角度对纺织企业创新项目风险进行系统分析,以便为风险调整措施的制定提供依据,这是十分迫切而实际的问题。如果不事先进行系统而专门的风险识别与防范,可能会导致创新项目失败,给企业带来损失,最终可能造成部分纺织企业由于害怕创新风险而放弃了创新,从而影响企业的长远发展。因此,应重视对企业创新风险的研究。

　　经过对绍兴中小纺织企业创新管理现状展开调查后,笔者得出以下主要结论:

　　绍兴中小纺织企业创新类型的前三位是开发新产品、开拓新市场和引进新机器设备或生产工艺;创新想法最主要的来源是顾客,其次是高层管理者和员工,最后是供应商和政府政策;创新实现的方式主要通过合作创新,其次是购买创新成果和自主创新;在创新风险管理方面,大部分企业认为创新项目风险与风险管理知识、风险管理措施的关系大或很大,但是企业创新项目的风险识别与评估、风险管理措施不够系统和完善。

第4章 中小企业创新的风险因素、企业绩效的模型与假设

对于中低技术产业中小企业创新的风险因素来说,影响一般创新的风险因素从理论上也会影响中低技术产业中小企业的创新,但由于中低技术产业创新不同于高技术产业创新、中小企业创新也不同于大企业创新,因此,中低技术产业中小企业创新的风险因素还受产业技术水平高低、企业规模不同的影响。基于一般创新风险因素的研究结果,同时结合中低技术产业和中小企业背景的创新风险因素研究比一般性的创新风险因素研究更具有针对性,其研究结论也将更有实践指导意义。

在中低技术产业中小企业背景下,企业的创新类型也是复杂多样的。OECD对此进行了界定,认为产品创新、工艺创新等技术型创新,以及营销创新、组织创新等非技术型创新已经揽括了企业创新的大部分内容,提出这四类创新已经充分考虑了中低技术产业、中小企业存在非技术型创新的实际。

本章的第一部分将建立影响中小企业创新的风险因素模型及假设,为后续研究中小企业不同类型创新的关键风险因素服务。

由于企业创新的目的是为了提升企业绩效 OECD(2005),因此,本章的第二部分将建立不同类型创新与企业绩效关系的模型及假设。

对于创新与企业绩效来说,两者的关系比较复杂。虽然创新与企业绩效的关系已有许多文献进行了研究,但尚未形成一致性的结论。许多研究结论认为创新有利于企业绩效的改善,但是也有一些研究认为创新对企业绩效没有影响,甚至起副作用。因此,在一定程度上可以认为创新与企业绩效的关系还没有得到充分的检验(Capon et al.,1992)。

区别不同类型创新对企业绩效的影响比研究一般意义上的创新对企业绩效的影响可能更有意义。虽然这四类创新都是指企业发生的革新,并且它们之间存在密切的联系,但是不同类型的创新围绕的主要对象是不一样的,创新具

体活动也有明显差异,对企业绩效也可能有不同的影响。在此基础上,还可以把不同类型创新之间的关系纳入研究模型中,因为同时采取管理创新与技术创新比单独实施某类创新更能保持或提升企业的绩效(Damanpour,Evan,1984)。

除了创新类型有可能影响企业绩效之外,Günday 等(2011)、Damanpour(1991)等还认为造成创新与企业绩效之间不确定的关系主要与创新性(创新程度)、市场环境和企业绩效衡量方式等因素有关。据此,本研究将创新性(创新程度)和市场竞争作为创新与企业绩效关系的调节变量进行分析,有助于认识创新与企业绩效关系变化的条件;对企业绩效进行区分,分别从财务绩效和成长绩效两个维度对企业绩效进行衡量。

基于上述分析,本章第二部分将建立不同类型创新与企业绩效的直接关系模型、不同类型创新之间的直接关系模型及其与企业绩效关系的中介作用模型、创新性和市场竞争对不同类型创新与企业绩效关系的调节作用模型。

4.1　影响中小企业创新的风险因素模型与假设

在建立中低技术产业中小企业创新的风险因素模型时,本研究充分考虑了一般创新风险因素理论,并结合中低技术产业创新和中小企业创新的特征,从企业的内外部,共 6 个方面构建创新风险因素模型(见图 4.1)。来源于企业外部的因素包括:外部知识、信息和投入品,外部合作,市场与公共政策等;来自企业内部的因素包括:人力资源能力、财务资源、管理与文化等。

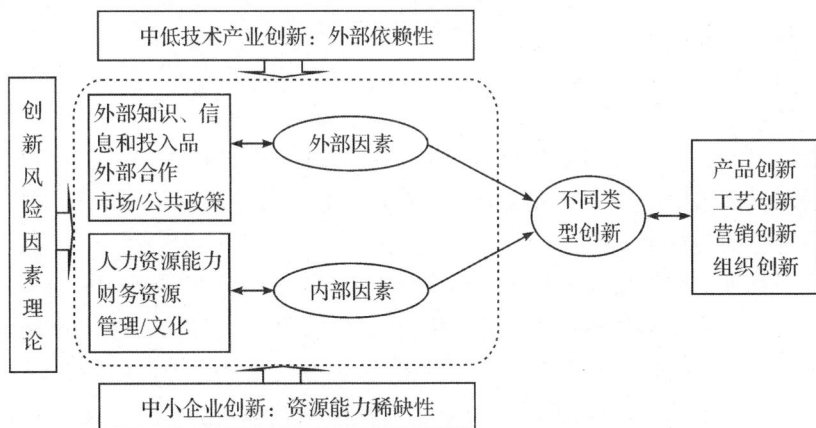

图 4.1　创新风险因素模型

(1)外部知识、信息与投入品。中小企业的创新过程离不开从各种渠道获取各种有益的知识、信息,以及作为知识、信息载体的投入品。这些不仅是创新的重要源泉,而且还会融入创新过程,从而使企业创新系统与创新所处环境能够互动,以保持创新活动的环境适应性。

(2)外部合作。由于中低技术产业中小企业自身创新资源和能力的局限性,企业对外进行持续而良好的合作可以解决自身的许多不足。对外进行合作将对企业创新起到推动作用。企业与外部机构或个人进行充分有效的合作,进行开放式创新,比起企业独自创新,更有利于解决创新过程中出现的各种不确定因素,从而更好地完成创新。

(3)市场与公共政策。从系统论的角度看,企业的创新必定受外部环境的影响和制约。政府的政策和措施、市场需求及其变动、竞争者及其竞争态势等都有可能影响企业创新的成败。外部环境因素通常是影响企业创新的不可控因素,不利的外部环境很可能会导致创新中止。

(4)人力资源能力。在整个创新过程中,从企业主、各级各类管理人员和技术人员,到普通员工,都可能对某项创新产生重要影响。员工管理技能和技术能力、经验,以及这些技能和能力的匹配程度,都是复杂的创新过程得到有效执行的关键。中小企业吸引、培训和保留一定数量、具有创新所需各类技能的员工,是成功创新的重要保障。

(5)财务资源。创新离不开资金的投入,企业资金财力不足不仅会限制创新,还可能使进行中的创新中止。资金财力不足在中低技术产业中小企业中表现得尤为突出。一方面,企业内部资金积累有限;另一方面,企业缺乏对社会资金的吸引力,外部融资渠道少、成本高。有时创新过程的不确定性使创新的成本难以估计。这些都有可能使创新过程半途而废。

(6)管理与文化。高度集权式管理、金字塔型组织结构等会挫伤组织创新的积极性,降低员工创新的意愿,使创新变成企业主或少数几个人的行为,从而增加创新风险。组织的创新文化可以鼓励员工敢于尝试新创意、实验新想法,创新活动得到组织的认同和支持,形成组织上下全员参与的创新氛围,这无疑会提高创新的胜算率。

以上是本研究提出的创新风险因素的 6 个方面。在创新过程中,如果出现这些因素的欠缺或不具备的情况,或者这些因素出现不利的一面,将影响创新的成功实现。下面将根据现有的理论基础,分别提出这 6 个方面的研究假设。

在假设提出环节,本研究并没有对创新风险因素如何影响不同类型的创新分别进行阐述。一方面是因为不同类型的创新在本质上或内涵上是一致的,这也是许多研究者对创新的研究并没有区别创新类型的原因。不同类型的创新都是企业发生的显著改变,都是企业新想法的应用,目的是为企业或顾客创造价值,且各类创新之间不是互斥的,而区别只是这种显著改变是体现在产品或工艺中,或是在营销或组织中,或在它们的组合中。另一方面是因为除了产品创新成败的研究比较多之外,现有文献中有关工艺创新、营销创新和组织创新的成败或风险因素的研究非常少,区分创新类型,分别提出相应的研究假设,对于后三类创新来说,目前的理论基础还不够成熟。此外,通过调查发现企业很少单纯从事某一类创新,通常涉及不同类型的创新(Drejer,2002;Garcia,Calan-tone,2002;Johannessen et al.,2001;Trott,2008),并且许多被调查企业都有过四种类型的创新,因此从获取调查数据的角度来说,不对影响各类创新的风险因素进行区分可以显著降低问卷容量和复杂度,减轻被调查者填写的负担,有利于问卷调查顺利进行。

4.1.1　外部知识、信息和投入品

企业的创新活动,从某种程度上说,取决于与创新相关的各类信息、知识、技术、实践、人员、资金等来源的种类和结构,如 Leiponen,Helfat(2009)指出拓宽有关知识和信息源与成功创新密切相关。中低技术产业中小企业由于自身的资源、能力的稀缺性,以及由此造成的对外依赖性,其创新活动相对于大型企业更离不开外部的知识、信息。这些知识、信息包括来自供应商、顾客、竞争者、大学和科研机构,以及其他公共渠道可以免费或购买获得的技术/市场信息,也包括嵌入机器设备、软件、零部件、原料等投入品中的知识,而这些一般需要企业通过购买相应的投入品来获得。

中低技术产业中小企业的创新往往受供应商主导,来自供应商的技术信息或投入品对创新活动非常重要。因此,本研究假设:

H1a:缺少来自供应商的技术信息可能导致创新不能实现。

H1b:缺少来自供应商的投入品可能导致创新不能实现。

除了供应商,一些研究者认为中小企业还应该与客户进行沟通,获取顾客的信息(Hadjimanolis,2000;Kim et al.,1993)。通过市场研究更好地了解客户需求是有关创新活动的重要因素。Appiah-Adu 和 Singh(1998)对 500 家小企业的研究中发现,创新和客户导向之间存在强的正效应,并指出中小企业可以通过客户拉动的方式,用基于客户的知识去开发创新产品和服务。顾客可能会提供对现有产品存在的问题和希望进行改进的反馈(von Hippel,1976)。过去的许多研究揭示,在创新过程中整合最终顾客的利益点可以使成功的机会增加(Cooper,1999;Montoya-Weiss,Calantone,1994)。因此,企业获取顾客信息的状况可能会影响创新能否顺利实现。因此,本研究假设:

H1c:缺少来自顾客的信息可能导致创新不能实现。

此外,Arora 和 Gambardella(1990)指出竞争者、大学或科研机构等也是重

要的创新信息源。同行竞争者的创新信息往往是企业重要的创新源。科学研究机构或大学为企业创新提供了科学技术知识。与这些信息源、知识源保持经常性的联系,扩大新信息和新知识的来源,甚至需要购买相关的知识和信息,以弥补中小企业自身在创新信息、知识上的不足。因此,本研究假设:

H1d:缺少来自竞争对手的技术信息可能导致创新不能实现。

H1e:缺少来自竞争对手的市场信息可能导致创新不能实现。

H1f:缺少来自科研机构或大学的技术信息可能导致创新不能实现。

企业除了上述知识和信息源之外,还存在许多公开信息来源,如,专门的研讨会、集会、著作和杂志、交易会或博览会、专业协会和工会、其他地方性的联盟、非正式的交流和互联网,以及政府的公告、法规、政策等。这些公开的信息也可能影响创新的成败。因此,本研究假设:

H1g:缺少来自一般公开性的各类技术信息可能导致创新不能实现。

H1h:缺少来自一般公开性的各类市场信息可能导致创新不能实现。

4.1.2 外部合作

许多研究从不同方面提出合作对于中小企业创新的重要意义(Tsai,2009)。外部的合作可以使企业采取一致行动和联合生产(Robertson et al.,1996),没有这样的合作伙伴对中小企业的创新可能有较大的负面影响。由于中低技术产业中小企业自身资源和能力的局限性,越来越多的企业尝试通过在行业网络中加强协作和建立伙伴关系来进一步提高他们的创新能力(Henry,2003)。由于创新存在很大的不确定性,对许多企业来说,合作创新是不错的选择(Kogut,1991;Rothwell,1991;von Hippel,1988)。与供应商和客户在设计和共同制造上保持密切的合作关系有助于提高创新绩效(Birchall et al.,1996;Davenport,Bibby,1999;Van der Meer et al.,1996)。

合作伙伴可以是产业链上的成员或属于其他行业,与不同的合作对象可能有不同的合作目的。与供应商的合作可以克服中小企业资源的限制、分散创新成本和风险(Hanna,Walsh,2002;Lipparini,Sobrero,1994;Tether,2002)。与同行合作则可以实现规模经济,降低企业独自创新的成本。顾客是中小企业提高技术水平的主要源动力(LeBlanc et al.,1997),还可以从客户合作中获取相关市场信息。为了提升企业对外合作的层次,Cooke 和 Wills(1999)、Forrest(1990)曾提出把与关联部门建立战略联盟作为企业发展战略整体的一部分。

合作的类型会受创新程度差异的影响。Tödtling、Lehner 和 Kaufmann(2009)指出,先进或激进型的创新是基于科学知识的,它一般离不开与大学和研究机构的合作,而渐进型创新更多地发生在与产业链成员的相互合作中。

除了与以上产业链中的主要成员进行合作之外,中小企业的创新也可能离不开产业链外围的其他外部机构提供的技术、管理或营销类服务,如广告传媒公司提供的产品营销策划和传播服务等。因此,本研究假设:

H2a:与供应商合作不足可能导致创新不能实现。

H2b:与顾客合作不足可能导致创新不能实现。

H2c:与同行合作不足可能导致创新不能实现。

H2d:与高校合作不足可能导致创新不能实现。

H2e:与研发机构合作不足可能导致创新不能实现。

H2f:与广告营销策划机构合作不足可能导致创新不能实现。

4.1.3　市场与公共政策

市场特征、公共政策等外部环境因素一般是不可控的,这些因素的变化或不确定性可能会影响企业全局,也可能只影响企业的某项创新。

市场特征包括市场需求、市场潜力和市场竞争等。市场需求不是一个固定的数字,而是内外部环境的函数关系。市场总需求与环境条件存在依存关系,因此,外部环境的变化导致市场需求的不确定。需求的不确定性与市场动荡有直接关系。顾客及其偏好发生变化,导致市场需求的不确定性。Abemathy(1978)从相反角度验证了降低市场需求的不确定性是企业增加风险性研发投资的关键。

有效的市场需求是成功创新的必要条件。中小企业由于对市场缺乏影响力和控制力,或者不能应付市场突然的变化,因此存在一个规模大、成长性好的潜在市场是成功创新的重要因素。这样的市场对新产品的成功有显著影响(Wang,Chien,2006)。

谢科范(1999)的研究证实,市场中竞争对手的数量过多、实力过强以及竞争对手的不正当竞争行为都是技术创新的风险因素。

因此,本研究假设:

H3a:市场需求不确定性可能导致创新不能实现。

H3b:市场需求潜力不足可能导致创新不能实现。

H3c:市场竞争激烈可能导致创新不能实现。

公共政策对中小企业创新也非常重要。因为中小企业在整个经济体系中的重要地位,以及中小企业在创新领域中所扮演的重要角色,各国政府都非常重视本国中小企业的创新活动。如果中小企业能够获得政府对创新的各项扶持政策,如政府建立中小企业创新基金、给予创新的资金支持等,将有助于解决中小企业创新过程中的资金困难问题(Birchall et al.,1996;Hoffman et al.,

1998;LeBlanc et al.,1997)。许多中小企业属于传统产业,在获取各类公共政策扶持方面可能会受到忽视,因为政府的优惠政策往往向高技术企业或战略性新兴产业倾斜。

另外,对中小企业来说,政府的各项规制和各种官僚措施使得政府可能扮演着阻碍中小企业创新和成长的角色(Henrekson,Johansson,1999;Storey,1994)。如果企业不能做到符合政府规划和监管的要求,这将对企业创新产生负面影响。Piatier(1984)对欧洲企业的研究发现缺少政府的帮助是创新的重要阻碍之一,尤其是不确定的政策对创新造成的不利影响。因此,本研究假设:

H3d:政策支持不足可能导致创新不能实现。

H3e:政府规制可能导致创新不能实现。

H3f:政策扶持不到位可能导致创新不能实现。

4.1.4 人力资源能力

人力资源能力指企业更新、增强以及随时间变化而调整的员工胜任力,与企业所需的技能紧密相连(Wright et al.,2001)。各级各类员工是创新成功的主要因素(Sok,O'Cass,2011)。基于资源观的理论认为人力资源能力不是指企业的人力资源管理本身所提供的一种能被竞争对手所复制的竞争优势,而是源于企业人力资本池中的员工的技能和专门知识以及他们贡献的意愿(Wright,McMahan,1992;Wright et al.,1994)。

1. 管理和技术的知识、技能

员工的知识和技能通常被视为高创新绩效的前提条件(Freel,2000;Hoffman et al.,1998;Roper,1997)。已有研究表明缺少管理技能被认为是阻碍创新的一个重要因素(Clancy,2001)。管理技能的不足不仅减少了企业开发新产品和引入新工艺的意愿(Roper,Hofmann,1993),而且不利于创新的实现。成功创新在很大程度上依靠领导力、支持和管理人员的合作(Damanpour,1987)。

企业内部员工如果有能力从事一些技术研发活动,一方面有助于企业内部的技术改造和升级;另一方面,也为收集和利用外部技术知识创造条件,在研发活动的灵活性上、对原型的测试以及组织生产过程中,都能发挥积极作用。企业员工技术知识储备越丰富,越容易理解新技术,开发和利用所获得的新技术(Dewar,Dutton,1986)。许多文献强调技术导向的重要性,指出员工在技术活动方面越熟练,技术创新的可能性就越高(Aragón-Correa et al.,2007;Montoya-Weiss,Calantone,1994)。因此,本研究假设:

H4a:员工的管理知识、技能不足可能导致创新不能实现。

H4b:员工的技术知识、技能不足可能导致创新不能实现。

2.员工的经验或组织记忆

组织记忆一般是指组织发展历史中逐步积累起来的各种信息,这些信息会对当前的决策产生影响(Walsh,Ungson,1991)。经验是一项重要的组织记忆,它存在于员工的记忆里,并嵌入日常工作,是难以模仿的有价值的资产。企业员工以前参与过创新项目的各项经验将提高企业的创新能力。因此,具有一批在技术、生产和营销等方面富有经验的员工,非常有助于创新的实现。

已经有许多研究证实组织之前学习并储存在组织记忆中的东西能驱动产品创新或工艺创新(Chang,Cho,2008;Hanvanich et al.,2006;Moorman,Miner,1997)。基于企业能力观来看,组织记忆同样对营销创新或组织创新产生积极影响。以组织创新为例,Mol 和 Birkinshaw(2009)认为组织记忆是企业内在的知识源,它对组织创新具有显著的促进作用。企业努力获取顾客和竞争者的知识可以起到激发组织创新的作用(Birkinshaw,Mol,2006)。对于营销创新来说,Day(1994)认为组织记忆使得企业能够感知到市场中领先者的行动和发展趋势,从而能更准确地预测竞争对手的反应、留住老顾客或吸引新顾客、改善渠道关系。这些观点表明,组织记忆支持营销创新实践。例如,企业拥有的关于客户和市场的先前知识能在早期就识别出消费者偏好的变化,从而进行营销创新,把企业的产品同竞争对手的产品区别开来。因此,本研究假设:

H4c:员工的管理经验不足可能导致创新不能实现;

H4d:员工的技术经验不足可能导致创新不能实现。

3.学习与技能培训

组织学习与创新密切相关(Calantone et al.,2002)。有大量的文献对学习能力与技术创新的关系进行论述(Chen et al.,2009;Nasution et al.,2011),这些研究已表明组织学习能力的提高有助于增强技术创新。也有学者研究了在工业企业和非盈利组织中,组织内外部学习是如何促进非技术型创新的,得出的基本结论是企业的学习能力有利于营销创新和组织创新(Weerawardena,Sullivan-Mort,2001;Weerawardena,2003;Weerawardena et al.,2006)。

企业提供正式的教育和培训项目可以使员工增加新知识,提高技能,从而促进小企业的创新(Romijn,Albaladejo,2002)。相对于大企业来说,中小企业缺少对员工培训的持续性投入的意愿(Barber et al.,1989)。另外,Hausman(2005)指出中小企业管理者经常缺少各种类型的教育和培训,从而影响创新战略的实施。Freel(2000)也强调企业在吸引、培训和留住管理者方面的阻碍,使得创新不能整合到企业战略中去。因此,本研究假设:

H4e:员工管理知识或技能的学习、培训不足可能导致创新不能实现。

H4f:员工技术知识或技能的学习、培训不足可能导致创新不能实现。

4.有专门技能人员的数量

Vossen(1998b)提出大企业在吸引有专门技能的人才方面比较有能力,而中小企业往往会遇到招聘此类人员的困难,从而造成具有专门知识和技能的员工数量不足,这可能会影响创新活动。因此,和大企业相比,中小企业很可能因为专门技能人员数量不足而制约创新活动,并且这种现状较难克服。因此,本研究假设:

H4g:专业人员数量不足可能导致创新不能实现。

5.技能互补性

Stuart 和 Abetti(1987)发现在技术创新项目可行性与该项目所基于的许多企业资源(如管理和营销研究能力、销售、分销、研发和生产设施等)之间存在因果关系。虽然技术能力是技术创新的前提条件,技术能力和营销能力之间的平衡也是不可缺少的,但是技术能力被过分强调了(Cooper,1983)。即使在企业技术团队内部,团队成员的技术背景组成也会影响企业的技术创新能力。其中,技术团队的互补性对创新项目影响明显,正如 Roure 和 Keeley(1990)曾提出跨学科的技术团队增加了项目的可行性。因此,本研究假设:

H4h:员工技能互补性不足可能导致创新不能实现。

4.1.5 财务资源

1.创新资金

每项创新都可能需要花钱对人员进行培训,购置新设备,但是经验研究表明中小企业在获得资金方面比大企业困难(Binks,Ennew,1996;Deakins,Hussain,1994)。中小企业相对于大企业,缺少在技术、商业和财务上的评估,对创新活动的潜在回报率很少进行精确的预期,这也加大了吸引资金的难度,而这往往是获得资金的前提条件。信息不对称和道德风险导致了为中小企业提供资金市场的失灵(Freel,2000)。虽然部分中小企业可以从天使投资、风险资本或各类金融机构获得资金来源,但实际上,这些资本还是倾向于有着完善管理能力的大企业(Landström,1990)。一方面,中小企业自身吸引资金能力较弱;另一方面,创新可能需要大量的前期沉没成本。因此,相对于大企业,资金短缺直接或间接地影响了中小企业的创新活动。短期内收入和支出的不平衡可能对企业的正常经营活动造成损害,进而也会影响创新活动的顺利开展。因此,本研究假设:

H5a:企业自有资金不足可能导致创新不能实现。

H5b:资金来源渠道较少可能导致创新不能实现。

H5c:吸引外来资金难度较大可能导致创新不能实现。

2.创新成本

创新活动不仅可能需要大量的成本(Baldwin,Lin,2002;Frenkel,2003;Garcia,Calantone,2002;Zwick,2002),而且由于中小企业内部财务成本管理能力的限制,以及创新活动的不确定性,还导致创新成本难以估计和控制(Frenkel,2003;Garcia,Calantone,2002;Hadjimanolis,1999;Mohnen,Röller,2005)。因此,本研究假设:

H5d:创新成本难以估计可能导致创新不能实现。

H5e:创新成本难以控制可能导致创新不能实现。

4.1.6　管理与文化

1.创新计划

创新过程包含各种各样的活动,在创新过程开始之前慎重制订计划是创新活动成功的前提。为了更好地管理创新项目,许多创新者把创新活动分成几个步骤。被广泛使用的创新六阶段分别是:计划、头脑风暴、审视和评估、开发、市场研究、推出。创新项目越能沿着创新的轨迹走,创新越容易成功。Jiménez-Jiménez,Sanz-Valle(2011)指出如果创新过程具有计划性并能很好实施,则新产品开发更容易成功。根据 Cozijnsen 等(2000)的研究,对时间、成本和信息进行合理的管理,以及决策制定,决定了 60% 的项目可行性。企业能够制订一个完善的创新计划、组织实施并监控创新过程,是创新成功的重要因素。因此,本研究假设:

H6a:创新计划不完善可能导致创新不能实现。

2.创新战略

创新战略是指一个组织所制订的创新系列计划,包括创新的领域、创新策略以及创新要达到的组织目标等重大、长远的部署。许多研究表明,战略规划与绩效之间一般存在着正相关关系(Robbins et al.,2011)。创新活动事先有一个清晰的创新战略也是创新成功的重要因素。创新战略为企业诸如开发产品、改进工艺和市场进入等战略问题的决策提供指导(Lester,1998)。创新战略也能使企业内部多个平行进行的创新项目协调共进。为了利益最大化,创新活动必须有一个战略方向(Cottam et al.,2001)。因此,本研究假设:

H6b:创新战略不完善可能导致创新不能实现。

3.创新网络与沟通

创新活动受益于广泛的信息源,通过外部网络可以获得供应商、顾客、外部专家和竞争对手的信息,加速创新过程。许多战略管理文献强调超越企业自身的边界,通过外部网络获取各类知识和信息,对于创新来说非常重要(Bottazzi,

Peri,2003；Edquist，2005；Powell，Grodal，2005；Rothaermel，Deeds，2006）。外部网络是一种收集创新过程所需信息和知识的方式，创新企业倾向于在行业网络中进行创新，与他人互换信息或购买信息可能是一项战略性行动。许多文献表明，通过外部网络扩展企业的知识通常被视为成功创新的因素（Freel，2000；Freel，2003；Hoffman et al.，1998；Romijn，Albaladejo，2002），企业与外部联系的信息网络可能会影响创新能否顺利完成。因此，本研究假设：

H6c：缺少获取信息的外部网络可能导致创新不能实现。

创新是一个过程，可以分为一系列不同功能且相互作用、相互依赖的阶段，从科学与技术、外部环境、创新企业到商业化和市场营销，整个创新过程由复杂的信息沟通网络把各个创新阶段连在一起。好的沟通对成功的技术创新至关重要，是创新成功的一个关键因素（Rothwell，Robertson，1973）。因此，在创新过程中，建立和保持有效的组织内外部沟通，有利于实现创新。

有效的外部沟通，如环境侦测和跨组织沟通等能为企业带来创新的想法。创新组织一般能有效地与其所处的环境交换信息。有效的内部沟通，将有利于创新想法在组织内部传播，将会孕育出更多的创新想法，也创造了适合创新想法生存的内部环境。因此，本研究假设：

H6d：缺少外部有效沟通可能导致创新不能实现。

H6e：缺少内部有效沟通可能导致创新不能实现。

4. 企业主与创新文化

企业家或企业主具有一系列创造性的特征。Heunks（1998）认为，灵活性和创造性能够培育创新，而这些恰恰是典型的企业家特征。在中小企业主要由企业家经营的状况下，其企业家精神所表现出来的承诺、果断、对解决问题的执着、创造性、团队精神和激励能力，以及在创新过程中扮演的角色和作用对创新活动有很强的影响。创新行为需要组织有鼓励创新的文化氛围。组织文化通常反映组织创始人的愿景和使命。企业家塑造的创新文化和授权员工、允许员工冒风险的开放环境在创新过程中非常重要（Flynn et al.，1996）。因此，本研究假设：

H6f：企业主领导和支持创新不足可能导致创新不能实现。

H6g：组织缺少创新文化可能导致创新不能实现。

5. 管理层对创新的抵制

管理层对创新的支持态度将创造一个导致创新的内部环境，同时也有利于在创新实施过程中合作和化解冲突。反之，如果存在管理层对创新的抵制，那将是对组织创新的一项重要挑战。McAdam 等（2004）提出了中小企业显现出抵制创新的观点，如果中小企业管理层承诺缺少，说明组织文化不支持创新，这一点已被认为是阻碍中小企业创新的重要因素之一。这些抵制常与企业的管理风格有关。在一些案例研究中还指出企业家（所有者）与管理者的关系可能使这种抵制更加复杂化(Mosey et al.,2002)。因为创新破坏了现行的惯例和事务(Shanteau et al.,2000),导致管理层对创新活动的支持不足是创新的一个瓶颈,从而影响正常的创新活动。

　　此外,普通员工经常怀疑企业实施创新战略的价值(Storey,2000)。企业全体员工是否全身心投入创新活动也是影响创新的因素。在中小企业中,创新需要全体一线员工的共同努力。比如,销售和服务部门的员工可以获得第一手有关客户没有被满足的需求或者竞争者新的动向(Hyvärinen,1990;Martin Jr,Horne,1995),这些信息对企业创新非常重要。一线员工应该投入和得到授权而从事一些创新行为(Davenport,Bibby,1999)。因此,本研究假设:

　　H6h:管理层对创新的抵制可能导致创新不能实现。

　　H6i:员工对创新的抵制可能导致创新不能实现。

4.2　中小企业创新与企业绩效关系的模型与假设

4.2.1　不同类型创新与企业绩效的关系

　　目前有关研究创新与企业绩效关系的文献比较多,但是针对具体创新类型与企业绩效之间关系的研究甚少(Jin et al.,2004)。在企业创新活动中,对新产品和新生产技术开发和扩散一直最受研究者的关注,从而大部分文献主要研究产品创新与企业绩效的关系。例如,有关创新调查和测度的《奥斯陆手册》(OECD 出版物),在其第 1 版(1992)和第 2 版(1997)中着重关注制造业中技术产品和工艺的创新。此后,基于调查结果分析以及不断变化的政策需求,在第 3 版(2005)中正式加入营销创新、组织创新等非技术型创新的内容。因此,考虑到不同类型创新可能对企业绩效造成不同影响(Oke et al.,2007),本研究提出了如下四种创新类型与企业绩效关系的假设。

4.2.1.1　产品创新与企业绩效

　　Tung(2012)指出产品创新对企业的绩效和生存具有重要意义。企业需要开发新产品来获得优势,开发新产品的速度与企业绩效和长期生存密切相关(Banbury,Mitchell,1995),不管企业大小,这都是适用的(Vermeulen et al.,2005)。Pratali(2003)对产品、工艺等技术型创新研究后发现,技术创新帮助企业提升竞争力,并最终增加企业的价值。Kim 和 Huarng(2011)指出创新产品可以使企业盈利增加和顾客满意,因为市场需求和顾客偏好是变化的,而产品创新使产品更符合市场动态变化的需求。企业能够持续地创新,则会增加企业服务于消费者多样化需求的能力,从而会培养顾客的忠诚度。一些实证研究也表明在产品创新与组织绩效之间存在正向关系(Bayus et al.,2003;Gopalakrishnan,Damanpour,1997)。因此,本研究假设:

H1:产品创新对企业绩效有显著影响。

H1a:产品创新对成长绩效有显著影响。

H1b:产品创新对财务绩效有显著影响。

4.2.1.2 工艺创新与企业绩效

工艺创新的主要目的是为了减少单位产品的生产或物流成本、提高质量以及为了制造或交付新的或显著改进的产品。Lagace 和 Bourgault(2003)认为中小制造企业需要持续改进生产制造流程以确保长期的生存能力。Birchall 等(1996)发现持续的生产流程创新是提高企业短期利润的一项重要行动。Miika 和 Hannu(2010)对芬兰 Northern Savo 地区的中小企业创新研究表明,虽然各种类型的创新对企业利润没有带来积极的影响,但是引入新产品、新工艺和市场创新与企业的成长密切相关。因此,本研究假设:

H8:工艺创新对企业绩效有显著影响。

H8a:工艺创新对成长绩效有显著影响。

H8b:工艺创新对财务绩效有显著影响。

4.2.1.3 营销创新与企业绩效

营销就是辨别并满足人类和社会的需求(Kotler,Keller,2006)。营销创新是为了更好地满足市场需求、开发新市场或者为产品进行重新定位来提高企业的绩效(OECD,2005)Levitt(1962)。在早期的研究中发现营销活动中的创新增加企业利润和加快企业成长,该观点在当时对企业经营理念变革带来巨大影响。Johne 和 Davies(2000)认为营销创新是有关了解市场和服务于市场,并确保企业为市场提供合适的产品和产生更大的销售额。Williams(1999)进一步提出,围绕增加产品消费的市场创新对企业销售量有积极影响。

随着市场和竞争环境的变化,如果企业不能够及时对营销 4P(产品、价格、分销和促销)组合进行创新,可能无法做到更好地满足顾客的需求,从而无法达到企业的绩效目标。因此,为了提高顾客的满意度和忠诚度,企业需要及时对产品的设计和包装进行更新,为产品设定合理的价格,以及为产品选择合适的分销渠道和促销方式。因此,本研究假设:

H9:营销创新对企业绩效有显著影响。

H9a:营销创新对成长绩效有显著影响。

H39:营销创新对财务绩效有显著影响。

4.2.1.4　组织创新与企业绩效

组织创新的目的是通过减少管理成本或交易成本、提高员工的满意度以及生产率,获得外部知识或减少供给成本,以提高企业绩效。组织创新可以通过实施管理组织的新结构或新流程达到企业的绩效目标,这已被一些实证研究所证实。

Hammer 和 Champy(1993;2003)在《企业再造》一书中指出在当前"3C"(顾客、竞争和变化)世界中,企业以传统分工原理进行组织工作的做法和以任务导向安排工作岗位的方式已经过时,取而代之的应是以流程为中心去安排工作,这样才能使企业实现跃进,否则必将落后;并提出企业组织再造(reengineering)的观点,即"针对企业业务流程的基本问题进行反思,并对它进行彻底的重新设计,以便在成本、质量、服务和速度等当前衡量企业业绩的这些重要的尺度上取得显著的进展"。Hammer 在其后续的研究中进一步指出再造的关键和核心是重组或重新设计企业生产和经营的业务流程,打破原有的管理层级和职务分工,组织以流程为中心的新型团队,高效率地为顾客提供价值,为实现企业绩效服务(Hammer,1996)。Champy(2003)针对"再造"存在不足,进而提出企业再造不能只局限于企业的股东,还应该把企业的管理者、雇员、客户、商品和服务供应商以及合作伙伴等利益相关者包括在内,以期获得高效率,为每一位参与者创造出更为丰厚的价值。

Chandler(1969)对组织结构与战略、外部环境的关系做了开创性的研究,认为适应组织环境和战略的创新组织结构对实现战略具有重大影响,组织结构变革可以减轻高层的负担,激发经理们采用长期的发展战略进入新的地区和市场。

Davenport(1993)也认为流程创新,包括员工学习、授权,最终导致财务绩效的增长。因此,本研究假设:

H10:组织创新对企业绩效有显著影响。

H10a:组织创新对成长绩效有显著影响。

H10b:组织创新对财务绩效有显著影响。

4.2.2　相关创新类型之间的关系

OECD(2005)在产品创新和工艺创新基础上,正式引入营销创新和组织创新,除了现实需要外,还考虑到不同类型创新之间的相互作用,尤其是为了使其他类型创新受益而实施的组织变化。正如 Damanpour 和 Evan(1984)所指出的,比起单独进行某一类型的创新,保持管理创新和技术创新的平衡将更利于保持和提升企业的绩效。Walker(2004)也认为不同类型创新之间会相互影响,因此企业需要多种创新的整合。

4.2.2.1 组织创新与产品创新、工艺创新、营销创新

有研究发现组织创新导致企业管理和组织结构的改进,从而有助于进行其他类型的创新。例如,Burns 和 Stalker(1961)在苏格兰电子公司所做的开创性研究,他们考察了技术变革对组织结构和社会关系体系的影响,提出以缺乏正式形式和等级层次为特征的"有机的"灵活组织比"机械"的组织结构更有效地支持创新。虽然这个结论受到一些非议,但是灵活而非机械的组织结构仍被认为是成功创新所必需的。一般来说,一个有机的组织适应性更强、沟通更开放、共识更多、控制更松散,而机械的组织一般不适合管理创新过程和创新性活动。

Damanpour 等(1989)发现在公共图书馆里,组织管理创新带来了技术创新;并建议在其他组织中进行进一步研究,进而取得更普遍的意义。类似地,Staropoli(1998)强调在医药行业加强技术创新中组织重组和协调机制所起的重要作用;而 Germain(1996)研究揭示在物流部门,组织结构特征是流程创新的显著预测指标。最近,Walker(2008)对公共部门的研究发现组织创新、营销创新和产品(服务)创新是互相联系的,并指出需要进一步研究来分析其中的关系。由于公司有不同类型的创新能力,Azadegan 和 Wagner(2011)建议企业创新活动可以在许多方面展开,如新产品、新组织和营销实践、管理系统和新工艺技术等。有关技术创新管理的研究也指出改变组织结构和流程、组织成员的行为等组织创新是技术创新的必要前提条件。

基于现有的研究,笔者认为组织创新,即实施新的商业实践、工作场所组织结构和外部关系等方面的变革,将促进企业外部信息的获得和合作,以及内部员工的创新意愿,从而创造出适合其他类型创新的内外部环境。因此,本研究假设:

H11:组织创新对产品创新有显著影响。

H12:组织创新对工艺创新有显著影响。

H13:组织创新对营销创新有显著影响。

4.2.2.2 工艺创新与产品创新

Utterback 和 Abernathy(1975)在企业技术创新动态过程中提出了工艺创新与产品创新的关系。Li 等(2007)对中国国有企业的研究发现工艺创新与产品创新之间存在显著相关关系。然而,目前还没有文献对两者作用的方向进行清晰的实证研究,只是一些间接的研究存在,如 Oke(2007)对英国服务企业的研究表明,开发正式的执行流程对于追求渐进型的产品或服务创新来说是有必要的,流程的改进是成功进行产品或服务创新的驱动力。工艺创新带来了生产过程的改进,从而在产品质量、价值、速度和低成本上取得优势。因此,本研究

假设：

H14：工艺创新对产品创新有显著影响。

4.2.2.3　营销创新与产品创新

有关创新产品质量、功能、性价比和产品设计的独特优势（Souder，Song，1997），不仅体现在产品自身上，还体现在市场定位上。客户需要得到比竞争者产品更有价值的产品，从而获得最大的满意。如果企业分配大量资源用于市场研究和新营销策略的开发（例如，新的市场定位、市场细分或者开发新的促销渠道等），对新产品的成功将会非常重要（OECD，2005）。

许多文献强调正确的市场导入的重要性，尤其要重视沟通和及时有效的市场信息对新产品市场导入的帮助作用（Edgett et al.，1992；Souder，Song，1997）。此外，产品概念测试，提供额外的服务，增加分销渠道、广告和促销等营销活动的熟练程度，也会影响新产品的成败（Aragón-Correa et al.，2007；Maidique，Zirger，1984）。

对于营销创新与产品创新关系，笔者暂时尚未发现对两者之间进行调查研究的直接文献。在营销创新与产品创新之间应该存在互相支持的关系，但是产品创新受市场和客户的期望影响明显。客户驱动的市场更加重视营销功能。客户的需要将通过市场营销活动和产品创新来实现。因此，本研究假设：

H15：营销创新对产品创新有显著影响。

4.2.3　中介效应的假设

由于已经在 4.2.1 中提出了不同类型创新对企业绩效影响的相应假设，因此可以同时提出组织创新通过产品创新、工艺创新和营销创新影响企业绩效的假设，即产品创新、工艺创新和营销创新在组织创新与企业绩效的关系中起到中介作用。以产品创新的中介效应为例，组织创新创造有利于产品创新的组织环境，产生了更多的产品创新，而产品创新有助于企业绩效的提高。因此，组织创新对企业绩效的影响可能通过产品创新、工艺创新、营销创新的中介作用实现，从而本研究假设：

H16（H17/H18）：组织创新通过产品创新（工艺创新/营销创新）对企业绩效产生影响。

H16a（H17a/H18a）：组织创新通过产品创新（工艺创新/营销创新）对成长绩效产生影响。

H16b（H17b/H18b）：组织创新通过产品创新（工艺创新/营销创新）对财务绩效产生影响。

我们已经做出了工艺创新、营销创新影响产品创新的假设，即工艺创新、营销创新促进和产生了更多的产品创新,产品创新又对企业绩效产生影响。因此,工艺创新、营销创新对企业绩效的影响可能通过产品创新的中介作用实现,从而本研究假设:

H19(H20):工艺创新(营销创新)通过产品创新对企业绩效产生影响。

H19a(H20a):工艺创新(营销创新)通过产品创新对成长绩效产生影响。

H19b(H20b):工艺创新(营销创新)通过产品创新对财务绩效产生影响。

4.2.4 调节效应的假设

任何企业都是在具体的环境中进行着不同类型的创新活动,创新本身的创新水平或程度、企业所处的市场竞争环境都可能影响创新与企业绩效的关系。

4.2.4.1 创新性的调节效应

创新性(innovativeness)是指一项创新的"新"的程度,高创新性和低创新性分别是创新程度的两个端点(Garcia,Calantone,2002)。虽然本研究把创新界定为"对企业来说是新的或者显著改进的产品、工艺、营销方式和组织方式",采用了认定创新活动的最低标准,但是不同企业的创新性还是存在差别的。一般来说,创新性越高,相应地要求企业投入的创新资源就越多,同时企业也期望获得更高的绩效。有研究表明,创新对企业绩效的影响受到创新性的影响(Kleinschmidt 和 Cooper,1991;Sandvik,Sandvik,2003)。Kleinschmidt 和 Cooper(1991)发现产品创新性与商业成功的关系是呈"U"形,高创新性和低创新性比起处在当中的中等创新性更有可能带来商业上的成功。Sandvik(2003)把产品创新性分为两类:对企业来说是新的产品和对市场来说是新的产品,最后实证只有对市场来说是新的产品才会对企业绩效起到积极影响。因此,本研究假设:

H21(H22/H23/24):产品创新(工艺创新/营销创新/组织创新)对企业绩效的影响受产品(工艺/营销/组织)创新性的调节。

H21a(H22a/H23a/H24a):产品创新(工艺创新/营销创新/组织创新)对成长绩效的影响受产品(工艺/营销/组织)创新性的调节。

H21b(H22b/H23b/H24b):产品创新(工艺创新/营销创新/组织创新)对财务绩效的影响受产品(工艺/营销/组织)创新性的调节。

以产品创新性的调节作用为例,产品创新性水平越高,产品创新对企业绩效的影响越明显。

4.2.4.2 市场竞争的调节效应

成功的创新离不开企业所在的市场,企业创新活动的得益最终都将通过市场来实现,该过程不仅涉及创新者的活动,还是客户和竞争对手的反应。

因此,许多市场特征不仅对企业绩效有直接的影响,还影响创新的企业绩效。Hult 等(2004)发现创新与企业绩效的关系受市场动荡影响。

市场竞争强度包括买方势力、进入壁垒和行业集中度等,Cooper(1984)认为高强度的市场竞争将减少新产品给企业带来的绩效。因此,在高度竞争的市场环境中,创新带来的企业绩效往往达不到预期目标。例如,在高度竞争的市场环境中是很难成功推出一项新产品的,其部分原因在于竞争者反应非常强烈(Gatignon et al. ,1989)。

中小企业创新的企业绩效更容易受市场竞争影响。中小企业所在行业通常有许多潜在竞争者。在竞争环境中,企业需要洞察竞争对手的目标和行动,考虑市场吸引力、新产品的新奇性和可能涉及的专利问题,以便正确定位创新产品。Aragón-Correa 等(2007)提出收集和估评市场中竞争对手的重要性。创新产品相对于竞争对手的优势状况也是新产品成功的关键决定因素(Souder,Song,1997)。因此,本研究假设:

H25(H26/H27/H28):产品创新(工艺创新/营销创新/组织创新)对企业绩效的影响受市场竞争的调节。

H25a(H26a/H27a/H28a):产品创新(工艺创新/营销创新/组织创新)对成长绩效的影响受市场竞争的调节。

H25b(H26b/H27b/H28b):产品创新(工艺创新/营销创新/组织创新)对财务绩效的影响受市场竞争的调节。

以市场竞争对产品创新与企业绩效关系的调节作用为例,市场竞争越激烈,产品创新对企业绩效的影响越不明显。

4.3　本章小结

本章主要构建影响中小企业创新的风险因素模型与假设、中小企业创新与企业绩效关系的模型与假设。在建立创新风险因素模型时,本研究以中低技术产业创新理论、中小企业创新理论和创新风险理论为基础,围绕中低技术产业、中小企业创新的特征,提出了影响中小企业创新的风险因素研究假设(见图 4.2),为后续识别影响不同类型创新的关键风险因素(第 6 章),以及对关键风险因素进行评估(第 8 章)服务。

在企业创新过程中,克服各种风险因素实现创新只是成功的第一步,企业还需要借助(实现了的)创新提升企业绩效。因此,本章还建立了不同类型创新与企业绩效之间关系的模型与假设。基于现有的理论基础,分别提出了中小企业不同类型创新之间影响的模型与假设、不同类型创新对企业绩效影响的模型与假设(见图 4.3),以及不同类型创新对企业绩效影响的中介效应模型与假设(见图 4.4),创新性、市场竞争对不同类型创新与企业绩效关系的调节效应模型与假设(见图 4.5)。这些研究假设将在后续章节(第 7 章)中进行检验。

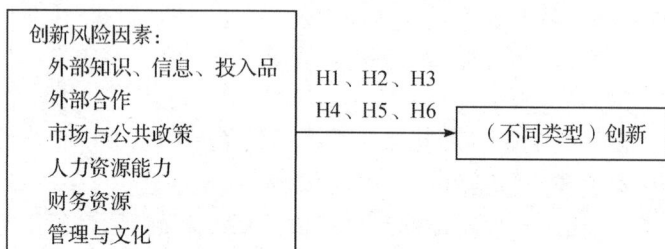

图 4.2　影响中小企业创新的风险因素研究假设

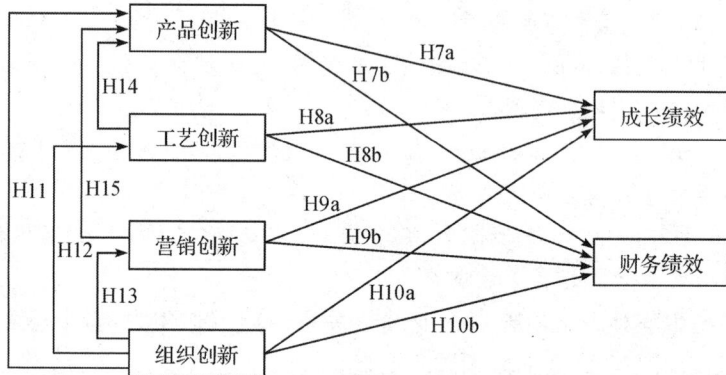

图 4.3　相关创新类型之间及不同创新对企业绩效影响的模型与假设

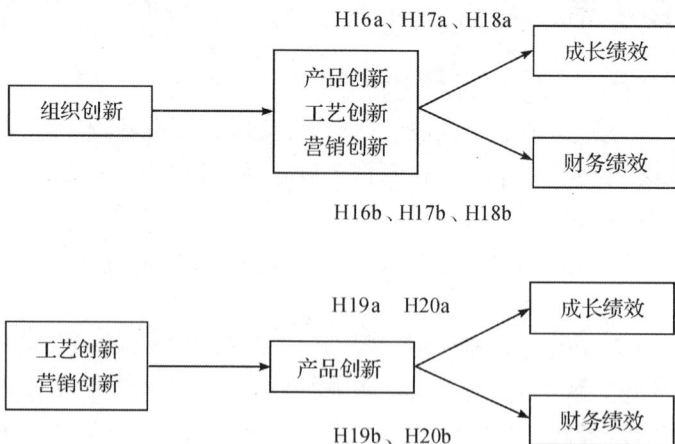

图 4.4　不同类型创新与企业绩效关系的中介效应模型与假设

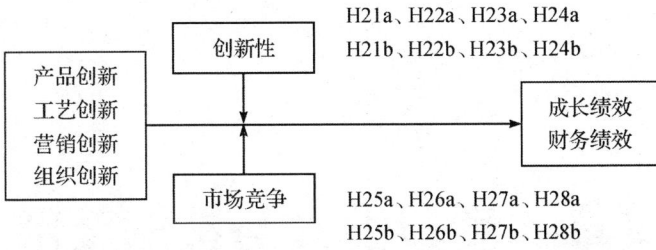

图 4.5　不同类型创新与企业绩效关系的调节效应模型与假设

第 5 章　变量度量与数据获取、分析

　　为了研究影响不同类型创新的关键风险因素,需要对(不同类型)创新进行度量。为了研究不同类型创新与企业绩效之间的关系,需要对企业绩效进行度量。同时,为了研究创新性、竞争市场等变量对不同类型创新与企业绩效关系的影响,也需要对创新性、竞争市场等变量进行度量。这是本章 5.1 节的主要内容。

　　在本章的 5.2 节和 5.3 节,笔者将对研究所需的数据获取进行说明,并对数据进行初步的描述统计分析。

5.1　变量度量

　　本节主要讨论本研究中所涉及的重要变量的度量问题,主要包括(不同类型)创新的度量和企业绩效的度量,以及对创新性和市场竞争等调节变量的度量,并对相关控制变量的度量进行说明。

5.1.1　创新的度量

5.1.1.1　度量创新的方法探讨

　　从各种文献来看,创新有多种不同的度量方式,对研究者来说进行创新度量是一项棘手的问题。由于创新过程是一项复杂的、多种活动交织在一起的活动,创新度量应该从多方面反映出创新的这种性质。

　　传统衡量创新的方法是通过两个间接的指标来反映,即研发和专利数据。但这种方法存在许多问题。第一,通过研发数据来测量创新,虽然容易被大企业采用,但对缺少正式研发活动或只是偶尔进行研发活动的中小企业来说(Acs,Audretsch,1987;Kleinknecht et al. ,2002;Michie,1998),就不能对其创新进行全面测量,并且不是所有的创新活动必须有研发。因此,用研发来度量创新很可能低估了企业创新。第二,研发只是代表创新过程的一项投入,并不一定产生新的或改进的产品(工艺)(Flor,Oltra,2004),这又可能高估创新数

量。第三,通过专利数据来度量创新也会导致无法对创新进行全面衡量,因为专利更适合于测量发明而不是创新,而且很多创新并没有申请专利,这又可能低估创新数量。

由于用研发和专利数据间接测量创新存在许多不足,因此在一些文献中对创新进行直接测量,使用的方法是创新数量的计数和企业层面的调查。

第一种直接测量的方法是创新计数。创新数量的计数是通过企业公告、专业期刊和相关数据库等方式获得企业在不同类型创新上的数量,从而对企业的创新进行衡量。这种方法是对创新进行直接反映,测量结果比较客观;但是存在的问题是对于公开信息较多的重大创新比较适合,而对于公开信息较少的渐进型或小型创新则难以全面地反映(OECD,1997)。相对于衡量工艺创新,这种方法更适合于衡量产品创新(Kleinknecht et al.,2002)。同时,这种通过收集信息直接测量创新的方法往往只涵盖成功的创新,对于不成功的创新自然被排除在外,因此也无法用于创新风险或创新成败的研究。除此之外,由于研究者并不是所有行业的专家,对于不熟悉的行业的创新计数存在困难,也增加了研究的难度。

第二种直接测量的方法是企业层面的调查。通过对企业进行调查获得有关创新的信息,是具有主观性的定性方法。由于 OECD、欧洲统计局等机构对企业创新调查和采集数据进行了标准化之后,企业层面的创新调查逐步成为收集企业创新数据的标准方法(Michie,1998)。Hughes(2001)发现创新测量的主观方法优于使用专利等客观方法。一些研究已经证实管理者感知等主观方法与测量创新的客观方法高度相关,并能进行多企业的比较(Frishammar,Åke Hörte,2005;Zahra,Covin,1993)。Kalantaridis(1999)认为由被调查者自我报告等测量创新的主观方法用于鉴别阻碍中小企业创新的因素是有效的。

5.1.2.1　本研究对(不同类型)创新的度量

以目前的研究来看,从企业层面对创新进行研究比较普遍(Miika,Hannu,2010)。结合本研究的实际,对创新的度量将使用企业层面的调查法。基于OECD 在 2005 年出版的《奥斯陆手册:创新数据的采集和解释指南(第 3 版)》①对不同类型创新的定义,开发企业调查问卷。

OECD(2005)把企业创新的类型主要划分为产品创新、工艺创新、营销创新和组织创新等四类。在这四种创新类型中,产品创新与工艺创新是产业部门较为熟悉的概念,相关研究文献很多。但组织创新的文献较少且分散,因此目前还没有形成对组织创新的通用的定义(Armbruster et al.,2008)。

---

①OECD:《奥斯陆手册:创新数据的采集和解释指南(第 3 版)》,高昌林,译,科学技术文献出版社2011 年版。

　　根据 OECD 的定义,产品创新是指该产品在技术上的特性或用途与之前的产品明显不同。这种创新可能牵涉到彻底翻新的技术,也可能是将既有的技术与新的用途相结合,或者是应用新知识的结果。产品创新也包括产品的性能得到显著改良或提升,如产品发挥更大的效用或是降低产品成本等。

　　工艺创新是指在技术上采用全新或显著改良过的生产方式与产品运送方式。这些方式包括生产设备或生产组织的改变,也可能两者兼有,而且这些改变可能应用到新知识。工艺创新的方式甚至包括生产或运送创新的产品,因为旧有的生产方式,可能无法生产或运送这些产品。此外,增进既有产品的生产效率或运送效率,也是工艺创新。

　　营销创新旨在更好地满足消费者需求、开拓新的市场或为企业产品进行新的定位,以增加企业的销售额。OECD 对营销创新的定义是基于营销管理中的4P 架构,即产品、分销、促销和定价(Kotler,Keller,2006)。

　　产品设计方面的营销创新主要指不改变产品功能或用户特性,只在产品设计和外观等方面进行变革。产品分销方面的营销创新主要指引入新的销售渠道。

表 5.1　企业不同类型创新的度量

创新类型	测量维度	问卷题目
产品创新	开发新产品	PD1-开发新产品或新服务难以实现
	开发新用途	PD2-开发产品的新用途难以实现
	改进产品性能	PD3-改进现有产品的性能难以实现
	改进产品质量	PD4-改进现有产品的质量难以实现
	改进产品用户友好性	PD5-改进现有产品的用户友好性难以实现
工艺创新	改进生产技术	PC1-生产技术改进难以实现
	改进生产设备	PC2-生产设备改进难以实现
	升级软件	PC3-软件升级难以实现
	改进企业物流	PC4-物流改进难以实现
	改进生产辅助支撑活动	PC5-生产辅助支撑活动(采购、会计、数据处理和维护等)的改进难以实现
营销创新	产品设计改进	MK1-产品设计改进难以实现
	产品外观改进	MK2-产品外观改进难以实现
	分销方式创新	MK3-产品的分销方式改进难以实现
	促销方式创新	MK4-产品的促销方式改进难以实现
	定价策略创新	MK5-产品的定价策略改进难以实现
组织创新	商业实践创新	OG1-管理工作的组织方式或程序改进难以实现
	工作场所组织创新(1)	OG2-工作的职责划分改进难以实现
	工作场所组织创新(2)	OG3-工作的决策分配改进难以实现
	工作场所组织创新(3)	OG4-业务处理方式改进难以实现
	外部关系的组织创新	OG5-与其他企业或机构的组织关系改进难以实现

产品促销方面的营销创新包括对企业商品和服务促销时引入的新策略。产品定价方面的营销创新包括使用新的定价策略来销售企业的商品或服务。

OECD(2005)把组织创新划分为三种类型：商业实践、工作场所组织和外部关系的重大改变。其中，企业商业实践方面的组织创新是指在管理工作的组织路线和程序等方面出现新的方式；工作场所创新是指在职责划分或员工分配决策等方面使用新的方式，或者采用新的业务结构；外部关系的组织创新是指与其他企业或公共机构间的组织关系上新方式的实现。

根据以上对不同类型创新的界定，编制出用于度量企业创新的调查问卷题项（见表 5.1）。对每一项指标的度量，我们请受访者评估他们创新的实现状况，并用 5 点李克特量表来测量。

5.1.2　企业绩效的度量

企业进行创新的最终目的是通过创新获得更多的利润，但是利润不是企业绩效的全部。通过企业访谈，我们发现经常被企业经理们关注的企业绩效指标有利润、销售额、行业地位、竞争力、规模扩张和多元化发展等。由于企业绩效具有多维的结构（Murphy et al.，1996），导致在不同的研究中对企业绩效度量的维度不完全相同（见表 5.2），但基本上可以归为财务（经济）指标和非财务（经济）指标两大类。有学者认为创新成果应该增加企业的回报率和促进成长（Scherer，Ross，1990；Venkatraman，Ramanujam，1986），但是对于用什么指标来衡量企业的回报率存在大量的讨论，其中投资回报率（return on assets，ROA）是在创新研究中被广泛采用的衡量回报率的指标（Roberts，Amit，2003；Sher，Yang，2005）。

表 5.2　一些研究中对企业绩效的度量

相关研究	企业绩效的度量维度
Koellinger(2008)	利润和成长（营业额、雇用增长）
March，Sutton(1997)	利润、销售额、市场份额、生产率、负债率和股票价格
Ittner et al.(1997)	财务指标、非财务指标
Carmeli et al.(2010)；Delaney，Huselid(1996)	经济绩效、关系（过程）绩效和产品绩效
Lin，Chen(2007)	企业销售额

与许多研究相似，本研究将用企业的成长指标和财务指标来度量企业绩效（见表 5.3），每类指标的具体构成，一方面考虑已有研究中对企业绩效的度量，如采用投资回报率作为测量企业利润的指标之一；另一方面，由于哪一个指标

被企业看重取决于管理者、员工等利益相关者对他们各自的相关指标侧重点。根据我们对企业经理们有关企业绩效的访谈,把企业的规模增长、管理能力提高等纳入到成长指标中。同时,在研究过程中,考虑到企业绩效相关指标的数据可得性,本研究把产品销售毛利率、销售额、利润等也纳入企业绩效的度量指标中。

对每一项指标的度量,笔者请受访者评估他们创新带来的企业现实的绩效与期望绩效的差距,并用5点李克特量表来测量。

虽然对这些指标采用主观的衡量方式可能带有被调查者的偏见,但也被广泛应用到实证研究中(Khazanchi et al.,2007)。使用主观尺度来测量企业绩效的理由是企业不情愿把精确的绩效数据透露,经理们也不愿分享客观的绩效数据;但是,由于经理们对企业绩效数据的把握,能够对其进行准确的评估。最后,使用客观尺度可能会产生数据的兼容性问题(因为不同企业可能有不同的核算标准),以及限制对正确数据的获取。

表5.3　本研究对企业绩效的度量

企业绩效的度量	财务指标	PF1-企业的投资回报率难以达到预期水平
		PF2-企业的产品销售毛利率难以达到预期水平
		PF3-企业的销售额增长率难以达到预期水平
		PF4-企业的利润增长率难以达到预期水平
	成长指标	PF5-企业的规模增长难以达到预期水平
		PF6-企业的管理水平难以达到预期水平

5.1.3　创新性和市场竞争的度量

创新性作为衡量创新的"新"的程度指标,有两类不同的度量方法。一类是根据对谁而言是新的,可区分为对企业是新的、对市场是新的、对行业是新的、对顾客是新的、对企业中某个部门是新的和对世界是新的,等等。其中大部分研究采用对企业是新的来衡量创新性(Garcia,Calantone,2002)。另一类是根据对什么而言是新的,新技术、新产品线等曾被作为衡量创新性的指标(Garcia,Calantone,2002)。

在本研究中,已经把创新划分为四种类型,如果再根据"对什么而言是新的"来衡量创新性会产生创新和创新性两个概念混淆,因此采用"对谁而言是新的"作为衡量创新性的指标。但与此同时,我们发现根据"对谁而言是新的"区分创新性有时会造成在排序上的困难,如在"对顾客而言是新的"和"对市场而言是新的"之间、在"对市场而言是新的"与"对行业而言是新的"之间等很难在创新程度上进行区分。因此,结合本研究实际,我们基于"对企业而言是新的"

产品、工艺、营销和组织等与同行比较来确定企业的创新性(见表 5.4)。

表 5.4　创新性的度量

创新性度量指标	CX1-企业的产品创新程度达不到同行竞争者的水平
	CX2-企业的工艺创新程度达不到同行竞争者的水平
	CX3-企业的营销创新程度达不到同行竞争者的水平
	CX4-企业的组织创新程度达不到同行竞争者的水平

Nickell(1996)在研究竞争与绩效的关系时,根据数据的可获得性,选择企业的市场份额、产业集中度、进口渗透作为衡量产业层次的竞争程度的指标,而在企业层次,主要通过调查获得,并把竞争程度作为一个虚拟变量进行处理。如果企业管理者对问题——"你产品在市场上有五个以上的竞争者吗"——的答案是肯定的,则记为 1;如果企业管理者对问题——"你产品在市场上只有五个或更少的竞争者吗"——的答案是肯定的,则记为 0。Stewart(1990)指出有证据表明这种变量测定具有相当好的判别力。基于此,本研究也把竞争者数量作为市场竞争程度的指标,用 5 点李克特量表来测量,从 1 到 5 表示竞争者数量增加。

5.1.4　相关控制变量及其度量

为了识别不同类型创新与企业绩效的关系,需要控制其他可能影响企业绩效的因素。但是在实际研究中,所有这些因素并不都是可以衡量和获取数据的。在参考了一些相关研究之后,选择企业员工数量、企业年龄和行业类型(本研究为纺织行业子类)作为控制变量。

企业员工数量从少到多划分为五个等级,即 1～19 人、20～99 人、100～199 人、200～299 人和 300 人及以上,分别用 1～5 进行测量。

企业年龄根据企业成立以来经营的年限从短到长划分为五个等级,即 3 年及 3 年以内、4～6 年、7～9 年、10～12 年和 13 年及以上,分别用 1～5 进行测量。

本研究调查的对象是中小纺织企业,主要涉及纺织行业子类或主营业务包括纺织面料生产和销售、纺织印染、纺织贸易、服装生产和加工等。

5.2　数据获取

5.2.1　数据来源

为了对理论假设进行验证,需要相关企业的数据。在现有各类公开的统计资料来看,还找不到与本研究有关的中小企业创新数据。现有的类似研究都是研究者根据不同的研究目的去收集第一手数据,收集数据最常见的方法有访谈法、问卷法等。本研究也将通过企业访谈、设计和发放企业调查问卷来获取所需的数据。

由于中低技术产业中小企业所处的行业较多,根据本研究原有的基础和所具备的条件,将从浙江省内,主要是绍兴市范围内的中小纺织企业中获取数据,其原因主要有以下三点:第一,只选择一个纺织行业进行分析可以最大程度减少不同行业间由于工艺技术的异质性导致在产品或工艺创新方式上可能存在的较大差异,从而使研究结果排除行业的影响。第二,选择纺织行业进行分析是因为行业本身的重要性,了解纺织产业在急剧变化的国内外环境下的创新问题,可以帮助企业更好地进行创新。纺织产业是我国的传统优势产业,目前正在进行转型升级,以增强行业的盈利能力和持续的竞争力。纺织工业企业中各类创新比较常见,例如开发新产品,改进老产品,革新生产工艺和物流方式,通过营销创新扩大市场和创建品牌,以及随着企业品种增多和规模扩大导致在组织结构、管理流程和对外关系等方面的组织创新等。第三,浙江是纺织产业大省,绍兴是我国重要的纺织产业中心之一。本区域数量庞大的中小纺织企业在创新上的实践为创新调查提供了便利条件。

5.2.2　问卷设计过程

问卷是在参考了许多文献、企业创新项目访谈以及国内外一些相关的调查问卷的基础上逐步形成的。问卷设计过程共经历了以下三个阶段。

第一阶段:查阅关于中低技术产业创新、中小企业创新、创新风险和企业绩效等方面的文献,将这些文献中涉及的有关中低技术产业、中小企业创新的风险因素、不同创新类型和企业绩效度量方法进行归纳,并结合本研究实际,形成最初包括 6 个方面共 45 个因素的风险因素假设量表、4 类创新共 20 个指标的创新量表和 2 类共 6 个指标的企业绩效量表。

第二阶段:选取绍兴县盈丰纺织制衣有限公司、绍兴三文纺织公司、中国纺织服装研究中心面料开发研究所和浙江省现代纺织工业研究院等四家纺织企业或纺织科研机构的项目负责人(项目经理)进行访谈。访谈目的包括两个方面:一是就初始假设量表征询被访问者的意见,以检验量表中变量的设计是否与现实相符合;二是就现实纺织企业创新项目中容易发生的风险因素、测量创新和企业绩效的指标向被访谈者征询意见,作为最初假设量表的补充。根据访谈结果,在最初问卷的基础上删除了"缺少来自国外的技术信息可能导致创新不能实现"、"缺少来自国外的市场信息可能导致创新不能实现"、"不利的税收政策可能导致创新不能实现",增加了"员工对创新的抵制可能导致创新不能实现"等题项,并对部分题项在文字表述上进行了修改,使之更容易理解。

第三阶段:在大范围发放问卷之前,对 10 位访谈对象发放测试问卷,根据问卷测试的结果进一步完善问卷,形成了最终问卷。最终问卷主要包括 6 个方面共 42 个因素的风险因素假设量表、4 类创新共 20 个指标的不同类型创新量表和 2 类企业绩效共 6 个指标的企业绩效量表(见附录 2)。

5.2.3　问卷的可靠性

问卷设计的可靠性也就是问卷设计的合理性和科学性。关于这方面的要求,一些学者已从不同方面做过论述。王重鸣(1990)认为,在进行问卷设计时,问卷的内容和子量表构成要根据问卷设计的目的确定;问卷中应尽量注意避免复杂语句或带有引导性的问题,语句层次上要用语明确、具体,尽可能避免多重含义或隐含某种假设;问卷用词要避免过于抽象以防止反应定势;同时要控制反应偏向。马庆国(2002)认为,正确设计问卷的要点是:依据研究的目标,确定所需要收集的数据,从而确定设置哪些问题;对变量之间的相互关系的猜想,是成功地设计问卷的关键之一;预先考虑到数据处理方法,也会影响问卷问题的设置;凡是不能获得诚实回答的问题,都不应设置在问卷中;问卷设计一定要通过小规模访谈来修改。

对于上述需要注意的问题,本研究在问卷设计中都进行了考虑和处理。关于问卷问题的表述方式,在借鉴相关文献原有表述的基础上,通过一轮访谈,征询被访谈者的意见后予以修正。为避免问卷设计中可能隐含某种对回答者诱导性的假设,避免问卷回答过程中可能出现的一致性动机问题,本研究在问卷设计中,没有说明研究的逻辑,以防止回答者得到可能的因果关系暗示,进而在回答过程中受到这一暗示影响。

5.2.4　问卷发放及回收

问卷发放分两种方式进行:一是研究者现场发放。研究者对事先有联系的 20 家企业,采用现场发放的形式,共发放问卷 20 份。二是通过研究者所在单位的学生在假期带着问卷对家庭所在地的中小纺织企业进行调查,采用这种方式发放问卷共计 525 份。

研究者熟悉的企业现场发放的问卷回收率达到 100%,回收的 20 份问卷全部是合格问卷,有效问卷率也是 100%。通过学生发放的 525 份问卷回收 487 份,回收率为 92.76%,其中 304 份为不合格问卷,183 份有效问卷,有效问卷率为 37.58%。不合格问卷的主要问题是空白卷、问卷填写不完整、有明显随意填写的特征或多份问卷填写基本相同、受访企业或受访者不恰当等。剔除不合格问卷后,有效问卷共计 203 份。

　　本次调查问卷的回收率非常理想。从研究者现场发放和收回问卷来看,一方面是因为问卷都是在企业现场发放,通过面对面的方式进行,研究者全程参与、跟踪问卷的发放和回收,相对于邮寄问卷或电话调查,现场面对面的发放和回收问卷效果要好很多。此外,相关企业领导们对本次研究的课题比较感兴趣,希望与研究者进行这方面的交流,同时这些企业也有过参与其他调查项目的经历,从而使得问卷的回收率和有效问卷率都很高。从学生现场发放和回收问卷来看,一方面也是受益于现场发放和回收问卷的好处,同时由于这项工作完成情况将作为课程的实践项目进行考核,所以促成更多的学生认真负责地去完成;另一方面,还是有许多学生在当地找不到合适的纺织企业而返回了空白问卷或自己随意填写了问卷,从而导致问卷的回收率很高而有效问卷率却一般。

5.3　数据分析

5.3.1　样本企业的基本信息

5.3.1.1　样本企业的行业子类分布

　　从企业所涉及的行业子类(主营业务)来看(见图 5.1),从事纺织面料生产的样本数最多,共 78 家,占所有样本总数的 38.4%;其次是从事纺织品贸易的,共 55 家,占 27.1%;接下来是纺织印染和服装生产加工,分别有 43 家和 24 家,所占比例分别为 21.2%和 11.8%;其他类型纺织企业,主要是纺织品设计类,共 3 家,占 1.5%。

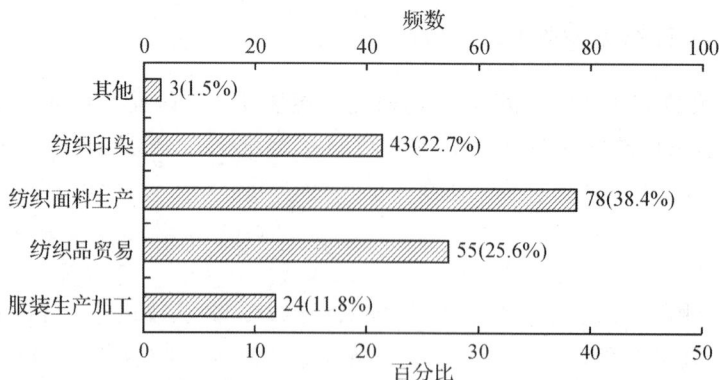

图 5.1　样本企业所属行业子类(主营业务)分布

5.3.1.2 被调查者的职务分布

如图 5.2 所示,被调查者的职务分布主要集中在中层管理者(部门经理、项目经理),有 94 人,占所有被调查对象的 46.3%;其次是基层管理者,有 48 人,占 23.6%;接着是高层管理者(总经理、副总经理),有 45 人,占 22.2%;企业主,包括董事长和主要股东,有 15 人,占 7.4%;最后有 1 人是骨干员工(技术员),所占比例为 0.5%。

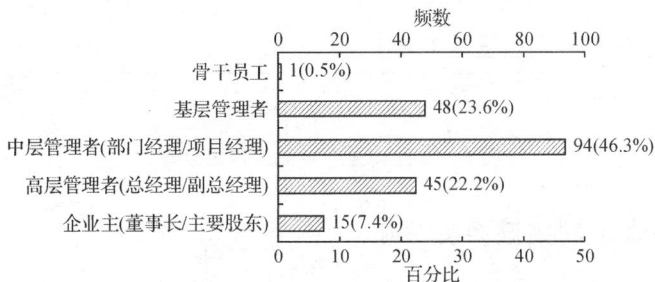

图 5.2 被调查者的职务分布

5.3.1.3 被调查企业的员工数量分布

如图 5.3 所示,被调查企业的员工人数主要集中在 100~199 人,有 76 家,占所有企业的 37.4%;其次是 20~99 人,有 53 家,占 26.1%;接着是 200~299 人,有 35 家,占 17.2%;1~19 人的企业有 26 家,占 12.8%;有 300 人以上的企业数量最少,只有 13 家,占 6.4%。

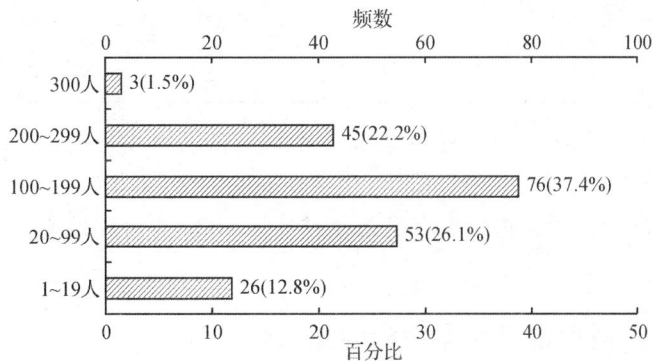

图 5.3 被调查企业的员工数量分布

5.3.1.4 被调查企业的成立年限分布

如图 5.4 所示,被调查企业中,成立至今 7~9 年的企业最多,有 81 家,占所有企业的 39.9%;其次是有 4~6 年历史的企业,有 52 家,占 25.6%;有 10~12 年历史的企业数量排在第三,有 45 家,占 22.2%;成立 13 年以上的企业有 22 家,占 10.8%;最后是成立才 3 年或 3 年以下的企业,有 3 家,占 1.5%。

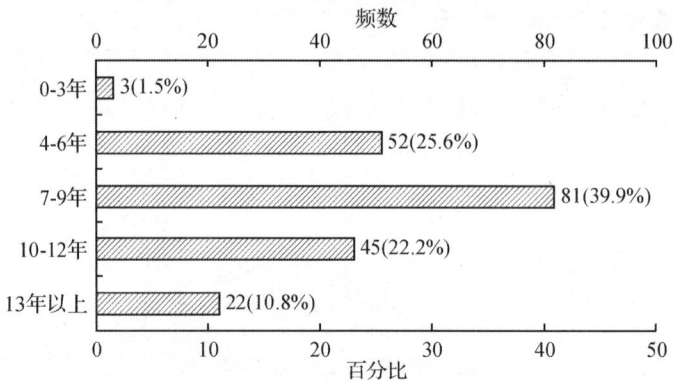

图 5.4　被调查企业成立年限分布

5.3.2　样本不同来源差异分析

表 5.5 显示了不同样本来源创新测度指标的方差齐次性检验结果。从表 5.5 中可以看出,各指标的统计显著性概率都大于 0.05,表明研究者亲自调查企业样本与学生调查企业样本对创新测度指标的评价值具有方差齐次性。

表 5.5　方差齐次性检验

创新类型	利文统计 (Levene Statistic)	自由度 1 (df1)	自由度 2 (df2)	显著性概率 (Sig.)
产品创新均值	0.602	1	201	0.439
工艺创新均值	0.045	1	201	0.832
营销创新均值	0.071	1	201	0.790
组织创新均值	2.885	1	201	0.091

表 5.6 显示了不同样本来源创新测度指标值的方差分析结果。从各指标的 F 统计量的显著性检验可以看出,显著性概率都大于 0.05,表明不同样本来源对创新测度指标的评价值没有显著性差异。因此,本研究接受了不同样本来源进行合并分析。

5.3.3　不同类型创新度量指标的描述性统计

表 5.7 给出了四类创新每个测度指标的均值、最大值、最小值和标准差等信息,其中均值越小,表示创新实现的难度就越大。从表 5.7 中可以发现,四类创新共 20 个题项中,除了产品创新的第 2 个测量指标均值大于 3 外,其他 19 个测度指标的均值都小于 3,但都大于 2,表明中小企业四类创新都存在一定的风险性(即创新本身无法顺利实现)。

通过计算产品创新、工艺创新、营销创新和组织创新所有题项的均值,分别为 2.472、2.722、2.592 和 2.664。数值相差较小,说明这四类创新总体上实现难度差异不明显,其中产品创新的实现难度要略高于其他三类创新。

表5.6 方差分析表(ANOVA)

创新类型		变差 (Sum of Squares)	自由度 df	方差 (Mean Square)	F 值	显著性概率 (Sig.)
产品创新均值	组间	0.544	1	0.544		
	组内	60.764	201	0.302	1.799	0.181
	总数	61.308	202			
工艺创新均值	组间	0.009	1	0.009		
	组内	107.491	201	0.535	0.017	0.897
	总数	107.500	202			
营销创新均值	组间	0.053	1	0.053		
	组内	73.971	201	0.368	0.144	0.705
	总数	74.024	202			
组织创新均值	组间	0.672	1	0.672		
	组内	121.575	201	0.605	1.111	.293
	总数	122.247	202			

表5.7 创新度量指标的描述统计量

创新类型	题项	样本数	最小值	最大值	均值	标准差	总平均数
产品创新	1	203	1	5	2.00	0.920	
	2	203	1	5	3.10	0.767	
	3	203	1	5	2.66	1.028	2.472
	4	203	1	5	2.60	0.941	
	5	203	1	5	2.00	0.920	
工艺创新	1	203	1	5	2.89	0.953	
	2	203	1	5	2.57	1.009	
	3	203	1	5	2.73	1.052	2.722
	4	203	1	5	2.73	0.980	
	5	203	1	5	2.69	0.999	
营销创新	1	203	1	4	2.39	0.891	
	2	203	1	5	2.30	0.908	
	3	203	1	5	2.89	0.863	2.592
	4	203	1	5	2.48	1.140	
	5	203	1	5	2.90	0.957	
管理创新	1	203	1	5	2.56	1.015	
	2	203	1	5	2.37	1.028	
	3	203	1	5	2.84	0.972	2.664
	4	203	1	5	2.89	0.902	
	5	203	1	5	2.66	1.028	

5.3.4 企业绩效度量指标的描述性统计

问卷调查所得企业绩效各指标值的描述统计量见表 5.8。每个指标最小值、最大值都出现极值,说明样本企业中既有创新带来的高企业绩效,也有创新带来的低企业绩效;每项均值接近 3,总体上说明样本企业创新的企业绩效不算高。

表 5.8 企业绩效度量指标的描述统计量

维度	N	最小值	最大值	均值	标准差	方差
PF1	203	1	5	2.91	0.859	0.739
PF2	203	1	5	2.96	0.861	0.741
PF3	203	1	5	3.01	0.893	0.797
PF4	203	1	5	3.04	0.914	0.835
PF5	203	1	5	2.98	0.856	0.732
PF6	203	1	5	2.98	0.972	0.945

由于这些度量企业绩效的指标之间明显存在线性相关性(见表 5.9),我们将通过因子分析对企业绩效指标进行降维处理,表 5.10 为因子分析的结果。因子 1 由财务指标构成,命名为财务绩效因子;因子 2 由成长指标构成,命名为成长绩效因子。财务绩效因子和成长绩效因子将代表企业绩效作为后续(第 7章)研究中的因变量。

表 5.9 企业绩效度量指标间的相关矩阵(单侧检验)

		PF1	PF2	PF3	PF4	PF5	PF6
相关系数	PF1	1					
	PF2	0.805***	1				
	PF3	0.408***	0.458***	1			
	PF4	0.573***	0.625***	0.394***	1		
	PF5	0.294***	0.322***	0.234***	0.254***	1	
	PF6	0.116†	0.153*	0.154*	0.180**	0.285***	1

† $p < 0.1$; * $p < 0.05$; ** $p < 0.01$; *** $p < 0.001$

表 5.10　企业绩效 6 个构成指标的因子分析①

维度	因子载荷(66.258%)	
	因子 1	因子 2
PF1-企业的投资回报率难以达到预期水平	0.881	0.073
PF2-企业的产品销售毛利率难以达到预期水平	0.901	0.124
PF3-企业的销售额增长率难以达到预期水平	0.621	0.188
PF4-企业的利润增长率难以达到预期水平	0.780	0.148
PF5-企业的规模增长难以达到预期水平	0.283	0.692
PF6-企业的管理水平难以达到预期水平	0.013	0.870
解释方差的比例(%)	44.372	21.886

提取方法:主成分分析
旋转方法:具有 Kaiser 标准化的正交旋转法

5.3.5　量表的信度和效度分析

信度是指可靠性或一致性。信度好的指标在同样或类似的条件下重复操作,可以得到一致或稳定的结果。本研究用 Cronbach α 系数做同等信度(equivalence reliability)检验,验证多重指标测量同一构念的情况,即是否不同指标能得到一致的测量结果。如果多重指标有相当的信度,我们就可利用这些指标来构建量表。对创新风险因素量表整体和子量表的内部一致性信度进行检验的结果见表 5.11,风险因素量表的总体 Cronbach α 系数为 0.918。外部知识、信息和投入品因素,外部合作因素,市场与公共政策因素,人力资源能力因素,财务资源因素,管理与文化因素等各子量表的 Cronbach α 系数分别为 0.882、0.714、0.691、0.619、0.718、0.775,其中 1 个子量表的 Cronbach α 系数超过了 0.8,3 个子量表的 Cronbach α 系数超过了 0.7,还有 2 个子量表的 Cronbach α 系数小于 0.7 但大于 0.6,符合最小不低于 0.6 的标准(李怀祖,2004)。检验结果说明风险因素量表和各子量表的信度较高。

从表 5.11 的"删除该项后的 α 值"一栏中还可发现,如果剔除子量表中的某些变量(如市场与公共政策子量表中的"政策扶持不到位"可能导致创新不能实现;人力资源能力因素子量表中的"员工技术知识、技能不足"可能导致创新不能实现;财务资源因素子量表中的"创新成本难以控制"可能导致创新不能实现等),子量表的 Cronbach α 值会变大,说明放弃这些变量有利于提高子量表的信度。但是为了能全面考虑到风险因素测量的全面性,在子量表的 Cronbach α 值符合条件的前提下,本研究在量表中保留了这些变量,在后续的分析之后再做取舍。

①KMO 值为 0.775;Bartlett 球检验卡方值为 408.926,自由度为 15,p 值小于 0.001。

表 5.11　创新风险因素量表的信度检验

检验项目		变量	删除该项后的 α 值	Cronbach α 值
量表总体				0.918
外部知识、信息和投入品因素	H1a	缺少来自供应商的技术信息	0.872	0.882
	H1b	缺少来自供应商的投入品	0.874	
	H1c	缺少来自顾客的信息	0.861	
	H1d	缺少来自竞争对手的技术信息	0.865	
	H1e	缺少来自竞争对手的市场信息	0.872	
	H1f	缺少来自科研机构或大学的技术信息	0.861	
	H1g	缺少来自一般公开性的各类技术信息	0.869	
	H1h	缺少来自一般公开性的各类市场信息	0.863	
外部合作因素	H2a	与供应商合作不足	0.630	0.714
	H2b	与顾客合作不足	0.699	
	H2c	与同行合作不足	0.630	
	H2d	与高校合作不足	0.713	
	H2e	与研发机构合作不足	0.676	
	H2f	与广告营销机构合作不足	0.695	
市场与公共政策因素	H3a	市场需求不确定性	0.587	0.691
	H3b	市场需求潜力不足	0.600	
	H3c	潜在市场竞争激烈	0.600	
	H3d	政策支持不足	0.664	
	H3e	政府规制	0.679	
	H3f	政策扶持不到位	0.746	
人力资源能力因素	H4a	员工管理知识、技能不足	0.517	0.619
	H4b	员工技术知识、技能不足	0.661	
	H4c	员工管理经验不足	0.542	
	H4d	员工技术经验不足	0.601	
	H4e	员工管理知识、技能的学习或培训不足	0.524	
	H4f	员工技术知识、技能的学习或培训不足	0.587	
	H4g	专业人员数量不足	0.567	
	H4h	员工技能互补性不足	0.666	
财务资源因素	H5a	企业自有资金不足	0.636	0.718
	H5b	资金来源渠道较少	0.630	
	H5c	吸引外来资金难度大	0.650	
	H5d	创新成本难以估计	0.696	
	H5f	创新成本难以控制	0.727	

（续表）

检验项目	变量		删除该项后的 α 值	Cronbach α 值
	H6a	创新计划不完善	0.744	
	H6b	创新战略不完善	0.748	
	H6c	缺少获取信息的外部网络	0.762	
	H6d	缺少外部有效沟通	0.763	
管理与文化因素	H6e	缺少内部有效沟通	0.751	0.775
	H6f	企业主领导和支持创新不足	0.758	
	H6g	组织缺少创新文化	0.744	
	H6h	管理层对创新的抵制	0.765	
	H6i	员工对创新的抵制	0.750	

　　对不同类型创新量表整体和子量表的内部一致性信度进行检验的结果见表 5.12，不同类型创新量表的总体 Cronbach α 系数为 0.897。产品创新、工艺创新、营销创新和组织创新等各子量表的 Cronbach α 系数分别为 0.647、0.809、0.625、0.845，其中 2 个子量表的 Cronbach α 系数都超过了 0.8，还有 2 个子量表的 Cronbach α 系数小于 0.7 但大于 0.6，符合最小不低于 0.6 的标准。检验结果说明不同类型创新量表和各子量表的信度较高。从表 5.12 的"删除该项后的 α 值"一栏中还可发现，如果剔除子量表中的某些变量，如工艺创新子量表中的"生产技术改进难以实现"、营销创新子量表中的"产品的促销方式改进难以实现"等，子量表的 Cronbach α 值会变大，说明放弃这些变量有利于提高子量表的信度，但考虑到创新测量的全面性而保留了这些变量。

　　企业绩效量表 Cronbach α 系数达到了 0.758，超过了 0.7，说明该量表信度较高，虽然删除"PF6"这一项，Cronbach α 系数将增加到 0.795，但考虑到题项的完整性而给予保留（见表 5.13）。

　　测量效度是指测量的有效性，即测量得到的是不是所要测度目标的特征。由 5.2 节数据获取的阐述可知，本研究的问卷是经过相关文献研究结果总结、访谈等确定的，量表基于文献中对创新风险因素、不同类型创新和企业绩效等变量的度量方法，又结合了中低技术产业、中小企业创新的具体特征。在数据收集过程中，也剔除了不合格的受访企业或受访者。最后，从数据的初步统计分析中也可见数据有效。因此，可以认为量表具有较高的效度。

表 5.12　不同类型创新量表的信度检验

检验项目	变量		删除该项后的 α 值	Cronbach α 值
量表总体				0.897
产品创新	PD1	开发新产品或新服务难以实现	0.645	
	PD2	开发产品的新用途难以实现	0.487	
	PD3	改进现有产品的性能难以实现	0.494	0.647
	PD4	改进现有产品的质量难以实现	0.519	
	PD5	改进现有产品的用户友好性难以难以实现	0.495	
工艺创新	PC1	生产技术改进难以实现	0.837	
	PC2	生产设备改进难以实现	0.733	
	PC3	软件升级难以实现	0.741	0.809
	PC4	物流改进难以实现	0.725	
	PC5	生产辅助支撑活动(采购、会计、数据处理和维护等)的改进难以实现	0.803	
营销创新	MK1	产品设计改进难以实现	0.562	
	MK2	产品外观改进难以实现	0.573	
	MK3	产品的分销方式改进难以实现	0.505	0.625
	MK4	产品的促销方式改进难以实现	0.641	
	MK5	产品的定价策略改进难以实现	0.576	
组织创新	OG1	管理工作的组织方式或程序改进难以实现	0.830	
	OG2	工作的职责划分改进难以实现	0.815	
	OG3	工作的决策分配改进难以实现	0.799	0.845
	OG4	业务处理方式改进难以实现	0.822	
	OG5	与其他企业或机构的组织关系改进难以实现	0.799	

表 5.13　企业绩效量表的信度检验

检验项目	变量		删除该项后的 α 值	Cronbach α 值
企业绩效	PF1	企业的投资回报率难以达到预期水平	0.683	
	PF2	企业的产品销售毛利率难以达到预期水平	0.666	
	PF3	企业的销售额增长率难以达到预期水平	0.731	0.758
	PF4	企业的利润增长率难以达到预期水平	0.696	
	PF5	企业的规模增长难以达到预期水平	0.750	
	PF6	企业的管理水平难以达到预期水平	0.795	

第6章 中小企业创新的关键风险因素分析

成功地实现各类创新是企业创新过程的首要目标。由于创新本身的复杂性,许多中小企业的创新半途而废,或者无法成功实现,不仅不能通过创新提升企业绩效,还有可能给企业造成各类损失。本章主要分析影响不同类型创新的关键风险因素,第 7 章将分析不同类型创新对企业绩效的影响。

基于 4.1 节提出的影响中小企业创新的风险因素模型与假设,根据第 5 章对不同类型创新的度量和相关数据的获取,本章主要运用因子分析和多元回归分析方法,对相关模型与假设进行检验,识别各类创新的关键风险因素。

6.1 因子分析

为了全面反映每一方面的风险因素,本研究设定了 6 大类,共 42 个问题。由于研究过程中收集的变量较多,难免存在一些重复信息,直接用它们分析会使模型过于复杂,而且由于变量间存在多重共线性问题还会引起极大的误差。因此,在本研究中,为了能够充分而有效地利用数据,同时用一些新指标尽可能地反映原始数据中的信息,笔者采用因子分析法提取变量信息,减少分析维度,便于进行后续的回归分析。

6.1.1 因子分析适用条件

根据张文彤(2013)对因子分析适用条件的分析,首先要求用于研究的样本量不能太小。因子分析的任务是分析变量间的内在关联结构,因此,要求样本量比较充足,否则结果可能不太可靠。一般而言,样本量应是变量数的 5 倍,如果要想得到比较理想的结果,则应该在 10 倍以上。除了比例关系外,样本总量也不能太少,按理论要求应该在 100 例以上。本研究的样本总量为 203 个,基本能够满足上述要求。

其次,要进行 KMO 样本充足度检验(Kaiser-Meyer-Olkin measure of sampling adequacy)。KMO 检验用于考察变量间的偏相关性,取值在 0～1。KMO 统计量越接近于 1,变量间的偏相关性越强,因子分析效果越好[①],当 KMO 小于 0.6 时,不宜作因子分析。

再次,要求各变量间应该具有相关性。如果变量间彼此独立,则无法从中提取公因子,也就谈不上应用因子分析了。这可以通过 Bartlett 球检验(Bartlett test of sphericity)加以判断,如果相关阵是单位阵,则各变量独立,因子分析无效。若 H_0 为相关系数矩阵,是单位矩阵,当 Bartlett 球检验统计量的显著性概率小于 α 时,拒绝 H_0,可作因子分析(马庆国,2002)。

最后,因子分析中各公因子应该具有实际意义。

在本研究中,对于创新风险因素量表,在自由度分别为 28、15、15、21、10、36 时,外部知识、信息和投入品因素,外部合作因素,市场与公共政策因素,人力资源能力因素,财务资源因素和管理与文化因素等各子量表的 KMO 值分别是 0.873、0.694、0.728、0.687、0.691 和 0.772,都大于或接近于 0.7,全部满足大于 0.6 的要求。6 个创新风险因素子量表的 Bartlett 球检验的近似卡方值分别是 809.481、300.426、398.641、328.464、240.516、665.857,且显著性概率都近似为 0,表明各子量表都适合作因子分析(见表 6.1)。

表 6.1 创新风险因素子量表 KMO 测度和 Bartlett 球检验结果

检验项目	KMO	巴特利特球休检验		
		近似卡方值	自由度(df)	显著性概率
外部知识、信息和投入品	0.873	809.481	28	0.000
外部合作	0.694	300.426	15	0.000
市场与公共政策	0.728	398.641	15	0.000
人力资源能力	0.687	328.464	21	0.000
财务资源	0.691	240.516	10	0.000
管理与文化	0.772	665.857	36	0.000

对于四类创新子量表,在自由度分别为 10、10、10 和 10 时,产品创新、工艺创新、营销创新和组织创新等子量表的 KMO 值分别是 0.679、0.778、0.690 和 0.859,全部满足大于 0.6 的要求。四类创新子量表的 Bartlett 球检验的近似卡

[①]根据 Kaiser(1958)的观点,KMO 值越大,表示变量间的共同因素越多,越适合进行因子分析;KMO>0.9 为很棒,KMO>0.8 为很好,KMO>0.7 为中等,KMO>0.6 为普通,KMO>0.5 为粗劣,KMO<0.5 则不能接受、较不宜进行因子分析。

方值分别是 162.611、406.708、188.814 和 378.028,且显著性概率都近似为 0,表明各子量表都适合作因子分析(见表 6.2)。

表 6.2　四类创新子量表 KMO 测度和 Bartlett 球检验结果

检验项目	KMO	Bartlett 球检验		
		近似卡方值	自由度(df)	显著性概率
产品创新	0.679	162.611	10	0.000
工艺创新	0.778	406.708	10	0.000
营销创新	0.690	188.814	10	0.000
组织创新	0.859	378.028	10	0.000

6.1.2　外部知识、信息和投入品子量表因子分析

如表 6.3 所示,量表中的变量可归为 2 个因子。因子 1 对缺少来自供应商的技术信息和投入品、缺少来自竞争对手的技术信息、缺少来自科研机构或大学的技术信息和缺少来自一般公开性的各类技术信息等变量影响较大,这些变量都反映了企业从外部的供应商、竞争对手、研发机构或公共渠道中获得有关技术方面的知识、信息状况,因此可以将这些变量组成的因子命名为技术信息因子。因子 2 对缺少来自顾客的信息、缺少来自竞争对手的市场信息、缺少来自一般公开性的各类市场信息等变量影响较大,它反映了企业获得外部市场信息的状况,因此,可以命名为市场信息因子。两个因子的特征根累计解释了总体方差的 69.353%。

表 6.3　外部知识、信息和投入品子量表因子载荷矩阵

变量	因子载荷(69.353%)	
	因子 1	因子 2
H1a　缺少来自供应商的技术信息	0.762	0.174
H1b　缺少来自供应商的投入品	0.763	0.156
H1c　缺少来自顾客的信息	0.319	0.847
H1d　缺少来自竞争对手的技术信息	0.774	0.258
H1e　缺少来自竞争对手的市场信息	0.155	0.909
H1f　缺少来自科研机构或大学的技术信息	0.760	0.328
H1g　缺少来自一般公开性的各类技术信息	0.687	0.311
H1h　缺少来自一般公开性的各类市场信息	0.343	0.790
解释方差的比例(%)	38.176	31.177

提取方法:主成分分析

旋转方法:具有 Kaiser 标准化的正交旋转法

6.1.3 外部合作子量表因子分析

从表 6.4 可以看出,量表中的变量可归为两个因子。因子 1 对与供应商合作不足、与高校合作不足和与研发机构合作不足等变量影响较大,而这些变量都是企业与外部组织的技术合作相关,因此,可以把该因子命名为技术合作因子。因子 2 对与顾客合作不足、与同行合作不足和与广告营销机构合作不足等两个变量影响比较大,这些变量都是有关营销合作的,可命名为营销合作因子。两个因子的特征根累计解释了总体方差的 64.969%。

表 6.4 外部合作子量表因子载荷矩阵

变量	因子载荷(64.969%)	
	因子 1	因子 2
H2a 与供应商合作不足	0.816	0.148
H2b 与顾客合作不足	0.099	0.886
H2c 与同行合作不足	0.244	0.776
H2d 与高校合作不足	0.664	−0.040
H2e 与研发机构合作不足	0.719	0.082
H2f 与广告营销机构合作不足	0.111	0.882
解释方差的比例(%)	37.456	27.513

6.1.4 市场与公共政策子量表因子分析

如表 6.5 所示,量表中的变量可归为两个因子。因子 1 对市场需求不确定性、市场需求潜力不足和潜在市场竞争激烈等变量影响较大,这些变量体现了市场状况,可命名为市场特征因子。因子 2 对政策支持不足、政府规制和政策扶持

表 6.5 市场与公共政策子量表因子载荷矩阵

变量	因子载荷(65.587%)	
	因子 1	因子 2
H3a 市场需求不确定性	0.821	0.203
H3b 市场需求潜力不足	0.912	0.046
H3c 潜在市场竞争激烈	0.913	0.046
H3d 政策支持不足	0.185	0.776
H3e 政府规制	0.317	0.531
H3f 政策扶持不到位	−0.147	0.715
解释方差的比例(%)	41.586	24.001

不到位等变量影响较大,可命名为公共政策因子。两个因子的特征根累计解释了总体方差的 65.587%。

6.1.5 人力资源能力子量表因子分析

人力资源能力子量表因子分析的初始结果见表 6.6。从表 6.6 中可知,"专业人员数量不足"不属于任何一个因子,因此需删除。

表 6.6　人力资源能力子量表因子载荷矩阵(初始)

变量	因子载荷(63.529%)		
	因子 1	因子 2	因子 3
H4a 员工管理知识、技能不足	0.857	0.057	0.184
H4b 员工技术知识、技能不足	−0.063	0.586	−0.402
H4c 员工管理经验不足	0.844	0.059	−0.104
H4d 员工技术经验不足	0.056	0.797	−0.007
H4e 员工管理知识、技能的学习或培训不足	0.894	.068	−0.032
H4f 员工技术知识、技能的学习或培训不足	0.221	0.611	0.255
H4g 专业人员数量不足	0.469	0.280	0.384
H4h 员工技能互补性不足	−0.035	−0.014	0.836
解释方差的比例(%)	31.540	18.013	13.975

表 6.7　人力资源能力子量表因子载荷矩阵(修正)

变量	因子载荷(68.543%)		
	因子 1	因子 2	因子 3
H4a 员工管理知识、技能不足	0.868	0.065	0.184
H4b 员工技术知识、技能不足	−0.084	0.615	−0.312
H4c 员工管理经验不足	0.847	0.076	−0.095
H4d 员工技术经验不足	0.064	0.810	0.037
H4e 员工管理知识、技能的学习或培训不足	0.899	0.085	−0.016
H4f 员工技术知识、技能的学习或培训不足	0.242	0.588	0.187
H4h 员工技能互补性不足	−0.003	0.006	0.935
解释方差的比例(%)	33.571	19.964	15.007

删除该变量后的因子分析结果见表 6.7。量表中的变量可归为 3 个因子。因子 1 对员工管理知识、技能不足,员工管理经验不足和员工管理知识、技能的学习或培训不足等变量影响大,这些变量描述了企业成员管理知识、技能的状况,因此将因子 1 命名为管理技能因子。因子 2 对员工的技术知识、技能不足,员工技术经验不足和员工技术知识、技能的学习或培训不足等变量影响大,这些变量与企业成员的技术知识、技能有关,因此将因子 2 命名为技术技能因子。

因子 3 只对员工技能互补性不足这个变量影响大,该变量主要描述了企业内部专业人员的背景和组成配置情况,可被命名为技能匹配因子。这 3 个因子的特征根累计解释了总体方差的 68.543%。

6.1.6 财务资源子量表因子分析

如表 6.8 所示,量表中的变量可归为两个因子。因子 1 对企业自有资金不足、资金来源渠道较少和吸引外来资金难度大等变量影响大,这些变量描述了创新资金的状况,因此将因子 1 命名为创新资金因子。因子 2 对创新成本难以估计和创新成本难以控制等两个变量影响大,这些变量与创新成本有关,因此将因子 2 命名为创新成本因子。两个因子的特征根累计解释了总体方差的 69.975%。

表 6.8 财务资源子量表因子载荷矩阵

变量	因子载荷(69.975%)	
	因子 1	因子 2
H5a 企业自有资金不足	0.888	0.046
H5b 资金来源渠道较少	0.838	0.137
H5c 吸引外来资金难度大	0.725	0.231
H5d 创新成本难以估计	0.215	0.797
H5f 创新成本难以控制	0.063	0.849
解释方差的比例(%)	41.355	28.620

6.1.7 管理与文化子量表因子分析

如表 6.9 所示,量表中的变量可归为两个因子。因子 1 对创新计划不完善、创新战略不完善、缺少获取信息的外部网络、缺少外部有效沟通、缺少内部有效沟通和企业主领导和支持创新不足等变量影响大,这些变量描述了企业在创新管理方面的特征,因此将因子 1 命名为创新管理因子。因子 2 对组织缺少创新文化、管理层对创新的抵制和员工对创新的抵制等变量影响大,可将因子 2 命名为创新文化因子。两个因子的特征根累计解释了总体方差的 60.012%。

表 6.9 管理与文化子量表因子载荷矩阵

变量	因子载荷(60.012%)	
	因子 1	因子 2
H6a 创新计划不完善	0.706	0.173
H6b 创新战略不完善	0.791	0.014
H6c 缺少获取信息的外部网络	0.597	0.108
H6d 缺少外部有效沟通	0.756	−0.101

（续表）

变量	因子载荷(60.012%)	
	因子 1	因子 2
H6e　缺少内部有效沟通	0.602	0.231
H6f　企业主领导和支持创新不足	0.703	0.021
H6g　组织缺少创新文化	0.137	0.897
H6h　管理层对创新的抵制	−0.002	0.888
H6i　员工对创新的抵制	0.116	0.872
解释方差的比例(%)	32.682	27.330

6.1.8　四类创新子量表因子分析

不同类型创新,即产品创新、工艺创新、营销创新和组织创新,在本章中属于因变量。由于每类创新分别用 5 个指标进行测量,需要通过主成分分析分别提取出 1 个公因子,表 6.10 为主成分分析结果。由于每个公因子解释方差的比例偏低,使得数据信息损失较多,因此本研究将取每类创新 5 个指标的平均得分,并将其纳入回归方程中。

表 6.10　四类创新子量表的主成分分析

公因子	指标	因子载荷	解释方差(%)
产品创新公因子	PD1	0.882	
	PD2	0.673	
	PD3	0.479	39.071
	PD4	0.401	
	PD5	0.575	
工艺创新公因子	PC1	0.505	
	PC2	0.855	
	PC3	0.846	57.944
	PC4	0.876	
	PC5	0.654	
营销创新公因子	MK1	0.505	
	MK2	0.855	
	MK3	0.846	57.944
	MK4	0.876	
	MK5	0.654	
组织创新公因子	OG1	0.540	
	OG2	0.616	
	OG3	0.683	61.917
	OG4	0.578	
	OG5	0.679	

6.2 回归分析

6.2.1 回归分析输出结果

回归分析分别以产品创新、工艺创新、营销创新和组织创新为因变量,以因子分析所得到的13个创新风险因子为自变量,运用多元回归方法进行分析。回归分析结果分别见表6.11~表6.16。

表6.11 四类创新回归模型的总体参数表

创新类型	复相关系数	可决系数	调整后的可决系数	标准回归误差	DW检验系数
产品创新	0.880	0.775	0.760	0.27287	2.047
工艺创新	0.849	0.722	0.702	0.24735	1.949
营销创新	0.826	0.682	0.660	0.25387	2.060
组织创新	0.701	0.491	0.456	0.20428	2.078

预测变量:(常量)、技术信息、市场信息、技术合作、营销合作、市场特征、公共政策、管理技能、技术技能、技能匹配、创新资金、创新成本、创新管理、创新文化

表6.12 四类创新回归方差分析表(ANOVA)

创新类型		变差	自由度	方差	F检验值	显著性概率
产品创新	回归项	48.472	13	3.729	50.075	0.000
	残差项	14.073	189	0.074		
	总体	62.545	202			
工艺创新	回归项	29.965	13	2.305	37.676	0.000
	残差项	11.563	189	0.061		
	总体	41.528	202			
营销创新	回归项	26.100	13	2.008	31.150	0.000
	残差项	12.181	189	0.064		
	总体	38.281	202			
组织创新	回归项	7.616	13	0.586	14.038	0.000
	残差项	7.887	189	0.042		
	总体	15.503	202			

预测变量:(常量)、技术信息、市场信息、技术合作、营销合作、市场特征、公共政策、管理技能、技术技能、技能匹配、创新资金、创新成本、创新管理、创新文化

　　表 6.11 显示了回归模型的复相关系数值(R)、可决系数值(R^2)、调整后的可决系数值以及标准回归误差。同时从表中也可看出,Durbin-Watson 统计值接近于 2,表明序列相关不明显,回归满足高斯假设条件。

　　表 6.12 显示了四类创新回归模型的已解释变差、残差平方和、总变差、回归模型的 F 检验值及其显著性。从表中的 F 检验的显著性概率可以判断,回归模型总体效果达到要求。

　　表 6.13~表 6.16 分别代表产品创新、工艺创新、营销创新和组织创新的回归系数及其显著性检验。根据这些数据,可以对创新风险因素进行假设检验,检验结果(见表 6.17),以及归纳出来的四种类型创新的关键风险因素(见表 6.18)。

表 6.13　产品创新回归系数及其显著性检验表

模型	非标准化回归系数		标准化回归系数	t 值	显著性概率 Sig.	方差膨胀因子 VIF
	B	Std. Error	Beta			
（常量）	3.053	0.019		159.419	0.000	—
技术信息	0.052	0.024	0.094	2.170	0.031	1.575
市场信息	0.095	0.023	0.171	4.047	0.000	1.493
技术合作	0.067	0.025	0.121	2.690	0.008	1.686
营销合作	0.088	0.020	0.158	4.318	0.000	1.120
市场特征	0.075	0.029	0.135	2.612	0.010	2.245
公共政策	0.029	0.023	0.053	1.251	0.212	1.488
管理技能	0.092	0.033	0.165	2.822	0.005	2.887
技术技能	0.070	0.021	0.126	3.279	0.001	1.239
技能匹配	0.084	0.019	0.150	4.292	0.000	1.028
创新资金	0.045	0.021	0.081	2.110	0.036	1.225
创新成本	−0.017	0.020	−0.030	−0.824	0.411	1.139
创新管理	0.132	0.039	0.237	3.402	0.001	4.084
创新文化	0.140	0.021	0.251	6.647	0.000	1.197

模型列最左侧标注 1。

表 6.14　工艺创新回归系数及其显著性检验表

模型		非标准化回归系数		标准化回归系数	t 值	显著性概率	方差膨胀因子
		B	Std. Error	Beta		Sig.	VIF
1	（常量）	2.690	0.017		154.932	0.000	—
	技术信息	0.113	0.022	0.249	5.166	0.000	1.575
	市场信息	0.024	0.021	0.053	1.139	0.256	1.493
	技术合作	0.084	0.023	0.185	3.707	0.000	1.686
	营销合作	0.005	0.018	0.010	0.249	0.804	1.120
	市场特征	−0.021	0.026	−0.045	−0.786	0.433	2.245
	公共政策	0.031	0.021	0.069	1.465	0.144	1.488
	管理技能	0.080	0.030	0.177	2.721	0.007	2.887
	技术技能	0.065	0.019	0.142	3.333	0.001	1.239
	技能匹配	−0.016	0.018	−0.035	−0.908	0.365	1.028
	创新资金	0.065	0.019	0.143	3.366	0.001	1.225
	创新成本	0.012	0.019	0.026	0.642	0.522	1.139
	创新管理	0.089	0.035	0.197	2.541	0.012	4.084
	创新文化	0.144	0.019	0.318	7.569	0.000	1.197

表 6.15　营销创新回归系数及其显著性检验表

模型		非标准化回归系数		标准化回归系数	t 值	显著性概率	方差膨胀因子
		B	Std. Error	Beta		Sig.	VIF
1	（常量）	2.644	0.018		148.405	0.000	—
	技术信息	−0.029	0.022	−0.067	−1.293	0.198	1.575
	市场信息	0.143	0.022	0.329	6.562	0.000	1.493
	技术合作	−0.029	0.023	−0.067	−1.254	0.211	1.686
	营销合作	0.075	0.019	0.172	3.959	0.000	1.120
	市场特征	0.079	0.027	0.182	2.958	0.003	2.245
	公共政策	0.007	0.022	0.015	0.299	0.765	1.488
	管理技能	0.095	0.030	0.218	3.128	0.002	2.887
	技术技能	−0.029	0.020	−0.066	−1.454	0.148	1.239
	技能匹配	−0.007	0.018	−0.015	−0.370	0.712	1.028
	创新资金	0.069	0.020	0.158	3.491	0.001	1.225
	创新成本	0.006	0.019	0.015	0.336	0.737	1.139
	创新管理	0.093	0.036	0.214	2.586	0.010	4.084
	创新文化	0.093	0.020	0.215	4.779	0.000	1.197

表 6.16　组织创新回归系数及其显著性检验表

模型		非标准化回归系数		标准化回归系数	t 值	显著性概率	方差膨胀因子
		B	Std. Error	Beta		Sig.	VIF
1	（常量）	2.645	0.014		184.500	0.000	—
	技术信息	0.001	0.018	0.005	0.077	0.939	1.575
	市场信息	0.001	0.018	0.003	0.053	0.958	1.493
	技术合作	−0.017	0.019	−0.060	−0.898	0.370	1.686
	营销合作	0.003	0.015	0.011	0.206	0.837	1.120
	市场特征	−0.025	0.022	−0.090	−1.159	0.248	2.245
	公共政策	0.024	0.018	0.087	1.382	0.169	1.488
	管理技能	0.083	0.024	0.301	3.411	0.001	2.887
	技术技能	−0.027	0.016	−0.098	−1.695	0.092	1.239
	技能匹配	−0.014	0.015	−0.052	−0.981	0.328	1.028
	创新资金	0.057	0.016	0.207	3.597	0.000	1.225
	创新成本	−0.015	0.015	−0.055	−0.998	0.319	1.139
	创新管理	0.091	0.029	0.329	3.139	0.002	4.084
	创新文化	0.088	0.016	0.317	5.584	0.000	1.197

表 6.17　四类创新风险因素的假设检验

风险因子	非标准化回归系数				涉及假设
	产品创新	工艺创新	营销创新	组织创新	
技术信息	0.052*	0.113***	−0.029	0.001	H1a、H1b、H1d、H1f、H1g
市场信息	0.095***	0.024	0.143***	0.001	H1c、H1e、H1h
技术合作	0.067**	0.084***	−0.029	−0.017	H2a、H2d、H2e
营销合作	0.088***	0.005	0.075***	0.003	H2b、H2c、H2f
市场特征	0.075*	−0.021	0.079**	−0.025	H3a、H3b、H3c
公共政策	0.029	0.031	0.007	0.024	H3d、H3e、H3f
管理技能	0.092**	0.080**	0.095**	0.083**	H4a、H4c、H4e
技术技能	0.070**	0.065**	−0.029	−0.027	H4b、H4d、H4f
技能匹配	0.084***	−0.016	−0.007	−0.014	H4h
创新资金	0.045*	0.065**	0.069**	0.057***	H5a、H5b、H5c
创新成本	−0.017	0.012	0.006	−0.015	H5d、H5e
创新管理	0.132**	0.089*	0.093*	0.091**	H6a、H6b、H6c、H6d、H6e、H6f
创新文化	0.140*	0.144***	0.093***	0.088***	H6g、H6h、H6i

* $p<0.05$；** $p<0.01$；*** $p<0.001$

表 6.18 四类创新的关键风险因素

风险因子	产品创新	工艺创新	营销创新	组织创新
技术信息	√	√		
市场信息	√		√	
技术合作	√	√		
营销合作	√		√	
市场特征	√		√	
公共政策				
管理技能	√	√	√	√
技术技能	√	√		
技能匹配	√			
创新资金	√	√	√	√
创新成本				
创新管理	√		√	√
创新文化	√	√	√	√

打"√"项为关键风险因素

6.2.2 关键风险因素分析

6.2.2.1 技术信息

根据表 6.17,对于产品创新和工艺创新,技术信息因子的非准标化回归系数分别为 0.052 和 0.113,在 0.05 显著性水平下 t 值显著。说明对于总体[①]来说,拒绝技术信息因子项系数等于 0,该因子可进入回归方程。回归分析表明技术信息对产品创新和工艺创新具有强解释能力,说明来自供应商的技术信息和投入品、竞争对手的技术信息,高校和科研机构的技术信息,以及一般公开性的技术信息对产品创新和工艺创新的实现具有重要的影响。如果企业对技术信息、知识的掌握不够全面或不够及时,将对这两类创新产生不利影响。因此,对产品创新和工艺创新来说,H1a、H1b、H1d、H1f、H1g 成立。

这些结果符合中低技术产业中小企业创新的特征,即外部依赖性。此处表现为产品或工艺等技术型创新离不开外部的各类技术信息、知识和投入品。根据对纺织企业的调查数据显示(见第 3 章),供应商、竞争者是企业创新的主要信息源。以供应商为例,一般是供应商把创新成果推向其他运用该成果的行业,如纺织业等传统行业。供应商提供的新技术、新设备、新工艺或新材料是企

---

①此处的"总体"是统计学术语,对应的英文为"population",指研究所涉及全部对象,研究样本(sample)从"总体"中产生,并用于估计总体参数。

业创新的重要投入,如果没有这些技术知识或投入品,企业有时很难完成创新,从而带来创新的风险。这些结果也与许多研究(Hirsch-Kreinsen,Jacobson,2008;Santamaría et al.,2009)的结论一致。

而对于营销创新和组织创新,技术信息因子并不显著(在 0.05 显著性水平下),获取外部技术信息的状况难以解释这两类创新的成败。这其中最主要的原因可能是这两类创新对技术信息依赖性较小。OECD 的研究结果也没有把技术信息作为阻碍这两类创新的因素(OECD,2005)。因此,对于营销创新和组织创新来说,H1a、H1b、H1d、H1f、H1g 不成立。

6.2.2.2　市场信息

从表 6.17 可知,对于产品创新和营销创新,市场信息因子的非标准化回归系数分别为 0.095 和 0.143,在 0.05 显著性水平下 t 值显著。说明对于总体来说,拒绝市场信息因子项系数等于 0,该因子可进入回归方程。回归分析表明市场信息对产品创新和营销创新具有强解释能力,说明来自顾客、竞争对手和一般公开性的市场信息对产品创新和营销创新的实现具有重要的影响。因此,对于产品创新和营销创新来说,H1c、H1e、H1h 成立。

许多营销学科领域的研究表明(Cooper,1988;Griffin,1997),在新产品开发的早期市场调查和产品构思创意阶段,就需要了解客户需求情况和竞争对手的动向,确立正确的产品概念,为后续开发打好基础,从而使新产品开发能够顺利完成。Kotler 和 WKeller(2006)在其著作中强调,制定新的价格策略、开拓新的销售渠道,或者设计全新的广告等活动,都离不开市场调查和竞争者分析,收集重要的市场信息。回归结果与这些理论一致。

同时,对纺织企业的调查数据显示,顾客也是企业创新的主要信息源。这一调查结果在此也得到了验证。

而对于工艺创新和组织创新来说,市场信息因子的回归系数在 0.05 显著性水平下不显著,该因子无法进入回归方程,H1c、H1e、H1h 不成立。这说明来自外部的市场信息对工艺创新和组织创新的作用较小,这可能与这两类创新的特点密切相关。根据本研究对四类创新的定义,工艺创新的主要目的是减少单位生产成本或交付成本、提高质量,以及制造或交付新的或重大改进的产品,其整个过程的技术性较强,对市场信息需求较少。组织创新的目的主要是通过减少管理成本或交易成本,提高员工的满意度和劳动生产率,减少供给成本,以提高效率,其整个过程也专注于企业内部,受市场信息的影响较弱。

6.2.2.3　技术合作

根据表 6.17,对于产品创新和工艺创新来说,技术合作因子的非准标化回归系数分别为 0.067 和 0.084,在 0.05 显著性水平下 t 值显著。说明对于总体来说,拒绝技术合作因子项系数等于0,该因子可进入回归方程。回归分析表明技术合作对产品创新和工艺创新具有强解释能力,说明与供应商、高校和科研机构进行技术合作对产品创新和工艺创新的实现具有重要的影响。如果企业缺少这些技术合作,将对这两类创新产生不利影响。因此,对于产品创新和工艺创新来说,H2a、H2d、H2e 成立。

大多数创新研究发现合作对企业创新有正面影响(De Man,Duysters,2005)。由于产品创新和工艺创新涉及许多技术知识,而中小企业本身的科技研发能力和知识储备普遍不足,要完成创新就需要借助外部力量的支持。除了获取外部技术知识和信息、投入品外,技术合作使企业的对外联系推进了一步。企业通过积极参与其他组织的技术开发项目,或吸引外部机构参与到企业技术项目中来,使企业能够获得通过企业自身所无法创造的知识和技术,并且在合作期间,合作者的相互学习之中也存在着巨大的协作潜力。例如,就产品开发而言,如果一项技术没有定型,则供应链中的创新就必须紧密地协作,因为对一项产品某个部件工艺结构的改变必须考虑其他所有相关部件工艺结构的改变(OECD,2005)。

而对于营销创新和组织创新而言,技术合作因子的非准标化回归系数在 0.05 显著性水平下 t 值不显著。对于总体来说,技术合作因子项系数不显著异于 0,不能进入回归方程。技术合作对营销创新和组织创新没有解释能力,可能的原因是在营销创新和工艺创新中,与外部组织进行技术合作的必要性较少,技术合作对于这些非技术型创新来说,造成不利影响的可能性较小。因此,对于营销创新和组织创新来说,H2a、H2d、H2e 不成立。

6.2.2.4 营销合作

根据表 6.17,对产品创新和营销创新而言,营销合作因子的非准标化回归系数分别为 0.088 和 0.075,在 0.05 显著性水平下 t 值显著。说明对于总体来说,拒绝营销合作因子项系数等于0,该因子可进入回归方程。回归分析表明营销合作对产品创新和营销创新具有强解释能力,说明与顾客、同行和各类广告营销服务机构进行营销合作对产品创新和营销创新的实现具有重要的影响。如果企业缺少营销合作,将对这两类创新产生不利影响。因此,对于产品创新和营销创新来说,H2b、H2c、H2f 成立。

von Hippel(1976)强调了顾客介入产品创新过程的重要性,现代营销理论认为了解顾客需求是营销活动的出发点(Kotler,WKeller,2006)。让顾客参与到新产品的开发过程中,与顾客密切合作可以使顾客需求和供应产品的体验融入到新产品中。与顾客的合作带来对市场的深入了解,使各种营销创新成为可能。这一回归结果与 OECD(2005)研究结果基本一致,OECD 认为缺少营销合作会阻碍营销创新。

　　企业与同行之间的营销合作包括开发和执行新的营销理念的战略营销联盟,与广告营销服务机构合作可以解决中小企业缺少对市场研究的内部机构和专业人员的问题。

　　而对于工艺创新和组织创新来说,营销合作因子的非准标化回归系数分别为 0.005 和 0.003,在 0.05 显著性水平下 t 值不显著。对于总体来说,营销合作因子项系数不显著异于 0,不可进入回归方程。营销合作对工艺创新和组织创新没有解释能力。因此,H2b、H2c、H2f 不成立。

　　回归结果与市场信息对工艺创新和组织创新没有显著影响的结论一致。不管是市场信息还是营销合作,都不能解释工艺创新或组织创新的成败。

6.2.2.5　市场特征

　　根据表 6.17,对产品创新和营销创新来说,市场特征因子的非准标化回归系数分别为 0.075 和 0.079,在 0.05 显著性水平下 t 值显著。说明对于总体来说,拒绝市场特征因子项系数等于 0,该因子可进入回归方程。回归分析表明市场特征对产品创新和营销创新具有强解释能力,说明市场需求具有不确定性、需求潜力不足,以及激烈的市场竞争对产品创新和营销创新的实现具有重要的影响。因此,H3a、H3b、H3c 成立。

　　从中小纺织企业的市场特征看,主要体现在企业数量多、产品同质化严重、国内外市场竞争激烈等方面。因此,用户对企业产品需求具有不确定性、潜在市场需求不足,竞争对手过强或有不正当竞争行为等因素对产品创新和营销创新所造成的不确定性极大。回归结果与 Cooper(1981)、谢科范(1999)、Halman(1994;2001)等的实证研究结论基本一致。Cooper(1981)认为,市场规模、顾客需求变动,以及竞争对手的主导性竞争态势对新产品开发成败有重要影响。国内学者谢科范(1999)也指出,消费者需求变动、潜在市场偏小、竞争者有不正当竞争行为等因素是技术创新风险因素的重要组成部分。也有研究证实,新产品的市场需求状况、客户新的需求等市场特征对产品创新成败产生显著影响(Halman,A Keizer,1994;Halman et al.,2001)。虽然这些文献并没有针对某一类企业或项目,但这些结论在中小纺织企业的产品创新中也得到了验证。

　　企业围绕产品设计、定价、渠道和促销等方面的营销创新,显然也会受市场特征的影响。例如,竞争者的同类新产品的低价渗透策略使得企业设想的高价撇脂策略无法执行,并导致相关广告促销的创新策略流产。

　　对于工艺创新和组织创新而言,市场特征因子的非准标化回归系数在 0.05 显著性水平下 t 值不显著。说明对于总体来说,市场特征因子项系数不显著异于 0,不可进入回归方程。市场特征对工艺创新和组织创新没有解释能力,与产品创新和营销创新受市场特征影响明显相比,工艺创新和组织创新受之影响较小。因此,H3a、H3b、H3c 不成立。

6.2.2.6 公共政策

根据表 6.17,对于产品、工艺、营销和组织等全部四类创新而言,公共政策因子的非准标化回归系数分别为 0.029,0.031,0.07 和 0.024,在 0.05 显著性水平下 t 值不显著。对于总体来说,公共政策因子项系数不显著异于 0,该因子不能进入回归方程。因此,H3d、H3e、H3f 不成立。

公共政策对创新没有解释力,一个重要的原因是政府对企业的各类创新活动整体上都是支持的。政策和法规在很大程度上对企业的创新起到促进作用,政策上阻碍企业创新的情况基本不可能发生。

谢科范(1999)认为,政府部门的制约、地方保护主义等是技术创新风险的因素之一;Halman(2010)也证实企业是否能充分预料到政策方面的负面性,以及环境问题等是新产品开发的风险因素。回归结果与这些结论不一致,可能与不同的研究情境相关。

6.2.2.7 管理技能

与公共政策因子相反,管理技能因子对产品、工艺、营销和组织等全部四类创新都有显著影响。根据表 6.17,对产品、工艺、营销和组织等四类创新而言,管理技能因子的非准标化回归系数分别为 0.092、0.080、0.095 和 0.083,在 0.05 显著性水平下 t 值显著。说明对于总体来说,管理技能因子项系数显著异于 0,该因子可进入回归方程。回归分析表明管理技能对各类创新都具有强解释能力,说明企业员工的管理知识和技能、管理经验,以及所受管理方面的培训和学习情况等对企业不同类型创新的实现具有重要的影响。因此,H4a、H4c、H4e 成立。

创新的实现是一个复杂的过程,往往涉及许多阶段或步骤,因此离不开创新人员的管理技能。

6.2.2.8 技术技能

根据表 6.17,对于产品创新和工艺创新来说,技术技能因子的非准标化回归系数分别为 0.070 和 0.065,在 0.05 显著性水平下 t 值显著。说明对于总体来说,技术技能因子项系数显著异于 0,该因子可进入回归方程。回归分析表明技术技能对产品创新和工艺创新具有强解释能力,说明企业员工的技术知识和技能、技术经验,以及所受技术方面的培训和学习情况等对产品创新和工艺创新的现实具有重要的影响。因此,H4b、H4d、H4f 成立。

而对于营销创新和组织创新而言,技术技能因子的非准标化回归系数在 0.05 显著性水平下 t 值不显著。说明对于总体来说,技术技能因子项系数不显著异于 0,不可进入回归方程,H4b、H4d、H4f 不成立。技术技能对营销创新和组织创新没有解释能力,且负的回归系数一个可能的原因是具有技术技能的员工越多,尤其是企业领导者也是技术背景出生,容易产生对技术型创新的偏好,而忽视了非技术型创新。

6.2.2.9 技能匹配

根据表 6.17,对于产品创新来说,技能匹配因子的非准标化回归系数为 0.084,在 0.05 显著性水平下 t 值显著。说明技能匹配因子项系数显著异于 0,可进入回归方程。回归分析表明技能匹配对产品创新有强解释能力,说明员工技能互补性较差,或对员工技能组合配置不当,将显著影响产品创新的实现。因此,H4h 成立。

根据回归分析结果,技能匹配对其他三类创新没有解释力。这说明产品创新过程更加复杂,对不同技能的员工进行协作的要求高。

6.2.2.10 创新资金

根据表 6.17,对产品、工艺、营销和组织等四类创新,创新资金因子的非准标化回归系数分别为 0.045、0.065、0.069 和 0.057,在 0.05 显著性水平下 t 值显著,创新资金因子项系数显著异于 0,可进入回归方程。回归分析表明创新资金对各类创新都具有强解释能力,说明企业的自有资金不足,以及筹资渠道和融资能力的不确定性对企业各类创新的实现都有重要的影响。因此,H5a、H5b、H5c 成立。

本研究在访谈中发现,许多创新者担心创新过程中碰到资金短缺问题,对于中小企业来说,在创新启动时就要求所需资金全部到位这可能是不现实的。随着创新过程的进行,需寻找相应的后续资金,因此资金的来源问题往往影响创新的实现,尤其是对于产品创新和工艺创新来说。Cooper(1981)也证实,财务资源是新产品开发的影响因素,谢科范(1999)也提到项目开发资金不及时供应是技术创新的风险之一。Dodgson 和 Rothwell(1994)进一步指出,中小企业可能缺少金融支持,难以实施各种与快速变化相关的必要的新技术,对新技术的获取问题成为最大障碍。对于中低技术产业的中小企业来说更是如此。除了产品创新之外的其他三类创新,对于中小企业来说,也会面临资金不足和来源不确定的问题,创新成败也会受之影响。

但是也有研究表明,资金因素不是创新的关键风险因素(陈劲,景劲松,2005),其中的主要原因还是研究对象的差异。因为陈劲和景劲松(2005)的研究对象是复杂产品创新项目,这类项目一般得到重点支持,出现资金短缺的可能性较小。

6.2.2.11 创新成本

根据表 6.17,对产品创新、工艺创新、营销创新和组织创新等四类创新而言,创新成本因子的非准标化回归系数在 0.05 显著性水平下 t 值都不显著,创新成本因子项系数不显著异于 0,该因子不能进入回归方程,H5d、H5e 不成立。

创新成本对各类创新的成败没有解释力,一个重要的原因是中小企业所从事的创新项目相对于复杂产品系统创新或高技术产品创新来说,一般涉及范围较窄、时间跨度较短、相关环节和步骤较少、创新投入资金总额较低,成本支出可以较好地估计和控制等。因此,由于创新成本的不确定性而导致创新不能实现的可能性较小。

6.2.2.12　创新管理

根据表 6.17,对产品创新、工艺创新、营销创新和组织创新等四类创新而言,创新管理因子的非准标化回归系数分别为 0.132、0.089、0.093 和 0.091,在 0.05 显著性水平下 t 值显著,创新管理因子项系数显著异于 0,可进入回归方程。回归分析表明创新管理对各类创新都具有强解释能力,说明创新计划和战略、内外部有效沟通和网络,以及企业主对创新的领导和支持状况等因素对不同类型创新的实现都有重要影响。因此,H6a、H6b、H6c、H6d、H6e、H6f 成立。

不管是哪一类创新,对中小企业来说都是一项复杂的系统工程,涉及企业内外部的人、财、物和信息资源。为了完成一项创新,需要整个企业一致的努力才有可能做到。创新计划和创新战略可以明晰企业创新的过程和重点,在协调人力、物力,有效控制创新过程方面起到重要作用。对企业的访谈发现,企业在创新计划和战略方面的欠缺经常会导致创新活动无法顺利完成。

创新过程需要外部知识信息和外部合作,而创新网络是获得外部资源和促成合作的有效途径。创新过程也离不开内外部信息交换和企业内部各部门和相关人员的信息和知识交流。因此,外部网络和内外部有效沟通的状况也会影响创新的实现。

中小企业一般由企业家控制和主导,企业家或企业主对创新的态度和实际支持情况无疑对创新起着至关重要的影响力。

6.2.2.13　创新文化

根据表 6.17,对产品创新、工艺创新、营销创新和组织创新等四类创新来说,创新文化因子的非准标化回归系数分别为 0.140、0.144、0.093 和 0.088,在 0.05 显著性水平下 t 值显著,创新文化因子项系数显著异于 0,可进入回归方程。回归分析表明创新文化对各类创新都具有强解释能力,说明管理层、员工对创新的态度等创新文化的不确定性对各类创新的实现具有重要影响。因此,H6g、H6h、H6i 成立。

回归结果与许多研究相一致,这些研究表明企业主的创新精神、承担风险、

鼓励创新的组织文化,以及管理层和普通员工的支持对创新有重要影响
(Heunks,1998;Flynn et al.,1996;Davenport,Bibby,1999)。

6.3 本章小结

本章主要在相关理论假设、数据获取的基础上,首先运用因子分析方法,从
42 个创新风险因素中提取出 13 个创新风险因子,再把这 13 个因子作为自变
量,产品创新、工艺创新、营销创新和组织创新分别作为因变量,进行多元回归
分析,最后发现有 11 个创新风险因子与中小企业的创新有显著相关。这些因
子包括了 37 个变量,它们构成了不同类型创新的关键风险因素集(见表 6.19),
影响各类创新的实现。

其中,产品创新受技术信息、市场信息、技术合作、营销合作、市场特征、管
理技能、技术技能、技能匹配、创新资金、创新管理和创新文化等 11 个关键风险
因素的影响,是关键风险因素最多的创新类型。

工艺创新受技术信息、技术合作、管理技能、技术技能、创新资金、创新管理
和创新文化等 7 个关键风险因素的影响。

营销创新受市场信息、营销合作、市场特征、管理技能、创新资金、创新管理
和创新文化等 7 个关键风险因素的影响。

组织创新受管理技能、创新资金、创新管理和创新文化等 4 个关键风险因
素的影响,是关键风险因素最少的创新类型。

本章分析结果显示,不同类型创新的关键风险因素既存在相同的一面,又
存在差异性。回归分析结果得出,管理技能、创新资金、创新管理和创新文化等
四个风险因子对所有类型创新都有显著影响,属于所有类型创新的关键风险因
素。技术信息、技术合作、技术技能和技术匹配等风险因子对产品创新或工艺
创新等技术型创新有显著影响,而对营销创新和组织创新等非技术型创新的影
响不显著。产品创新的关键风险因素数量大大超过其他类型创新,可以反映出
产品创新更加复杂,这也是创新风险领域研究的重点;由于其他三类创新的风
险研究相对较少,一些潜在的关键风险因素可能还没有被发现。

另外,在对本章进行分析的过程中,笔者还发现并不是所有一般意义上的
产品创新风险因素都适用于中小企业的创新,这体现出中低技术产业中小企业
创新独特的一面。比如政策、创新成本等被看作一般意义上的产品创新的关键
风险因素,但在我们的研究中并未发现。在复杂产品系统创新中资金因素被排
除在关键风险因素之外,而在我们的研究中,创新资金构成了所有类型创新的
关键风险因素。

表 6.19　不同类型创新的关键风险因素集

因子	变量	产品创新	工艺创新	营销创新	组织创新
技术信息	缺少来自供应商的技术信息	✓	✓		
	缺少来自供应商的投入品	✓	✓		
	缺少来自竞争对手的技术信息	✓	✓		
	缺少来自科研机构或大学的技术信息	✓	✓		
	缺少来自一般公开性的各类技术信息	✓	✓		
市场信息	缺少来自顾客的信息	✓		✓	
	缺少来自竞争对手的市场信息	✓		✓	
	缺少来自一般公开性的各类市场信息	✓		✓	
技术合作	与供应商合作不足	✓			
	与高校合作不足	✓			
	与研发机构合作不足	✓			
营销合作	与顾客合作不足	✓	✓		
	与同行合作不足	✓	✓		
	与广告营销服务机构合作不足	✓	✓		
市场特征	市场需求不确定性	✓	✓		
	市场需求潜力不足	✓	✓		
	潜在市场竞争激烈	✓	✓		
管理技能	员工管理知识、技能不足	✓	✓	✓	✓
	员工管理经验不足	✓	✓	✓	✓
	员工管理知识、技能的学习或培训不足	✓	✓	✓	✓
技术技能	员工技术知识、技能不足	✓	✓		
	员工技术经验不足	✓	✓		
	员工技术知识、技能的学习或培训不足	✓	✓		
技能匹配	员工技能互补性不足	✓			
创新资金	企业自有资金不足	✓	✓	✓	✓
	资金来源渠道较少	✓	✓	✓	✓
	吸引外来资金难度大	✓	✓	✓	✓
创新管理	创新计划不完善	✓	✓	✓	✓
	创新战略不完善	✓	✓	✓	✓
	缺少获取信息的外部网络	✓	✓	✓	✓
	缺少外部有效沟通	✓	✓	✓	✓
	缺少内部有效沟通	✓	✓	✓	✓
	企业主领导和支持创新不足	✓	✓	✓	✓
创新文化	组织缺少创新文化	✓	✓	✓	✓
	管理层对创新的抵制	✓	✓	✓	✓
	员工对创新的抵制	✓	✓	✓	✓

打"√"项为关键风险因素

　　本章对各类创新关键风险因素的分析,只是识别出了不同类型创新的关键风险因素,而对这些关键风险因素发生的可能性并没有涉及。对于这个问题,我们将在后续的章节(第 8 章)中进行进一步分析。

第7章 中小企业创新与企业绩效关系分析

第6章分析了影响各类创新的关键风险因素,这些关键风险因素对于中小企业是否能够顺利实现各类创新起到重要的作用,因此在中小企业创新过程中注意防范、削弱各类创新的关键风险因素对于实现成功的创新具有重要意义。

企业成功实现了创新之后,都希望这些创新能够带来企业绩效的提升,这也是企业创新的目的。但创新与企业绩效存在着复杂的关系,受许多因素的影响。基于第4章4.2节提出的不同类型创新与企业绩效关系的模型与假设,以及第5章对各类创新、企业绩效的度量和相关数据的获取,本章主要运用多元回归、层次回归和结构方程模型方法,对相关模型与假设进行检验,分析中小企业不同类型创新与企业绩效的关系。

7.1 直接效应的假设检验

本节主要进行四类创新对企业绩效影响的假设检验,以及不同类型创新相互影响的假设检验。

7.1.1 不同类型创新对企业绩效影响的假设检验

本研究把企业绩效区分为成长绩效和财务绩效,分别作为因变量进入回归方程,分析不同类型创新对成长绩效和财务绩效的影响。

7.1.1.1 不同类型创新对成长绩效影响的假设检验

由表7.1,成长绩效分别对产品创新、工艺创新、营销创新和组织创新的标准化回归系数为0.456、0.431、0.400和0.473,t 值的显著性概率都小于0.001,说明四类创新对成长绩效都有显著影响,企业规模的扩张和管理水平的提高等成长绩效的实现都与各类创新相关,因此假设 H7a、H8a、H9a、H10a 成立。

表 7.1　成长绩效对各类创新的回归系数及其显著性检验

	标准化系数 $\beta(t)$			
	模型 1	模型 2	模型 3	模型 4
常量[a]	−0.891	−0.679	−1.169	−0.621
	(−3.362**)	(−2.355*)	(−4.486***)	(−2.171*)
企业规模	0.064(0.960)	0.086(1.253)	0.134(2.002*)	−0.039(−0.534)
企业年龄	0.134(2.105*)	0.164(2.626**)	0.215(3.546***)	0.196(3.223**)
行业子类	0.118(1.809†)	−0.013(−0.185)	0.061(0.917)	0.056(0.838)
产品创新	0.456(7.186***)			
工艺创新		0.431(6.318***)		
营销创新			0.400(6.540***)	
组织创新				0.473(6.751***)
R^2	0.315	0.281	0.290	0.298
调整后 R^2	0.301	0.267	0.275	0.284
F	22.755***	19.364***	20.189***	21.000***
直接效应	H7a 成立	H8a 成立	H9a 成立	H10a 成立

† $p<0.1$；* $p<0.05$；** $p<0.01$；*** $p<0.001$

a：非标准化系数；b：因变量成长绩效

7.1.1.2　不同类型创新对财务绩效影响的假设检验

由表 7.2，财务绩效分别对产品创新、工艺创新、营销创新和组织创新的标准化回归系数为 0.298、0.324、0.289 和 0.313，t 值的显著性概率都小于 0.001，说明四类创新对财务绩效都有显著影响，企业的投资回报率、产品销售毛利率、销售额增长、利润增长等财务绩效的实现与各类创新有关，因此假设 H7b、H8b、H9b、H10b 成立。

表 7.2　财务绩效对各类创新的回归系数及其显著性检验

	标准化系数 $\beta(t)$			
	模型 1	模型 2	模型 3	模型 4
常量[a]	−0.164(−553)	0.055(0.176)	−0.322(−1.125)	0.020(0.062)
企业规模	−0.045(−0.592)	−0.039(−0.528)	−0.002(−0.030)	−0.114(−1.398)
企业年龄	0.159(2.289*)	0.172(2.515*)	0.211(3.167**)	0.201(2.979**)
行业子类	−0.063(−857)	−0.159(−2.110*)	−0.103(−1.398)	−0.104(−1.410)
产品创新	0.298(4.181***)			
工艺创新		0.324(4.348***)		
营销创新			0.289(4.301***)	
组织创新				0.313(4.015***)
R^2	0.138	0.143	0.142	0.132
调整后 R^2	0.120	0.126	0.124	0.115
F	7.897***	8.276***	8.168***	7.535***
直接效应	H7b 成立	H8b 成立	H9b 成立	H10b 成立

† $p<0.1$；* $p<0.05$；** $p<0.01$；*** $p<0.001$

a：非标准化系数；b：因变量：财务绩效

　　回归分析结果与许多调查研究取得的结论一致,创新有利于企业绩效的提升,是企业成长和获得利润的重要途径。Nås 和 Leppälahti(1997)基于 1990 (1991)—1994 挪威创新调查数据(Norwegian Innovation Survey)对创新的企业绩效议题进行研究,也发现有创新的企业在利润和企业成长表现上要好于非创新企业。Freel 和 Robson(2004)对英国苏格兰和英格兰北部地区的中小企业进行大范围的调查后,特别指出产品创新与企业用人增加(规模扩大)正相关,至少这种关系对制造企业来说在短期内会存在。Coad 和 Rao(2008)用实证方法对高技术企业的研究验证了许多理论关于创新对企业成长重要性的猜测,发现相对于普通企业,创新对于快速成长的企业更重要。从这一点上可以推测,不管是高技术企业还是中低技术企业,创新在企业成长和获取利润过程中都扮演着重要角色。

　　产品创新对财务绩效的积极影响有可能是因为新产品可以给企业带来短期的垄断势力,从而带来“垄断租”,如果企业能持续创新,“垄断租”将长期存在(Schumpeter,1961)。Han 等(1998)强调,技术创新和管理创新的结果,大大地促进了组织的成长和盈利性,并断言创新是组织战略导向和企业绩效关系中被错过的一个中间链节。不管是哪一类创新,都是企业的发展和新的应用(它们的目标是把新的东西带入经济领域),也是把知识转化为商业价值的过程。创新的重要性要归功于它能潜在地提高组织的效率和利润。

　　与创新对企业成长绩效的影响相比较,笔者还发现创新对财务绩效的影响较小,创新对财务绩效的解释能力相对较弱,其原因可能是财务绩效主要与利润有关,而中小企业的利润高低受诸多因素影响,来自政策、市场等外部环境中不可控因素都可能对企业创新的利润造成影响,且波动相对较大。

7.1.2　相关创新类型相互影响的假设检验

7.1.2.1　组织创新对其他类型创新影响的假设检验

　　由表 7.3,产品创新、工艺创新和营销创新对组织创新的标准化回归系数分别为 0.642、0.640 和 0.420,t 值的显著性概率都小于 0.001,说明组织创新对其他三类创新都有显著影响,组织创新往往能促进其他类型的创新,假设 H11、H12、H13 成立。

　　根据《奥斯陆手册》(OECD,2005)对组织创新重要性的分析,一方面组织创新带来商业实践方面的变革,例如,通过改善组织学习和企业内部知识共享的方式,以使组织成员更易获得新的知识;通过建立教育培训系统,发展员工和改善工人技能水平;通过引进供应链管理系统,进行业务流程重组、精益生成和全面质量管理等。另一方面,组织创新还带来了工作场所组织的变革,例如,分散组织活动和管理控制、建立每个员工有更多的柔性工作职责的正式或非正式的工作团队等新的组织模式,它能给企业员工较大的自主决策权,并鼓励他们为企业的发展献计献策。

此外,组织创新通过实现与其他企业或公共机构间的组织关系上的新的组织方式,如与研究机构或顾客建立新型合作方式,整合供应商的新方法,以及在生产、获取、分销、招聘和辅助等方面首次将商业活动外购或转包等。

组织创新能够带来更好的跨组织合作或合作机制,同时适合的内部环境会促进其他类型的创新。Pierce 和 Delbecq(1977)曾认为在组织中发动、采纳和实施新的想法和活动是有关组织背景、结构和成员态度的事情,而组织创新包含了组织结构和成员态度的变化,很可能会促进产品创新、工艺创新和营销创新的实现。虽然 Gunday et al.(2011)对土耳其中小企业的实证研究也表明组织创新对工艺创新和营销创新有显著影响,但对产品创新的影响则不显著,这一点还难以清楚解释。

表 7.3　相关创新类型之间的回归系数及其显著性检验(1)

	产品创新(因变量) 标准化系数 $\beta(t)$	工艺创新(因变量) 标准化系数 $\beta(t)$	营销创新(因变量) 标准化系数 $\beta(t)$
	模型 1	模型 2	模型 3
常量[a]	$-0.147(-0.574)$	$-0.720(-3.036^{**})$	$-0.057(-0.183)$
员工数量	$-0.049(-0.744)$	$-0.083(-1.365)$	$-0.088(-1.103)$
企业年龄	$0.196(3.616^{***})$	$0.134(2.665^{**})$	$0.053(0.807)$
行业子类	$-0.104(-1.748†)$	$0.198(3.585^{***})$	$0.051(0.705)$
组织创新	$0.642(10.252^{***})$	$0.640(10.999^{***})$	$0.420(5.511^{***})$
R^2	0.439	0.516	0.169
调整后 R^2	0.428	0.507	0.153
F	38.776^{***}	52.841^{***}	10.090^{***}
直接效应	H11 成立	H12 成立	H13 成立

† $p<0.1$; * $p<0.05$; ** $p<0.01$; *** $p<0.001$

a:非标准化系数

7.1.2.2　工艺创新、营销创新对产品创新影响的假设检验

由表 7.4,产品创新分别对工艺创新和营销创新的标准化回归系数为 0.616、0.417,t 值的显著性概率都小于 0.001,说明工艺创新和营销创新对产品创新有显著影响,工艺创新和产品创新往往能促进产品创新,因此假设 H14、H15 成立。

工艺创新与产品创新的联系非常密切。一方面,引进新产品的同时也可能需要开发一套新的工艺;另一方面,工艺创新通过使用新的生产技术、设备和软

件,采用新的交付方式,以及创造和提供服务带来新的或重大改进的方法,为实现产品创新创造更多的可能性。工艺创新产生的生产质量、速度和低成本很有可能给产品带来新的部件、成分、技术规格、功能等,使得产品更加符合顾客的需求和欲望。

营销创新实现了新的营销方式,如实施市场导向的经营理念、产品形式(外观)的变革,会引起相关的产品创新。Lukas,Ferrell(2000)对市场导向与产品创新关系的研究发现,顾客导向增加全新产品的引入、减少同类产品的生产。Dougherty(1992)认为开发具有商业可行性的新产品需要在产品设计中体现技术与市场可能性的对接。

回归分析结果也与 Gunday et al.(2011)相同,工艺创新和营销创新对产品创新有显著影响。

表7.4 相关创新类型之间的回归系数及其显著性检验(2)

	标准化系数 $\beta(t)$	
	模型 1	模型 2
常量[a]	$-0.167(-0.655)$	$-0.997(-3.878^{***})$
员工数量	$0.114(0.060†)$	$0.199(3.014^{**})$
企业年龄	$0.147(2.652^{**})$	$0.237(3.950^{***})$
行业子类	$-0.205(-3.344^{**})$	$-0.085(-1.297)$
工艺创新	$0.616(10.200^{***})$	
营销创新		$0.417(6.915^{***})$
R^2	0.437	0.309
调整后 R^2	0.426	0.295
F	38.470^{***}	22.094^{***}
直接效应	H14 成立	H15 成立

$†p<0.1$;$^* p<0.05$;$^{**} p<0.01$;$^{***} p<0.001$

a:非标准化系数;b:自变量:工艺创新、营销创新;因变量:产品创新

7.2 中介效应的假设检验

7.2.1 中介效应的检验方法和判定标准[①]

考虑自变量 X 对因变量 Y 的影响,如果 X 通过影响 M 来影响 Y,则称 M

---

① 本内容参考温忠麟,刘红云,侯杰泰等著的《调节效应和中介效应分析》,以及陈晓萍,徐淑英,樊景立等主编的《组织与管理研究的实证方法》中有关中介效应与调节效应的内容。

为中介变量,假设所有变量都已经中心化,可用以下方程来说明变量之间的关系及其相应的模型(见图 7.1):

假设 Y 与 X 相关显著,意味着方程 1 的回归系数 c 显著(即 $H_0:c=0$ 的假设被拒绝),在这个前提下可以考虑中介变量 M。目前有三种不同的做法来判断 M 是否真正起到了中介变量的作用。

第一种方法是依次检验回归系数。如果下面两个条件成立,则中介效应显著:①自变量显著影响因变量;②在因果链中任一个变量,当控制了它前面的变量(含自变量)后,显著影响它的后续变量。符合这两个条件的中介效应为部分中介,如果进一步要求:③在控制了中介变量后,自变量对因变量的影响不显著,就成为了完全中介效应。

$$方程 1:Y=cX+e1$$
$$方程 2:M=aX+e2$$
$$方程 3:Y=c'X+bM+e3$$

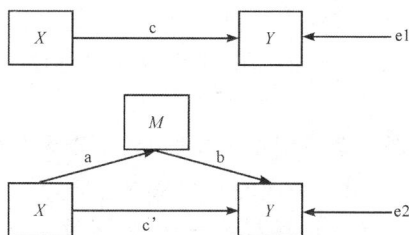

图 7.1　含中介变量的模型

在只有一个中介变量的情形下,上述条件相当于:①系数 c 显著(即 $H_0:c=0$ 的假设被拒绝);②系数 a 显著(即 $H_0:a=0$ 的假设被拒绝),且系数 b 显著(即 $H_0:b=0$ 的假设被拒绝)。完全中介效应还要加上:③在有了路径 a 和 b 后,原来显著的 c 变成了不显著的 c'。

第二种做法是检验经过中介变量的路径上的回归系数乘积 ab 是否显著,即检验 $H_0:ab=0$,如果拒绝原假设,中介效应显著。这种做法其实是将 ab 理解为中介效应。

第三种做法是检验 c' 与 c 的差异是否显著,即检验 $H_0:c-c'=0$,如果拒绝原假设,中介效应显著。

在本研究中,我们采用第一种检验方法,即依次检验回归系数 a 和 b。检验统计量 t 等于回归系数的估计值除以相应的标准误,检验结果一目了然,且这种检验的第一类错误率很小,一般都远远小于显著性水平。

7.2.2 产品创新、工艺创新、营销创新在组织创新与企业绩效之间的中介作用

为了验证"组织创新—产品创新—成长绩效"关系中产品创新的中介作用，由于之前已经验证了成长绩效对组织创新的回归系数显著（系数 c 显著），产品创新对组织创新的回归系数显著（系数 a 显著）。同时，根据表 7.5 中的模型 1，成长绩效对产品创新的回归系数也是显著（系数 b 显著），其回归系数为 0.307，成长绩效对组织创新的回归系数还是显著（系数 c′显著），其回归系数为 0.276。因此，可以判定产品创新起到部分中介作用，中介效应占总效应的比例为 41.66%（见图 7.2），假设 H16a 成立。

同理，为了验证"组织创新—工艺创新—成长绩效"关系中工艺创新的中介作用，我们已检验了成长绩效对组织创新的回归系数显著，成长绩效对工艺创新回归系数也显著，再根据表 7.5 中的模型 2，成长绩效对工艺创新的回归系数为 0.243，仍然显著，成长绩效对组织创新的回归系数为 0.318，也仍然显著，由此可判定工艺创新起到部分中介作用，中介效应占总效应的比例为 32.84%（图 7.2），假设 H17a 成立。

为了验证"组织创新—营销创新—成长绩效"关系中营销创新的中介作用，我们已检验了成长绩效对组织创新的回归系数显著，成长绩效对营销创新的回归系数也显著，再根据表 7.5 中的模型 3，成长绩效对营销创新的回归系数为 0.289，仍然显著，成长绩效对组织创新的回归系数为 0.352，也仍然显著，由此可判定营销创新起到部分中介作用，中介效应占总效应的比例为 25.64%（见图 7.2），假设 H18a 成立。

以上数据分析显示，组织创新对成长绩效的影响包括主效应和间接效应（通过其他类型创新产生的中介效应实现），主效应要大于间接效应。产品创新、工艺创新、营销创新在组织创新对企业绩效的影响中起到部分中介效应。以产品创新的中介效应为例，组织创新一方面直接影响成长绩效，即组织创新带来企业绩效的提升，同时组织创新又促进产品创新的实现，通过产品创新对企业绩效产生间接的有利影响。工艺创新、营销创新所起的中介效应与产品创新类似。

为了验证"组织创新—产品创新—财务绩效"关系中产品创新的中介作用，财务绩效对组织创新的回归系数显著性已得到验证，产品创新对组织创新的回归系数显著性也已得到验证。同时，根据表 7.6 中的模型 1，财务绩效对产品创新的回归系数也是显著的，其回归系数为 0.197，财务绩效对组织创新的回归系数为 0.186，在 0.05 显著性水平下不显著。因此，我们可以判定产品创新起到完全中介效应，中介效应占总效应的比例为 100%（见图 7.3），假设 H16b 成立。

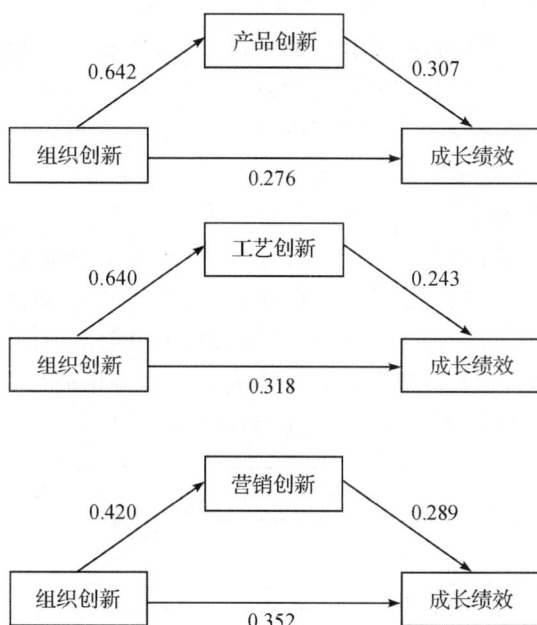

图 7.2　中介效应路径图(1)

表 7.5　产品创新、工艺创新、营销创新在组织创新与成长绩效之间的中介效应

| | 标准化系数 $\beta(t)$ | | |
	模型 1	模型 2	模型 3
常量a	−0.576(−2.087*)	−0.446(−1.552)	−0.604(−2.220*)
员工数量	−0.024(−0.341)	−0.019(−0.262)	−0.014(−0.196)
企业年龄	0.135(2.240*)	0.163(2.687**)	0.180(3.115**)
行业子类	0.088(1.357)	0.008(0.114)	0.041(0.647)
组织创新	0.276(3.300**)	0.318(3.637***)	0.352(4.911***)
产品创新	0.307(4.008***)		
工艺创新		0.243(2.889**)	
营销创新			0.289(4.644***)
R^2	0.351	0.326	
调整后 R^2	0.334	0.309	
F	21.291***	19.093***	
是否中介	部分中介(H16a 成立)	部分中介(H17a 成立)	部分中介(H18a 成立)

† $p<0.1$; * $p<0.05$; ** $p<0.01$; *** $p<0.001$

a：非标准化系数

　　为了验证"组织创新—工艺创新—财务绩效"关系中工艺创新的中介作用，

财务绩效对组织创新的回归系数显著性已得到验证,工艺创新对组织创新的回归系数显著性也已得到验证。同时,根据表 7.6 中的模型 2,财务绩效对工艺创新的回归系数也是显著的,其回归系数为 0.223,财务绩效对组织创新的回归系数为 0.170,在 0.05 显著性水平下不显著。因此,我们可以判定工艺创新起到完全中介作用,中介效应占总效应的比例为 100%(见图 7.3),假设 H17b 成立。

为了验证"组织创新—营销创新—财务绩效"关系中营销创新的中介作用,财务绩效对组织创新的回归系数显著性已得到验证,营销创新对组织创新的回归系数显著性也已得到验证。同时,根据表 7.6 中的模型 3,财务绩效对营销创新的回归系数为 0.219,仍然显著,财务绩效对组织创新的回归系数为 0.221,也仍然显著。因此,我们可以判定营销创新起到部分中介作用,中介效应占总效应的比例为 29.39%(见图 7.3),假设 H18b 成立。

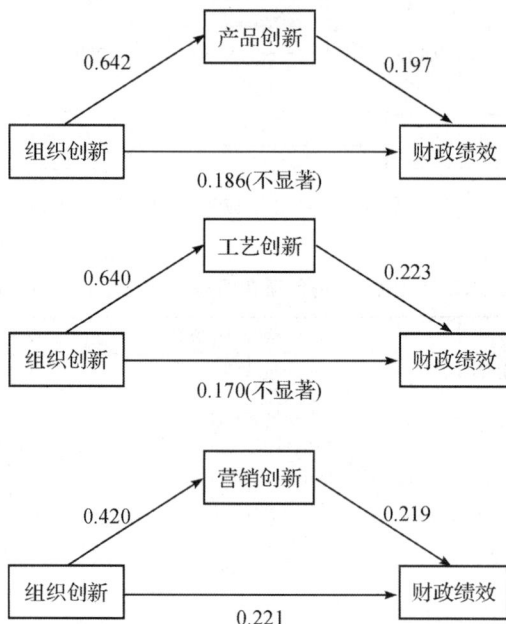

图 7.3　中介效应路径图(2)

上述数据分析结果显示,当存在产品创新或工艺创新的时候,组织创新对财务绩效的影响完全是通过产品创新或工艺创新来实现的。这种结果意味着组织创新要带来财务绩效的有利影响,就需要通过产品创新或工艺创新等载体。当组织创新和营销创新一起存在的时候,组织创新对财务绩效的影响包括自身的主效应和通过营销创新中介作用的间接效应。

到此为止,我们已经验证了组织创新对成长绩效和财务绩效影响过程中的其他三类创新的中介作用。相对于不同的企业绩效,这三类创新的中介作用不

表 7.6　产品创新、工艺创新、营销创新在组织创新与财务绩效之间的中介效应

	标准化系数 $\beta(t)$		
	模型 1	模型 2	模型 3
常量[a]	0.049(0.155)	0.181(0.562)	0.032(0.104)
员工数量	−0.104(−1.292)	−0.096(−1.179)	−0.095(−1.183)
企业年龄	0.162(2.353*)	0.171(2.519*)	0.190(2.860**)
行业子类	−0.084(−1.135)	−0.148(−1.967†)	−0.115(−1.592)
组织创新	0.186(1.952†)	0.170(1.740)	0.221(2.693**)
产品创新	0.197(2.254*)		
工艺创新		0.223(2.371*)	
营销创新			0.219(3.085**)
R^2	0.154	0.156	
调整后 R^2	0.132	0.135	
F	7.168***	7.294***	
是否中介	完全中介(H16b 成立)	完全中介(H17b 成立)	部分中介(H18b 成立)

† $p<0.1$；* $p<0.05$；** $p<0.01$；*** $p<0.001$

a：非标准化系数

完全一致。对于成长绩效,三类创新起到部分中介作用;而对于财务绩效,产品创新和工艺创新起到了完全中介作用,营销创新起到部分中介作用。对该研究结果的一个可能的解释是与组织创新相比,产品创新、工艺创新和财务绩效有更紧密的联系,因为企业销售额、利润、投资回报等财务绩效指标主要通过产品创新及其背后的工艺创新实现,而组织创新对财务绩效各指标直接影响不明显,因此从某种程度上可以解释组织创新对财务绩效的影响完全是通过产品创新、工艺创新实现的。由于目前很少有文献对类似问题进行研究,本研究结果尚存的一些问题目前还难以解释,需要做进一步的研究。

7.2.3　产品创新在工艺创新、营销创新与企业绩效之间的中介作用

为了验证"工艺创新—产品创新—成长绩效"关系中产品创新的中介作用,由于之前我们已经验证了成长绩效对工艺创新的回归系数显著,产品创新对工艺创新的回归系数显著。同时,根据表 7.7 中的模型 1,成长绩效对产品创新的回归系数也是显著的,其回归系数为 0.328,成长绩效对工艺创新的回归系数仍然显著,其回归系数为 0.229。因此,我们可以判定产品创新起到部分中介作用,中介效应占总效应的比例为 46.88%(见图 7.4),假设 H19a 成立。

为了验证"营销创新—产品创新—成长绩效"关系中产品创新的中介作用,由于之前我们已经验证了成长绩效对营销创新的回归系数显著,产品创新对营

销创新的回归系数显著,同时由表 7.7 中的模型 2,成长绩效对产品创新的回归系数也是显著的,其回归系数为 0.335,成长绩效对营销创新的回归系数仍然显著,其回归系数为 0.260。因此,我们可以判定产品创新起到部分中介作用,中介效应占总效应的 34.95%(见图 7.4),假设 H20a 成立。

以上数据显示,工艺创新对成长绩效的影响包括主效应和间接效应(通过产品创新产生的中介效应实现),主效应要大于间接效应,即工艺创新的实现提升了成长绩效(主效应),同时工艺创新也促进了产品创新的实现,从而通过产品创新影响成长绩效(间接效应)。营销创新对成长绩效的影响也包括主效应和间接效应(通过产品创新产生的中介效应实现),主效应要大于间接效应,即营销创新的实现提升了成长绩效(主效应),同时营销创新也促进了产品创新的实现,从而通过产品创新影响成长绩效(间接效应)。

表 7.7 产品创新在工艺创新、营销创新与成长绩效之间的中介效应

	标准化系数 $\beta(t)$	
	模型 1	模型 2
常量[a]	$-0.624(-2.254^*)$	$-0.835(-3.265^{**})$
员工数量	$0.048(0.728)$	$0.067(1.040)$
企业年龄	$0.116(1.901†)$	$0.136(2.280^*)$
行业子类	$0.054(0.796)$	$0.090(1.416)$
产品创新	$0.328(4.257^{***})$	$0.335(4.913^{***})$
工艺创新	$0.229(2.833^{**})$	
营销创新		$0.260(4.036^{***})$
R^2	0.342	0.367
调整后 R^2	0.325	0.351
F	20.456^{***}	22.867^{***}
是否中介	部分中介(H19a 成立)	部分中介(H20a)

† $p<0.1$;* $p<0.05$;** $p<0.01$;*** $p<0.001$

a:非标准化系数

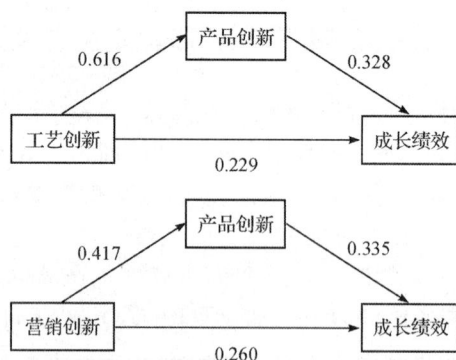

图 7.4 中介效应路径图(3)

为了验证"工艺创新—产品创新—财务绩效"关系中产品创新的中介作用，由于之前我们已经验证了财务绩效对工艺创新的回归系数显著，产品创新对工艺创新的回归系数显著，同时由表 7.8 中的模型 1，财务绩效对产品创新的回归系数也是显著的，其回归系数为 0.178，财务绩效对工艺创新的回归系数仍然显著，其回归系数为 0.214。因此，我们可以判定产品创新起到部分中介作用，中介效应占总效应的 33.84%（见图 7.5），假设 H19b 成立。

为了验证"营销创新—产品创新—财务绩效"关系中产品创新的中介作用，由于之前我们已经验证了财务绩效对营销创新的回归系数显著，产品创新对营销创新的回归系数显著，同时由表 7.8 中的模型 2，财务绩效对产品创新的回归系数也是显著的，其回归系数为 0.202，财务绩效对营销创新的回归系数仍然显著，其回归系数为 0.205。因此，我们可以判定产品创新起到部分中介作用，中介效应占总效应的 29.15%（见图 7.5），假设 H20b 成立。

以上数据显示，工艺创新对财务绩效的影响包括主效应和间接效应（通过产品创新产生的中介效应实现），主效应要大于间接效应。营销创新对财务绩效的影响也包括主效应和间接效应（通过产品创新产生的中介效应实现），主效应要大于间接效应。以上结论说明，工艺创新和营销创新一方面直接影响财务绩效，这两类创新的实现提升了财务绩效；另一方面，工艺创新和营销创新又促进了产品创新的实现，将通过产品创新来提升企业的财务绩效，其强度要弱于直接影响。

表 7.8　产品创新在工艺创新、营销创新与财务绩效之间的中介效应

	标准化系数 $\beta(t)$	
	模型 1	模型 2
常量[a]	0.085(0.272)	−0.120(−0.411)
员工数量	−0.060(−0.800)	−0.042(−0.572)
企业年龄	0.146(2.113*)	0.164(2.392*)
行业子类	−0.123(−1.596)	−0.085(−1.174)
产品创新	0.178(2.045*)	0.202(2.592*)
工艺创新	0.214(2.348*)	
营销创新		0.205(2.772**)
R^2	0.161	0.170
调整后 R^2	0.140	0.149
F	7.564***	8.067***
是否中介	部分中介(H19b 成立)	部分中介(H20b 成立)

† $p<0.1$；* $p<0.05$；** $p<0.01$；*** $p<0.001$

a：非标准化系数

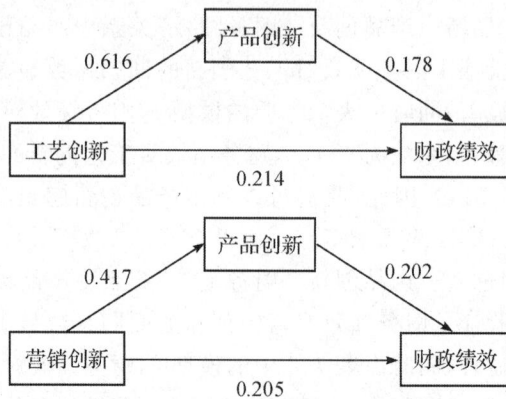

图 7.5　中介效应路径图(4)

7.3　调节效应的假设检验

7.3.1　调节效应的检验方法和判定标准①

1.调节效应的定义

如果两个变量(Y、X)之间的关系是变量 M 的函数,称 M 为调节变量(Baron,WKenny,1986;James,Brett,1984),即 Y 与 X 的关系受到第三个变量 M 的影响。包含调节变量的模型一般可以用图 7.6 表示。

一般地,Y 与 X 如果有以下关系:

$$Y = \beta_0 + \beta_1 X + \beta_2 M + \beta_3 MX + e$$

上式可以改写为:

$$Y = (\beta_0 + \beta_2 M) + (\beta_1 + \beta_3 M) X + e$$

对于固定的 M,这是 Y 对 X 的直线回归,其回归系数为 $\beta_1 + \beta_3 M$,它是 M 的线性函数。如果 β_3 不等于零,则 M 是调节变量,且 β_3 反映了调节效应的大小。

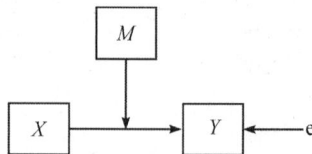

图 7.6　含调节变量的模型

①本内容参考温忠麟,刘红云,侯杰泰等著的《调节效应和中介效应分析》,以及陈晓萍,徐淑英,樊景立等主编的《组织与管理研究的实证方法》中有关中介效应与调节效应的内容。

2. 显变量调节效应的分析方法

当两个自变量 X_1 和 X_2 都是类别变量时,通常采用双因素方差分析。在方差分析中,习惯上将自变量称为因素,其中一个记为 A,另一个记为 B。为了分析 A 和 B 对 Y 的交互效应[①],将总平方和 SS_T 作如下分解:

$$SS_T = SS_A + SS_B + SS_{A \times B} + SS_E$$

其中,SS_A,SS_B,$SS_{A \times B}$,SS_E 分别称为 A 的效应平方和、B 的效应平方和、A 和 B 的交互效应平方和,以及误差平方和。各平方和相应的自由度分解如下:

$$df_T = df_A + df_B + df_{A \times B} + df_E$$

用统计量

$F = \dfrac{SS_{A \times B}/df_{A \times B}}{SS_E/df_E}$,做 F 检验,以推断 A 和 B 的交互作用是否显著。

当两个自变量 X_1、X_2 都是连续变量时,为了分析交互效应,可以使用带 $X_1 X_2$ 项的回归模型:

$$Y = \beta_0 + \beta_1 X_1 + \beta_2 X_2 + \beta_3 X_1 X_2 + e$$

其中,X_1、X_2 是主效应,$X_1 X_2$ 是交互效应项。对假设 $\boldsymbol{H}_0: \beta_3 = 0$ 做 t 检验,以推断 X_1 和 X_2 的交互项是否显著。如果检验结果是 $\beta_3 \neq 0$,则交互效应显著。检验统计量是

$$t = \frac{\hat{\beta}3}{se(\hat{\beta}3)}$$

其中 $se(\hat{\beta}3)$ 是 $\hat{\beta}3$ 的标准误。

为了减少 $X_1 X_2$ 和 X_1,X_2 的相关,即减少三个自变量多重共线性的可能性,需将 X_1,X_2 中心化,然后产生它们的乘积项。假设 X_1,X_2 已经中心化,做层次回归分析(温忠麟,2006):

- 做 Y 对 X_1 和 X_2 的回归,得平方复相关系数 R_1^2。
- 做 Y 对 X_1、X_2 和 $X_1 X_2$ 的回归得 R_2^2。

如果 $X_1 X_2$ 的回归系数显著,则 R_2^2 显著高于 R_1^2。$R_2^2 - R_1^2$ 是两个模型的 R^2 变化,衡量了交互效应项 $X_1 X_2$ 对解释 Y 的变异的额外贡献。

在方差分析和层次回归分析两种方法中,由于本研究中相关变量为连续变量,将采用层次回归方法来分析调节效应。

7.3.2　创新性的调节效应检验

7.3.2.1　产品创新性的调节效应

由表 7.9,模型 2 为财务绩效对产品创新、产品创新性、产品创新乘产品创

---

①调节效应与交互效应从数据分析的角度看可以说是一样的,当问题涉及调节变量,需要做调节效应分析时,就需要做交互效应分析。

新性等三个自变量进行线性回归,回归系数分别为 0.159、0.275、0.156,t 值为 1.752、2.928、2.146,在 0.1、0.01 和 0.05 显著性水平下显著。由于产品创新乘产品创新性项的回归系数显著,R_2^2 显著高于 R_1^2,$R_2^2 - R_1^2$(ΔR^2)也显著,根据调节效应的判断方法,产品创新性的调节作用成立,表明产品创新与财务绩效的关系受产品创新性的调节。$\Delta R^2 = 0.02$,说明交互效应项(产品创新×产品创新性)对解释财务绩效的变异增加了 2%。产品创新性的调节效应可以从图 7.7[①]中看出,随着产品创新实现数量的增加,高产品创新性带来财务绩效增速相对更快,而低产品创新性则使财务绩效增速相对较慢。

由表 7.9,模型 4 为成长绩效对产品创新、产品创新性、产品创新乘产品创新性等 3 个自变量进行线性回归,产品创新乘产品创新性项的回归系数为 0.013,t 值为 0.196,在 0.05(或 0.1)显著性水平下不显著。根据调节效应的判断方法,产品创新性的调节作用不成立,表明产品创新与成长绩效的关系不受产品创新性的调节。因此,假设 H21a 不成立,H21b 成立。

表 7.9　产品创新性的调节效应

| | 因变量:财务绩效 | | 因变量:成长绩效 | |
| | 标准化系数 $\beta(t)$ | | 标准化系数 $\beta(t)$ | |
	模型 1	模型 2	模型 3	模型 4
常量[a]	−0.154(−0.523)	−0.201(−0.688)	−0.887(−3.346**)	−0.891(−3.343**)
员工数量	−0.034(−454)	−0.029(−0.398)	0.069(1.022)	0.069(1.025)
企业年龄	0.156(2.269*)	0.145(2.116*)	0.129(2.086*)	0.128(2.059*)
行业子类	−0.074(−1.015)	−0.076(−1.049)	0.114(1.736†)	0.114(1.173†)
产品创新	0.166(1.816†)	0.159(1.752†)	0.403(4.890***)	0.402(4.868***)
产品创新性	0.198(2.257*)	0.275(2.928**)	0.080(1.015)	0.086(1.010)
产品创新×产品创新性		0.156(2.146*)		0.013(0.196)
R^2	0.159	0.179	0.318	0.319
调整后 R^2	0.138	0.153	0.301	0.298
F	7.467***	7.104***	18.413***	15.276***
ΔR^2	0.02		0.01	
是否调节	存在调节效应(H21b 成立)		不存在调节效应(H21a 不成立)	

† $p<0.1$;* $p<0.05$;** $p<0.01$;*** $p<0.001$

a:非标准化系数

①图的数据来源:基于调节变量(此处为产品创新性)中位数,对低于中位数和高于中位数的两组分别回归,得到两组的截距和斜率,用 Excel 画图,即可得到该图。下同。

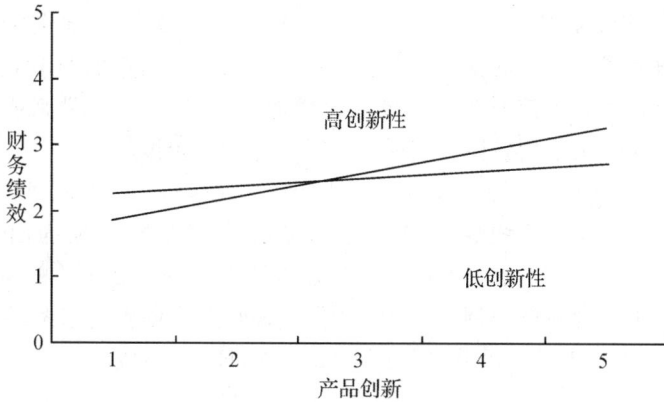

图 7.7　产品创新性的调节

7.3.2.2　工艺创新性的调节效应

工艺创新性的调节效应如图 7.10 所示。

表 7.10　工艺创新性的调节效应

| | 因变量:财务绩效 | | 因变量:成长绩效 | |
| | 标准化系数 $\beta(t)$ | | 标准化系数 $\beta(t)$ | |
	模型 1	模型 2	模型 3	模型 4
常量[a]	$-0.059(-0.187)$	$-0.048(-0.153)$	$-0.754(-2.609^*)$	$-0.815(-2.847^{**})$
员工数量	$-0.046(-0.630)$	$-0.050(-0.668)$	$0.081(1.195)$	$0.100(1.486)$
企业年龄	$0.201(2.958^{**})$	$0.202(2.965^{**})$	$0.184(2.919^{**})$	$0.178(2.856^{**})$
行业子类	$-0.143(-1.915†)$	$-0.145(-1.934†)$	$-0.002(-0.029)$	$0.011(0.163)$
工艺创新	$0.324(4.423^{***})$	$0.327(4.427^{***})$	$0.431(6.365^{***})$	$0.413(6.130^{***})$
工艺创新性	$0.180(2.734^{**})$	$0.182(2.744^{**})$	$0.118(1.940†)$	$0.110(1.824†)$
工艺创新× 工艺创新性		$-0.025(-0.377)$		$0.149(2.471^*)$
R^2	0.175	0.175	0.295	0.316
调整后 R^2	0.154	0.150	0.277	0.295
F	8.332^{***}	6.937^{***}	16.460^{***}	15.090^{***}
ΔR^2		0		0.021
是否调节	不存在调节效应(H22b 不成立)		存在调节效应(H22a 成立)	

† $p<0.1$；* $p<0.05$；** $p<0.01$；*** $p<0.001$

a:非标准化系数

由表 7.10,模型 4 为成长绩效对工艺创新、工艺创新性、工艺创新乘工艺创新性等 3 个自变量进行线性回归,回归系数分别为 0.413、0.110、0.149,t 值为6.130、1.824、2.471,在 0.001、0.1 和 0.05 显著性水平下显著。由于工艺创新乘工艺创新性项的回归系数显著,R_2^2 显著高于 R_1^2,$R_2^2-R_1^2(\Delta R^2)$ 也显著,根据调节效应的判断方法,工艺创新性的调节作用成立,表明工艺创新与成长绩效的关系受工艺创新性的调节。$\Delta R^2 = 0.021$,说明交互效应项(工艺创新×工艺创新性)对解释成长绩效的变异增加了2.1%。工艺创新性的调节效应可以从图7.8中看出,随着工艺创新实现数量的增加,高工艺创新性带来成长绩效增速相对更快,而低工艺创新性则使成长绩效增速相对较慢。

由表7.10,模型2为财务绩效对工艺创新、工艺创新性、工艺创新乘工艺创新性等3个自变量进行线性回归,工艺创新乘工艺创新性项的回归系数为-0.025,t值为-0.377,在0.05(或0.1)显著性水平下不显著。根据调节效应的判断方法,工艺创新性的调节作用不成立,表明工艺创新与财务绩效的关系不受工艺创新性的调节。因此,假设 H22a 成立,H22b 不成立。

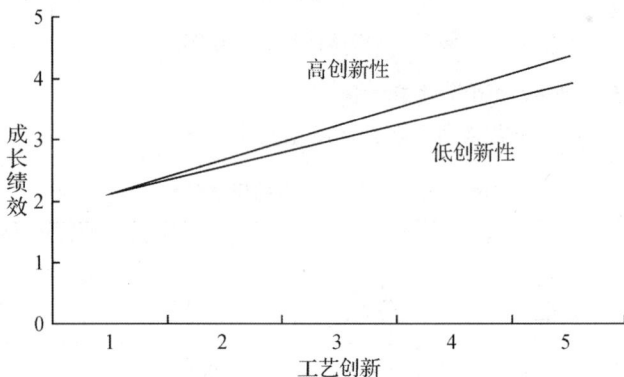

图7.8 工艺创新性的调节

7.3.2.3 营销创新性的调节效应

由表7.11,模型2为财务绩效对营销创新、营销创新性、营销创新乘营销创新性等3个自变量进行线性回归,回归系数分别为0.232、0.274、0.193,t值为3.449、3.970、2.981,在0.01、0.001和0.01显著性水平下显著。由于营销创新乘营销创新性项的回归系数显著,R_2^2显著高于R_1^2,$R_2^2 - R_1^2$(ΔR^2)也显著,根据调节效应的判断方法,营销创新性的调节作用成立,表明营销创新与财务绩效的关系受营销创新性的调节。$\Delta R^2 = 0.035$,说明交互效应项(营销创新×营销创新性)对解释财务绩效的变异增加了3.5%。营销创新性的调节效应可以从图7.9中看出,随着营销创新实现数量的增加,高营销创新性带来财务绩效增速相对更快,而低营销创新性则使财务绩效增速相对较慢。

由表7.11,模型4为成长绩效对营销创新、营销创新性、营销创新乘营销创新性等3个自变量进行线性回归,营销创新乘营销创新性项的回归系数为-0.056,t值为-0.949,在0.05(或0.1)显著性水平下不显著。根据调节效应的判断方法,营销创新性的调节作用不成立,表明营销创新与成长绩效的关系不受营销创新性的调节。因此,假设 H23a 不成立,H23b 成立。

表 7.11　营销创新性的调节效应

	因变量:财务绩效		因变量:成长绩效	
	标准化系数 $\beta(t)$		标准化系数 $\beta(t)$	
	模型 1	模型 2	模型 3	模型 4
常量ᵃ	−0.163(−0.577)	−0.186(−0.671)	−0.990(−3.908***)	−0.984(−3.880***)
员工数量	−0.016(−0.221)	−0.022(−0.307)	0.118(1.844†)	0.120(1.869†)
企业年龄	0.171(2.583*)	0.155(2.386*)	0.170(2.865**)	0.174(2.931**)
行业子类	−0.104(−1.448)	−0.093(−1.327)	0.060(0.940)	0.057(0.892)
营销创新	0.221(3.218**)	0.232(3.449**)	0.323(5.259***)	0.320(5.194***)
营销创新性	0.235(3.399**)	0.274(3.970***)	0.265(4.276***)	0.253(4.016***)
营销创新× 营销创新性		0.193(2.981**)		−0.056(−0.949)
R^2	0.189	0.224	0.350	0.353
调整后 R^2	0.169	0.201	0.334	0.333
F	9.193***	9.449***	21.218***	17.822***
ΔR^2		0.035		0.003
是否调节	存在调节效应(H23b 成立)		不存在调节效应(H23a 不成立)	

† $p<0.1$;* $p<0.05$;** p<0.01;*** p<0.001

a:非标准化系数

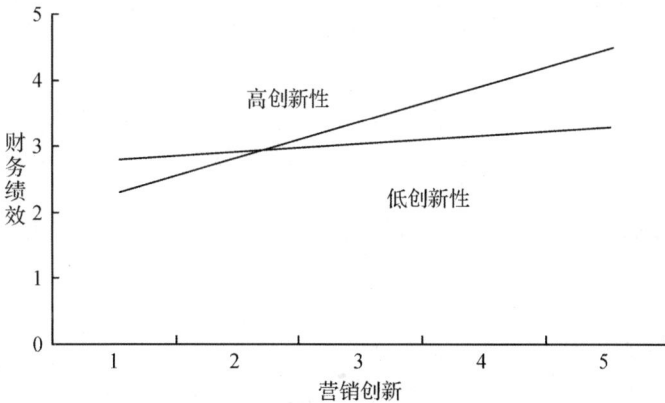

图 7.9　营销创新性的调节

7.3.2.4　组织创新性的调节效应

由表 7.12,模型 4 为成长绩效对组织创新、组织创新性、组织创新乘组织创新性等 3 个自变量进行线性回归,回归系数分别为 0.355、0.310、0.341,t 值为 5.051、4.521、4.794,都在 0.001 显著性水平下显著。由于组织创新乘组织创新性项的回归系数显著,R_2^2 显著高于 R_1^2,$R_2^2 - R_1^2$(ΔR^2)也显著,根据调节效应的判断方法,组织创新性的调节作用成立,表明组织创新与成长绩效的关系受组织创新性的调节。$\Delta R^2 = 0.072$,说明交互效应项(组织创新×组织创新性)对解释成长绩效的变异增加了 7.2%。组织创新性的调节效应可以从图 7.10 中看出,随着组织创新实现数量的增加,高组织创新性带来成长绩效增速相对更快,而低组织创新性则使成长绩效增速相对较慢。

由表7.12,模型2为财务绩效对组织创新、组织创新性、组织创新乘组织创新性等3个自变量进行线性回归,组织创新乘组织创新性项的回归系数为0.136,t 值为1.627,在0.05(或0.1)显著性水平下不显著。根据调节效应的判断方法,组织创新性的调节作用不成立,表明组织创新与财务绩效的关系不受组织创新性的调节。因此,假设 H24a 成立,H24b 不成立。

表 7.12 组织创新性的调节效应

| | 因变量:财务绩效 | | 因变量:成长绩效 | |
| | 标准化系数 $\beta(t)$ | | 标准化系数 $\beta(t)$ | |
	模型 1	模型 2	模型 3	模型 4
常量[a]	0.030(0.094)	0.013(0.040)	−0.606(−2.137*)	−0.648(−2.410*)
员工数量	−0.118(−1.448)	−0.104(−1.270)	−0.045(−0.620)	−0.009(−0.130)
企业年龄	0.191(2.806**)	0.181(2.671**)	0.180(2.969**)	0.157(2.715**)
行业子类	−0.093(−1.250)	−0.092(−1.245)	0.072(1.091)	0.074(1.181)
组织创新	0.312(4.012)	0.265(3.213**)	0.472(6.793***)	0.355(5.051***)
组织创新性	0.085(1.264)	0.158(1.962†)	0.126(2.102*)	0.310(4.521***)
组织创新× 组织创新性		0.136(1.627)		0.341(4.794***)
R^2	0.139	0.151	0.313	0.385
调整后 R^2	0.117	0.125	0.296	0.367
F	6.366***	5.790***	17.974***	20.481***
ΔR^2	0.012		0.072	
是否调节	不存在调节效应(H24b 不成立)		存在调节效应(H24a 成立)	

† $p<0.1$;* $p<0.05$;** $p<0.01$;*** $p<0.001$

a:非标准化系数

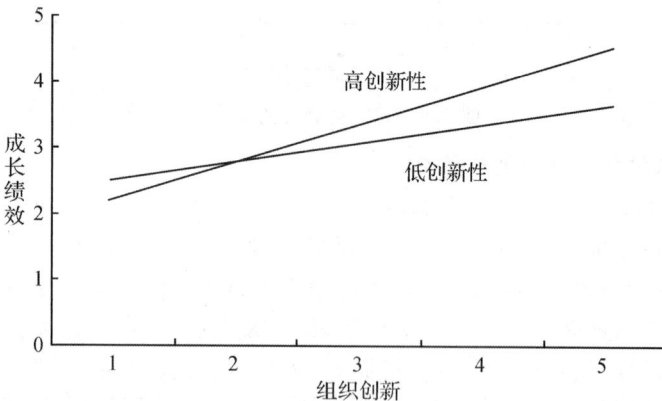

图 7.10 组织创新性的调节

以上有关创新性对创新与企业绩效关系的调节效应的假设检验结果表明，创新性的调节效应跟创新类型和企业绩效都有关系。对于产品创新和营销创新等两类创新与财务绩效的关系上，产品创新性和营销创新性分别起到调节作用；对于工艺创新和组织创新等两类创新与成长绩效的关系上，工艺创新性和组织创新性分别起到调节作用；除此之外的其他假设没有通过检验。

产品创新性和营销创新性在创新的财务绩效方面调节作用显著，其原因可能是这两类创新都是直接面对市场与竞争对手的产品和营销展开激烈竞争，高创新性容易使企业在市场上脱颖而出，创造了竞争优势，使得销售额、利润等财务指标增长明显。工艺创新性和组织创新性在创新的成长绩效方面调节作用显著，其原因可能是这两类创新主要在企业内部展开，对于改善生产技术和流程、组织管理和对外关系起到重要作用，使企业的"内功"增强了，对扩大企业规模、提高管理水平等成长指标的贡献就大。

目前有关创新性对创新与企业绩效关系的调节作用的研究还很少，主要还是围绕产品创新性的。例如，WKleinschmidt 和 Cooper(1991)对产品创新性进行了研究，发现高创新性产品的成功率最高，成功率达到 80％，明显超过低创新性产品和中等创新性产品。Zirger(1997)也有类似的研究结果，他认为创新性与创新可行性存在线性关系，高创新性产品的成功率最高，紧接着是中等创新性产品，低创新性产品成功率最低。Sandvik(2003)认为高产品创新性(对市场是新的)比起低产品创新性(只对企业是新的)，对企业的相对价格溢价、销售量增长、资本利用和利润等企业绩效有显著影响，这里的企业绩效主要是指财务绩效。这些研究的结果与本研究相似，但是对于其他类型创新性的调节作用还需要有更多的研究来进一步检验。

7.3.3　市场竞争的调节效应检验

7.3.3.1　在产品创新与企业绩效之间的调节效应

由表 7.13，模型 2 为财务绩效对市场竞争、产品创新、市场竞争乘产品创新等 3 项自变量进行线性回归，回归系数分别为 -0.254、0.162、-0.172，t 值为 -2.489、1.620、-2.384，第 1 项和第 3 项自变量在 0.05 显著性水平下显著，第 2 项在 0.05(或 0.1)显著性水平下不显著。由于市场竞争乘产品创新项的回归系数显著，R_2^2 显著高于 R_1^2，$R_2^2 - R_1^2$(ΔR^2)也显著，根据调节效应的判断方法，市场竞争的调节作用成立，表明产品创新与财务绩效的关系受市场竞争的调节。$\Delta R^2 = 0.024$，说明交互效应项(市场竞争×产品创新)对解释财务绩效的变异增加了 2.4%。市场竞争的调节效应可以从图 7.11 中看出，随着产品创新实现数量的增加，高竞争性市场使得财务绩效增速相对较慢，而低竞争性市场则使财务绩效增速相对较快。

由表 7.13,模型 4 为成长绩效对市场竞争、产品创新、市场竞争乘产品创新等 3 项自变量进行线性回归,市场竞争乘产品创新项的回归系数为 −0.005,t 值为 −0.072,在 0.05(或 0.1)显著性水平下不显著。根据调节效应的判断方法,市场竞争的调节作用不成立,表明产品创新与成长绩效的关系不受市场竞争的调节。因此,假设 H25a 不成立,H25b 成立。

表 7.13 市场竞争在产品创新与企业绩效之间的调节效应

	因变量:财务绩效		因变量:成长绩效	
	标准化系数 $\beta(t)$		标准化系数 $\beta(t)$	
	模型 1	模型 2	模型 3	模型 4
常量[a]	−0.166(−0.565)	−0.200(−0.684)	−0.892(−3.369**)	−0.893(−3.360)
员工数量	−0.034(−0.562)	−0.034(−0.460)	0.071(1.048)	0.071(1.045)
企业年龄	0.156(2.256*)	0.141(2.057*)	0.129(2.078*)	0.128(2.058*)
行业子类	−0.069(−0.948)	−0.074(−1.022)	0.115(1.751†)	0.115(1.744†)
市场竞争	−0.170(−1.756†)	−0.254(−2.489*)	−0.099(−1.136)	−0.101(−1.088)
产品创新	0.172(1.699†)	0.162(1.620)	0.383(4.238***)	0.383(4.221***)
市场竞争× 产品创新		−0.172(−2.384*)		−0.005(−0.072)
R^2	0.151	0.175	0.319	0.319
调整后 R^2	0.129	0.150	0.302	0.299
F	7.000***	6.919***	18.489***	15.330***
ΔR^2		0.024		0
是否调节	存在调节效应(H25b 成立)		不存在调节效应(H25a 不成立)	

† $p<0.1$;* $p<0.05$;** $p<0.01$;*** $p<0.001$

a:非标准化系数

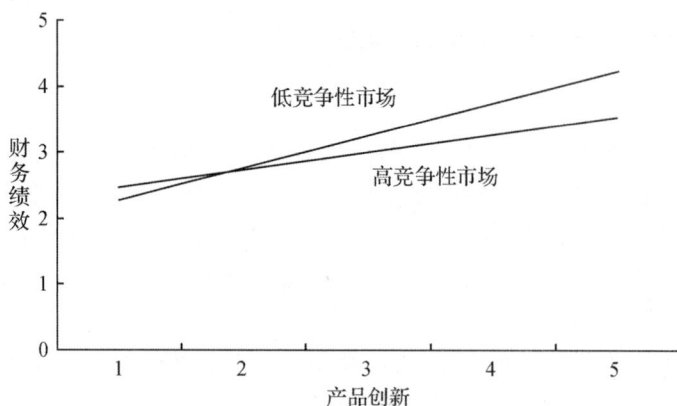

图 7.11 市场竞争的调节示意图(1)

7.3.3.2　在工艺创新与企业绩效之间的调节效应

由表 7.14,模型 2 为财务绩效对市场竞争、工艺创新、市场竞争乘工艺创新等 3 项自变量进行线性回归,回归系数分别为 -0.299、0.201、-0.263,t 值为 -3.736、2.463、-3.813,在 0.001、0.05、0.001 显著性水平下显著。由于市场竞争乘工艺创新项的回归系数显著,R_2^2 显著高于 R_1^2,$R_2^2-R_1^2(\Delta R^2)$ 也显著,根据调节效应的判断方法,市场竞争的调节作用成立,表明工艺创新与财务绩效的关系受市场竞争的调节。$\Delta R^2=0.058$,说明交互效应项(市场竞争×工艺创新)对解释财务绩效的变异增加了 5.8%。市场竞争的调节效应可以从图 7.12 中看出,随着工艺创新实现数量的增加,高竞争性市场使得财务绩效增速相对较慢,而低竞争性市场则使财务绩效增速相对较快。

模型 4 为成长绩效对市场竞争、工艺创新、市场竞争乘工艺创新等 3 项自变量进行线性回归,市场竞争乘工艺创新项的回归系数为 0.029,t 值为 0.442,在 0.05(或 0.1)显著性水平下不显著。根据调节效应的判断方法,市场竞争的调节作用不成立,表明工艺创新与成长绩效的关系不受市场竞争的调节。因此,假设 H26a 不成立,H26b 成立。

表 7.14　市场竞争在工艺创新与企业绩效之间的调节效应

| | 因变量:财务绩效 | | 因变量:成长绩效 | |
| | 标准化系数 $\beta(t)$ | | 标准化系数 $\beta(t)$ | |
	模型 1	模型 2	模型 3	模型 4
常量[a]	0.050(0.162)	0.103(0.343)	$-0.685(-2.429^*)$	$-0.691(-2.442^*)$
员工数量	$-0.041(-0.556)$	$-0.045(-0.629)$	0.084(1.254)	0.084(1.257)
企业年龄	0.151(2.221*)	0.136(2.065*)	0.140(2.267*)	0.141(2.285*)
行业子类	$-0.134(-1.786†)$	$-0.175(-2.381^*)$	0.016(0.242)	0.021(0.303)
市场竞争	$-0.188(-2.443^*)$	$-0.299(-3.736^{***})$	$-0.222(-3.172^{**})$	$-0.210(-2.790^{**})$
工艺创新	0.224(2.667**)	0.201(2.463*)	0.314(4.115***)	0.317(4.128***)
工艺创新× 市场竞争		$-0.263(-3.813^{***})$		0.029(0.442)
R^2	0.168	0.226	0.316	0.317
调整后 R^2	0.147	0.202	0.299	0.296
F	7.981***	9.532***	18.212***	15.147***
ΔR^2	0.058		0.01	
是否调节	存在调节效应(H26b 成立)		不存在调节效应(H26a)	

† $p<0.1$;* $p<0.05$;** $p<0.01$;*** $p<0.001$

a:非标准化系数

7.3.3.3　在营销创新与企业绩效之间的调节效应

由表 7.15,模型 2 为财务绩效对市场竞争、营销创新、市场竞争乘营销创新等 3 项自变量进行线性回归,回归系数分别为 -0.284、0.218、-0.261,t 值为

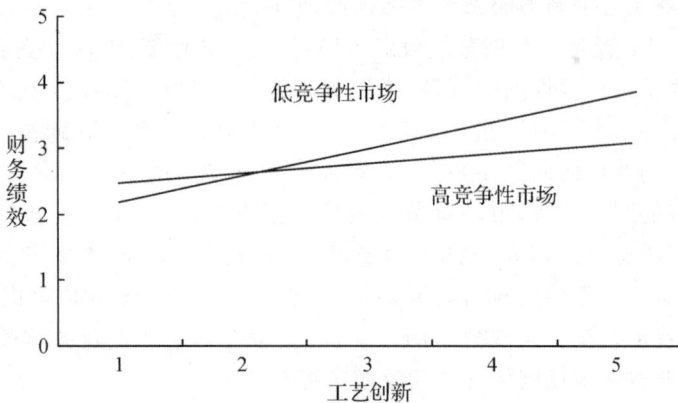

图 7.12　市场竞争的调节示意图(2)

-4.034、3.243、-4.040,在 0.001、0.01、0.001 显著性水平下显著。由于市场竞争乘营销创新项的回归系数显著,R_2^2 显著高于 R_1^2,$R_2^2-R_1^2(\Delta R^2)$ 也显著,根据调节效应的判断方法,市场竞争的调节作用成立,表明营销创新与财务绩效的关系受市场竞争的调节。$\Delta R^2=0.063$,说明交互效应项(市场竞争×营销创新)对解释财务绩效的变异增加了 6.3%。市场竞争的调节效应可以从图 7.13 中看出,随着营销创新实现数量的增加,高竞争性市场使得财务绩效增速相对较慢,而低竞争性市场则使财务绩效增速相对较快。

表 7.15　市场竞争在营销创新与企业绩效之间的调节效应

	因变量:财务绩效		因变量:成长绩效	
	标准化系数 $\beta(t)$		标准化系数 $\beta(t)$	
	模型 1	模型 2	模型 3	模型 4
常量[a]	$-0.169(-0.592)$	$-0.154(-0.560)$	$-0.987(-3.866^{***})$	$-0.989(-3.867^{***})$
员工数量	$-0.020(-0.280)$	$-0.051(-0.730)$	$0.112(1.737†)$	$0.117(1.788†)$
企业年龄	$0.170(2.549^{*})$	$0.142(2.187^{*})$	$0.167(2.786^{**})$	$0.170(2.829^{**})$
行业子类	$-0.097(-1.346)$	$-0.070(-1.012)$	$0.068(1.057)$	$0.064(0.996)$
市场竞争	$-0.214(-3.025^{**})$	$-0.284(-4.034^{***})$	$-0.255(-4.019^{***})$	$-0.245(-3.747^{***})$
营销创新	$0.220(3.150^{**})$	$0.218(3.243^{*})$	$0.318(5.086^{***})$	$0.318(5.082^{***})$
营销创新× 市场竞争		$-0.261(-4.040^{***})$		$0.035(0.588)$
R^2	0.180	0.243	0.344	0.345
调整后 R^2	0.159	0.220	0.327	0.325
F	8.633^{***}	10.474^{***}	20.618^{***}	17.183^{***}
ΔR^2	0.063		0.01	
是否调节	存在调节效应(H27b 成立)		不存在调节效应(H27a 不成立)	

$† p<0.1$;$^{*} p<0.05$;$^{**} p<0.01$;$^{***} p<0.001$

a:非标准化系数

由表 7.15,模型 4 为成长绩效对市场竞争、营销创新、市场竞争乘营销创新等 3 项自变量进行线性回归,市场竞争乘营销创新项的回归系数为 0.035,t 值为 0.588,在 0.05(或 0.1)显著性水平下不显著。根据调节效应的判断方法,市场竞争的调节作用不成立,表明营销创新与成长绩效的关系不受市场竞争的调节。因此,假设 H27a 不成立,H27b 成立。

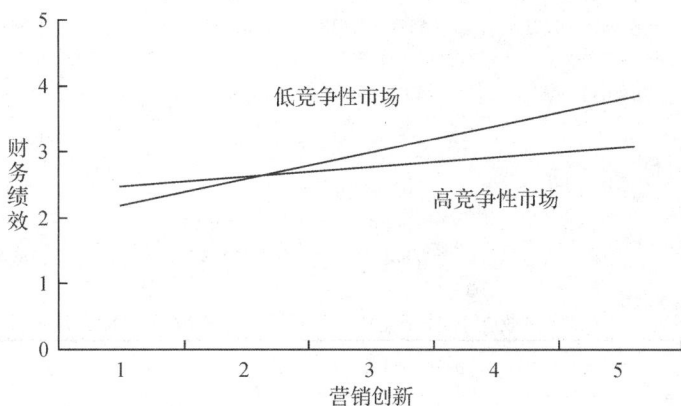

图 7.13　市场竞争的调节示意图(3)

7.3.3.4　在组织创新与企业绩效之间的调节效应

由表 7.16,模型 2 为财务绩效对市场竞争、组织创新、市场竞争乘组织创新等 3 项自变量进行线性回归,回归系数分别为 -0.293、0.183、-0.183,t 值为 -3.595、2.152、-2.720,在 0.001、0.05、0.01 显著性水平下显著。由于市场竞争乘组织创新项的回归系数显著,R_2^2 显著高于 R_1^2,$R_2^2-R_1^2(\Delta R^2)$ 也显著,根据调节效应的判断方法,市场竞争的调节作用成立,表明组织创新与财务绩效的关系受市场竞争的调节。$\Delta R^2=0.03$,说明交互效应项(市场竞争×组织创新)对解释财务绩效的变异增加了 3%。市场竞争的调节效应可以从图 7.14 中看出,随着组织创新实现数量的增加,高竞争性市场使得财务绩效增速相对较慢,而低竞争性市场则使财务绩效增速相对较快。

由表 7.16,模型 4 为成长绩效对市场竞争、组织创新、市场竞争乘组织创新等 3 项自变量进行线性回归,市场竞争乘组织创新项的回归系数为 -0.005,t 值为 -0.079,在 0.05(或 0.1)显著性水平下不显著。根据调节效应的判断方法,市场竞争的调节作用不成立,表明组织创新与成长绩效的关系不受市场竞争的调节。因此,假设 H28a 不成立,H28b 成立。

表 7.16 市场竞争在组织创新与企业绩效之间的调节效应

	因变量:财务绩效标准化系数 $\beta(t)$		因变量:成长绩效标准化系数 $\beta(t)$	
	模型 1	模型 2	模型 3	模型 4
常量 a	0.024(0.076)	0.066(0.214)	−0.616(−2.205*)	−0.615(−2.193*)
员工数量	−0.090(−1.117)	−0.102(−1.285)	−0.014(−0.195)	−0.014(−0.199)
企业年龄	0.169(2.500*)	0.158(2.377*)	0.162(2.681**)	0.162(2.665**)
行业子类	−0.095(−1.310)	−0.117(−1.618)	0.065(0.998)	0.064(0.981)
市场竞争	−0.205(−2.692**)	−0.293(−3.595***)	−0.216(−3.175**)	−0.218(−2.935**)
组织创新	0.207(2.401*)	0.183(2.152*)	0.362(4.695***)	0.361(4.651***)
组织创新×市场竞争		−0.183(−2.720**)		−0.005(−0.079)
R^2	0.163	0.193	0.332	0.332
调整后 R^2	0.142	0.169	0.315	0.312
F	7.668***	7.831***	19.587***	16.242***
ΔR^2	0.03		0	
是否调节	存在调节效应(H28b 成立)		不存在调节效应(H28a 不成立)	

† $p<0.1$; * $p<0.05$; ** $p<0.01$; *** $p<0.001$

a:非标准化系数

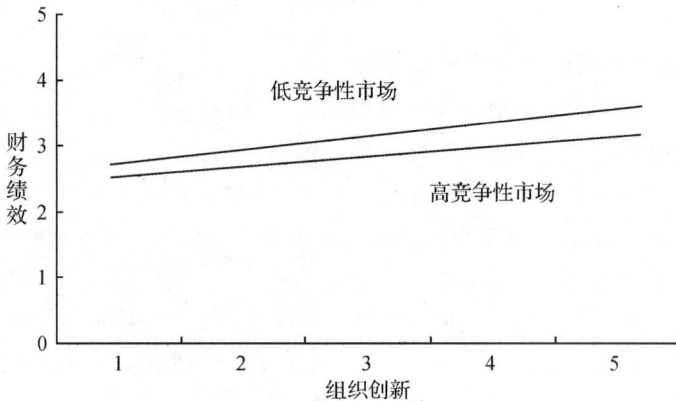

图 7.14 市场竞争的调节示意图(4)

从以上市场竞争的调节效应可以看出,在各类创新对财务绩效的影响中,市场竞争的调节作用显著,高竞争性市场使得创新带来的财务绩效增长相对变慢,说明激烈的市场竞争在一定程度上削弱了创新对企业销售额、利润和投资回报的积极影响。在各类创新对成长绩效的影响中,市场竞争的调节作用不显著。

产生以上结果的可能原因是高竞争性市场削弱了创新产生的市场优势,直接影响了创新带来的各项财务指标的增长,而成长指标受高竞争性市场的影响较弱或只是间接地受影响,使得市场竞争的调节作用不明显。以产品创新为例,产品创新在理论上能够使企业获得短期的垄断利润(Lessnoff,1979;Lieberman,Montgomery,1988),因为创新产品刚上市时,一般在市场上缺少其他直接竞争性的产品,从而获得较高的利润。但是这也会吸引其他企业进入该领域,导致竞争加剧,从而使创新的利润降低。因此,如果许多企业都从事同类创新,假设其他条件相同,那么这些创新企业也只能获得平均利润,包括率先将这种创新带入市场的企业(Teece,1986;Teece,2006)。

许多文献的结论与本研究基本一致。如 Yoon 和 Lilien(1985)指出竞争强度与创新的绩效负相关,因为市场竞争程度越低,产品可行性就越高;Roure 和 WKeeley(1990)建议要用突破性创新替代渐进性创新,因为前者竞争强度较轻;Stuart 和 Abetti(1987)也指出利基市场小,并且在成长中,因而竞争小,企业的创新产品应该渗透到缺少吸引力的利基市场。

除了产品创新,有关其他三类创新的类似研究很少,相关结论需要有更多的研究来做进一步的验证和深入探讨。

7.4　整合分析

以上对各类假设的检验都是比较孤立的,没有把不同类型创新的关系及其与企业绩效的关系纳入一个模型中进行整合分析。另外,在应用回归方法对许多假设进行检验时,使用的是显变量的处理方法,变量的数据通常是由主成分分析生成的,必然造成部分调查数据信息的丢失。应用结构方程模型(structural equation modeling,SEM),可以对潜变量进行分析,每个潜变量对应一组观测变量,使原始的观测数据信息得到充分体现。因此,本节应用 SEM 对相关假设进行检验,可以以此作为之前回归检验的一个必要补充。

在本章前面几节中,笔者用回归方法进行了直接效应、中介效应和调节效应的检验。在这一节里,笔者将构建 SEM,对直接效应和中介效应进行验证。由于 SEM 对于调节效应的检验过程比较复杂[①],并且通常需要分组进行,造成每一小组的样本量达不到理想的数量,因此本研究没有把两个调节变量放到 SEM 中。

---

①最主要的问题是主变量(X)和调节变量(Z)都有量度的指标,但是调节变量项($X \times Z$)却没有量度的指标。在 SEM 分析中不可以出现有些变量有指标,有些变量没有指标,因此用 SEM 检验调节变量就需要模拟调节变量项($X \times Z$)的度量指标。

7.4.1　SEM 介绍

SEM 是用来检验关于观察变量和潜变量、潜变量和潜变量之间假设关系的一种多重变量统计分析方法,在管理学研究中被广泛采纳,用以分析数据,检验假设。一般的理论研究会涉及许多变量,而一个回归方程只能一次解释一个因变量和几个自变量之间的关系,SEM 则可以同时分析出多个因变量与自变量自身及其之间的复杂关系,使研究的准确性大大提高。

在 SEM 的分析软件中,常用的有 AMOS、LISREL 和 EQS 等。在本研究中,我们采用 SPSS 家族系列的 AMOS 软件,AMOS 是 Analysis of Moment Structure(矩结构分析)的缩写,矩结构和协方差矩阵内涵相似,实际应用于结构方程模型分析。AMOS 是一种容易使用的可视化模块软件,只要使用其提供的描绘工具箱中的图像按钮便可以快速绘制 SEM 图形,浏览估计模型图和进行模型图的修改,评估模型的适配度与参考修正指标,输出最佳模型。

SEM 检验主要是判断模型的拟合性或适配度。根据模型输出的各种拟合指标来判断模型的合理性。模型拟合的主要内容是研究者提出的理论模型是否与样本实际观察数据拟合及其拟合程度。模型整体拟合度指标主要有以下 3 类:绝对拟合程度指标,主要有 χ^2、χ^2/df、GFI、AGFI 等;增量拟合程度指标,主要有 CFI、TLI 等;近似误差指数,主要有 RMR、RMSEA 等。

7.4.2　初始 SEM 路径图

在 4.2 节理论假设的基础上,本节应用 AMOS 20.0 软件绘制初始结构方程模型,画出的路径图如图 7.15 所示。

初始模型中潜变量和观察变量(显变量)分别为 5 个和 26 个。在潜变量中,只有组织创新是外生变量(exogenous variable),产品创新、工艺创新、营销创新和企业绩效[①]等 4 个潜变量为内生变量(endogenous variable)。外生变量不受其他变量的作用,而内生变量则受其他变量的作用,其取值受其他变量影响。除了潜变量和观察变量之外,模型中还有 26 个观察变量的残差变量(residual variance),用 $e1,e2,\cdots,e26$ 表示,4 个潜在内生变量的残差变量,用 $e27,e28,e29,e30$ 表示,其作用于相应变量的路径系数默认为 1。残差变量的存在可以使得模型的验证过程成立,因为来自问卷调查的数据难免会存在误差,不然

[①]根据 Hair(2010)等对 CFA 模型的构念指标个数的建议——每个潜在构念尽可能使用 4 个以上的测量指标,个别构念指标避免少于 3 个。这里成长绩效只有 2 个观测指标,因此在 SEM 模型中不区分企业绩效类型。

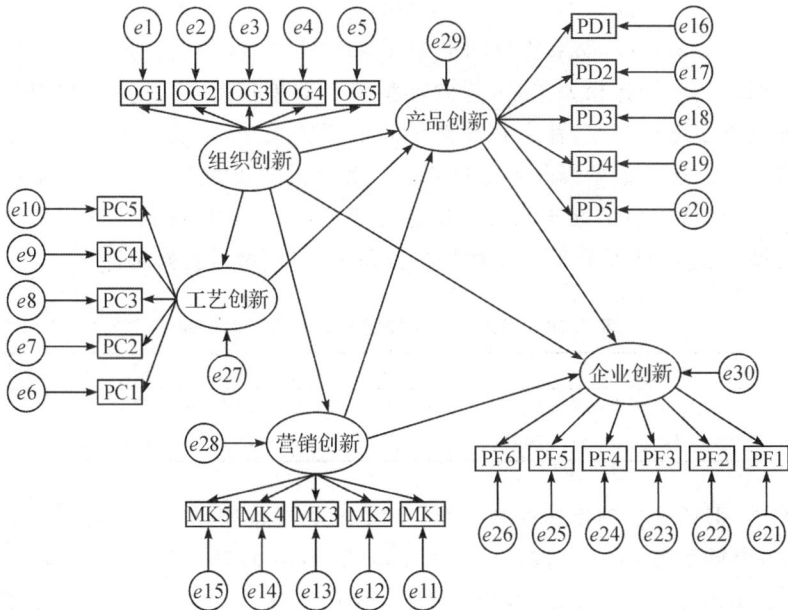

图 7.15　初始 SEM 路径图

观测值与模型完全匹配的可能性几乎没有。因此,在模型中引入残差变量才使关系路径得到验证,从而验证概念模型。

7.4.3　初始 SEM 模型的检验及修正

在 AMOS 软件中画出路径图(见图 7.15)后,经过 AMOS Graphics 界面的 Calculate Estimates 第一次运算,得到 SEM 估计的各项拟合程度的指标(见表 7.17)。显然,许多拟合程度指标达不到要求。

表 7.17　初始 SEM 的拟合程度指标

拟合指标	模型输出数据	判断标准
χ^2	756.514	接近自度度(Ryu et al.,2003)
df	290	越大越好(Ryu et al.,2003)
χ^2/df	2.609†	小于 2(Carmines,McIver,1981)
GFI	0.779†	大于 0.9(Hu et al.,1992)
AGFI	0.732†	大于 0.8(Scott,1995)
CFI	0.788†	大于 0.9(Bagozzi,Yi,1988)
TLI	0.762†	大于 0.9(Tucker,Lewis,1973)
RMR	0.083†	小于 0.08(Hu,Bentler,1999)
RMSEA	0.089**	小于 0.1(Browne et al.,1993)

†表示不可接受;** 可以接受

在 AMOS 软件中,不仅给出了模型的计算结果,还提供了相应的修正指标(modification index),如果变量间的修正指数较大,就表明原理论的模型没有考虑到相应变量的强相关关系,导致模型拟合效果较差,因此需要根据修正指数对理论模型进行修改,补上相应变量间的相关关系,主要是加入残差变量之间的协方差。这种模型修改不是只靠一两次修正就能完全达到的,需要根据每次 AMOS 计算之后的修正指标再次进行模型修正,最后得到与数据拟合度较好的模型。表 7.18 是在模型中增加协方差项,对模型进行修正。

表 7.18　修改模型增加的残差间协方差关系

e4<—>e7	e4<—>e25	e6<—>e28	e7<—>e10	e11<—>e12	e11<—>e16
e11<—>e17	e11<—>e18	e12<—>e16	e14<—>e16	e16<—>e17	e16<—>e18
e17<—>e18	e17<—>e29	e20<—>e26	e23<—>e30	e25<—>e26	e27<—>e28

根据 SEM 的各项指标评判标准,表 7.19 为模型修正后的拟合程度。根据表 7.19 中的数据,修正后的 χ^2 值为 393.2,对应的自由度为 270,χ^2 值显著(0.05 显著性水平)。χ^2/df 值为 1.456,小于 2,符合要求。GFI 为 0.877,与 0.9 较为接近,在 SEM 较为复杂的情况下,在其他指标全部达到要求的前提下,个别指标与判断标准存在很小差距是可以接受的(Bagozzi,Yi,1988),这种情况在一些研究中也出现过。其他拟合指示 AGFI、CFI、TLI、RMR 和 RMSEA 完全符合判断标准,说明经过修正后的模型拟合程度良好。同时,软件还输出了测量模型中潜变量的参数估计(见表 7.20)和修正后 SEM 的参数估计(表 7.21)。

表 7.19　修正后 SEM 的拟合程度指标

拟合指标	模型输出数据	判断标准
χ^2	393.200	接近自由度(Ryu et al.,2003)
df	270	越大越好(Ryu et al.,2003)
χ^2/df	1.456**	小于 2(Carmines,McIver,1981)
GFI	0.877*	大于 0.9(Hu et al.,1992)
AGFI	0.840**	大于 0.8(Scott,1995)
CFI	0.944**	大于 0.9(Bagozzi,Yi,1988)
TLI	0.932**	大于 0.9(Tucker,Lewis,1973)
RMR	0.061**	小于 0.08(Hu,Bentler,1999)
RMSEA	0.048**	小于 0.1(Browne et al.,1993)

** 可以接受;* 基本可以接受(接近临界值)

表 7.20　测量模型中潜变量的参数估计

变量←因子	估计值	标准化估计值	标准误	临界比 C. R.	显著性或 p 值
OG1←组织创新	1.000	0.661			
OG2←组织创新	1.078	0.704	0.124	8.675	＊＊＊
OG3←组织创新	1.121	0.774	0.120	9.372	＊＊＊
OG4←组织创新	0.945	0.703	0.108	8.742	＊＊＊
OG5←组织创新	1.197	0.781	0.127	9.438	＊＊＊
PC1←工艺创新	1.000	0.343			
PC2←工艺创新	2.363	0.760	0.487	4.848	＊＊＊
PC3←工艺创新	2.726	0.836	0.553	4.931	＊＊＊
PC4←工艺创新	2.723	0.896	0.547	4.978	＊＊＊
PC5←工艺创新	2.670	0.870	0.624	4.277	＊＊＊
MK1←营销创新	1.000	0.246			
MK2←营销创新	1.043	0.251	0.296	3.527	＊＊＊
MK3←营销创新	2.749	0.705	0.848	3.240	0.001
MK4←营销创新	2.546	0.490	0.840	3.033	0.002
MK5←营销创新	2.577	0.593	0.815	3.162	0.002
PD1←产品创新	1.000	0.224			
PD2←产品创新	1.930	0.513	0.635	3.040	0.002
PD3←产品创新	2.551	0.511	0.837	3.048	0.002
PD4←产品创新	2.053	0.449	0.683	3.008	0.003
PD5←产品创新	2.179	0.561	0.701	3.107	0.002
PF1←企业绩效	1.000	0.852			
PF2←企业绩效	1.089	0.928	0.071	15.387	＊＊＊
PF3←企业绩效	1.148	0.944	0.159	7.229	＊＊＊
PF4←企业绩效	0.849	0.677	0.079	10.689	＊＊＊
PF5←企业绩效	0.464	0.389	0.083	5.597	＊＊＊
PF6←企业绩效	0.223	0.167	0.098	2.287	0.022

＊＊＊指在 0.001 水平下显著

表 7.21　修正后 SEM 的参数估计

路径	标准化估计值	标准误	临界比 C. R.	显著性或 p 值
工艺创新←组织创新	0.720	0.080	4.325	＊＊＊
营销创新←组织创新	0.475	0.054	2.862	0.004
产品创新←组织创新	0.415	0.053	2.396	0.017
产品创新←工艺创新	0.333	0.103	2.046	0.041
产品创新←营销创新	0.461	0.170	2.551	0.011
企业绩效←组织创新	0.031	0.106	0.316	0.752
企业绩效←工艺创新	0.030	0.207	0.323	0.747
企业绩效←营销创新	0.298	0.407	2.437	0.015
企业绩效←产品创新	0.280	0.465	2.131	0.033

＊＊＊指在 0.001 水平下显著

7.4.4 SEM分析结果对研究假设的检验

7.4.4.1 不同类型创新对企业绩效的路径检验

由表7.21,产品创新作用于企业绩效的标准化路径系数估计值为0.280（见图7.16）,临界比为2.131,p值为0.033,小于0.05,此路径系数在0.05显著性水平下显著。分析结果表明产品创新对企业绩效呈现较为明显的正相关关系,企业产品创新的实现有助于企业绩效的提高。因此,H7获得数据支持,不能被拒绝。

工艺创新作用于企业绩效的标准化路径系数估计值为0.030,临界比为0.323,p值为0.747,大于0.05,此路径系数在0.05显著性水平下不显著。分析结果表明工艺创新对企业绩效的路径关系不明显,企业工艺创新的实现对企业绩效的提高无相关关系。因此,H8没有获得数据支持。

营销创新作用于企业绩效的标准化路径系数估计值为0.298,临界比为2.437,p值为0.014,小于0.05,此路径系数在0.05显著性水平下显著。分析结果表明营销创新对企业绩效呈现较为明显的正相关关系,企业营销创新的实现有助于企业绩效的提升。因此,H9获得数据支持,不能被拒绝。

组织创新作用于企业绩效的标准化路径系数估计值为0.031,临界比为0.316,p值为0.752,大于0.05,此路径系数在0.05显著性水平下不显著。分析结果表明组织创新对企业绩效的路径关系不明显,企业组织创新的实现对企业绩效的提升无相关关系。因此,H10没有获得数据支持。

7.4.4.2 不同类型创新之间关系的路径验证

由表7.21,组织创新作用于产品创新的标准化路径系数估计值为0.415,临界比为2.396,p值为0.017,小于0.05,此路径系数在0.05显著性水平下显著。分析结果表明组织创新对产品创新呈现较为明显的正相关关系,企业的组织创新有助于产品创新的实现。因此,H11获得数据支持,不能被拒绝。

组织创新作用于工艺创新的标准化路径系数估计值为0.720,临界比为4.325,p值小于0.001,此路径系数在0.001显著性水平下显著。分析结果表明组织创新对工艺创新呈现强的正相关关系,企业的组织创新有助于工艺创新的实现。因此,H12获得数据支持,不能被拒绝。

组织创新作用于营销创新的标准化路径系数估计值为0.475,临界比为2.862,p值为0.004,小于0.01,此路径系数在0.01显著性水平下显著。分析结果表明组织创新对营销创新呈现明显的正相关关系,企业的组织创新有助于营销创新的实现。因此,H13获得数据支持,不能被拒绝。

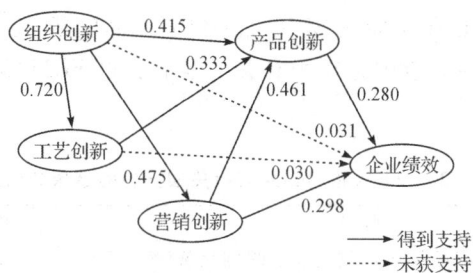

图 7.16　SEM 路径系数

工艺创新作用于产品创新的标准化路径系数估计值为 0.333,临界比为 2.046,p 值小于 0.05,此路径系数在 0.05 显著性水平下显著。分析结果表明工艺创新对产品创新呈现强的正相关关系,企业的工艺创新有助于产品创新的实现。因此,H14 获得数据支持,不能被拒绝。

营销创新作用于产品创新的标准化路径系数估计值为 0.461,临界比为 2.551,p 值为 0.011,小于 0.05,此路径系数在 0.05 显著性水平下显著。分析结果表明营销创新对产品创新呈明显的正相关关系,企业的营销创新有助于产品创新的实现。因此,H15 获得数据支持,不能被拒绝。

7.4.4.3　中介效应的检验

由图 7.16 可知,组织创新作用于企业绩效的路径系数不显著,组织创新对企业绩效的影响全部通过产品创新、工艺创新和营销创新的中介作用来实现。因此,H16、H17、H18 获得数据支持,不能被拒绝。

工艺创新作用于企业绩效的路径系数不显著,工艺创新对企业绩效的影响全部通过产品创新的中介作用来实现。因此,H19 获得数据支持,不能被拒绝。

营销创新作用于企业绩效的路径系数显著,标准化路径系数为 0.298。同时,营销创新通过产品创新的中介作用,对企业绩效的间接效应为 0.129(＝营销创新对产品创新的直接效应路径系数 0.461×产品创新对企业绩效的直接效应路径系数 0.280),占总效应的 30.21%。说明了营销创新对企业绩效影响既包括通过产品创新的中介作用实现,也有直接效应存在,产品创新只起到了部分中介。因此,H20 获得数据支持,不能被拒绝。

从以上所有的 SEM 检验结果与相关回归检验结果的对比(见表 7.22),可以发现两种方法检验结果基本一致,只有对 H8 和 H10 的检验出现不同的结果,这主要是由不同检验方法性质不同和对企业绩效的度量差异[①]造成的。在 SEM 的检验中拒绝 H8 的主要原因可能与没有区分不同类型的企业绩效有关,

---

①在回归分析中,我们区分不同类型的企业绩效进行检验,而在 SEM 分析中,并没有对企业绩效进行区分,其原因之前已经作了解释。

拒绝 H10 的主要原因很可能是 SEM 识别出了产品创新、工艺创新在组织创新与财务绩效之间存在完全中介作用有关。本节通过 SEM 检验,加强了相关假设回归检验的结果。

表 7.22　SEM 检验结果与相关回归检验结果的对照

		研究假设	回归检验	SEM 检验
直接效应	H7	H7a　产品创新对成长绩效起到显著影响	支持	支持
		H7b　产品创新对财务绩效起到显著影响	支持	
	H8	H8a　工艺创新对成长绩效起到显著影响	支持	不支持
		H8b　工艺创新对财务绩效起到显著影响	支持	
	H9	H9a　营销创新对成长绩效有显著影响	支持	支持
		H9b　营销创新对财务绩效有显著影响	支持	
	H10	H10a　组织创新对成长绩效有显著影响	支持	不支持
		H10b　组织创新对财务绩效有显著影响	支持	
	H11	组织创新对产品创新有显著影响	支持	支持
	H12	组织创新对工艺创新有显著影响	支持	支持
	H13	组织创新对营销创新有显著影响	支持	支持
	H14	工艺创新对产品创新有显著影响	支持	支持
	H15	营销创新对产品创新有显著影响	支持	支持
中介效应	H16	H16a　产品创新在组织创新对成长绩效的影响中起中介作用	支持	支持
		H16b　产品创新在组织创新对财务绩效的影响中起中介作用	支持	
	H17	H17a　工艺创新在组织创新对成长绩效的影响中起中介作用	支持	支持
		H17b　工艺创新在组织创新对财务绩效的影响中起中介作用	支持	
	H18	H18a　营销创新在组织创新对成长绩效的影响中起中介作用	支持	支持
		H18b　营销创新在组织创新对财务绩效的影响中起中介作用	支持	
	H19	H19a　产品创新在工艺创新对成长绩效的影响中起中介作用	支持	支持
		H19b　产品创新在工艺创新对财务绩效的影响中起中介作用	支持	
	H20	H20a　产品创新在营销创新对成长绩效的影响中起中介作用	支持	支持
		H20b　产品创新在营销创新对财务绩效的影响中起中介作用	支持	

7.5　本章小结

本章主要对不同类型的创新与企业绩效(成长绩效和财务绩效)的关系进行了分析。通过多元回归、层次回归和结构方程模型等方法对各类创新与企业绩效关系的三种效应(直接效应、中介效应和调节效应),共 22 个研究假设(加上企业绩效类型不同而衍生出的假设,实际研究假设有 39 个)进行了检验。

研究结果显示,单独任何一类创新,都对企业绩效(成长绩效和财务绩效)有显著的影响。在四种不同类型的创新中,组织创新起到了基础性的作用,因为它促进了产品创新、工艺创新和营销创新,组织创新也主要通过这三类创新影响企业绩效。产品创新是其他三类创新影响企业绩效的一个中心环节,因为工艺创新、营销创新和组织创新部分或全部通过产品创新实现对企业绩效的影响。工艺创新和营销创新一方面受组织创新的影响,另一方面又通过产品创新间接地影响企业绩效。

根据以上结论,我们认为中小企业虽然可以通过单独进行某一类创新以取得更好的企业绩效,但是四类创新的协同作用对企业绩效的影响将更加明显,企业应该注重产品创新的中心作用和组织创新的基础性作用,并在工艺创新和营销创新的协同下,进一步提升企业绩效。

产品创新性和营销创新性的调节作用分别对产品创新、营销创新与财务绩效的关系比较明显,而工艺创新性和组织创新性的调节作用分别对工艺创新、组织创新与成长绩效的关系比较明显。与低创新性相比,高创新性能使财务绩效或成长绩效提升得更快。中小企业随着创新能力的增强,应该提高各类创新的层次和水平,增加创新性。

市场竞争的调节作用对于各类创新与财务绩效的关系比较明显,而对各类创新与成长绩效的关系不明显。高竞争性市场虽然对创新的成长绩效影响不明显,但在一定程度上损害了创新对财务绩效的积极影响,使得财务绩效的提升变慢。为了使财务绩效增长更快,企业需要持续创新来维持其在市场上的竞争优势。

第8章 中小企业创新的关键风险因素与风险后果评估

在第 6 章和第 7 章中,本研究识别了影响中小企业不同类型创新的关键风险因素,并分析了中小企业不同类型创新与企业绩效的关系。在创新风险的结构中(见图 1.2),创新的关键风险因素属于风险因素,没有实现的创新和没有实现的企业绩效分别属于风险后果的第一层次和第二层次。

在风险管理过程中,在风险因素和风险后果明确之后,需要对其发生的可能性进行评估。风险评估就是对识别出的关键风险因素及其风险后果作进一步分析,用数量刻画风险因素和风险后果发生的可能性。在本研究中,为了更深入地刻画中小企业创新风险的特征,在前面研究的基础上,对中小企业创新风险进行评估,确定创新的各关键风险因素的风险等级和各类创新、企业绩效等不能实现的风险等级(见图 8.1),进一步加深对中小企业创新的认识。

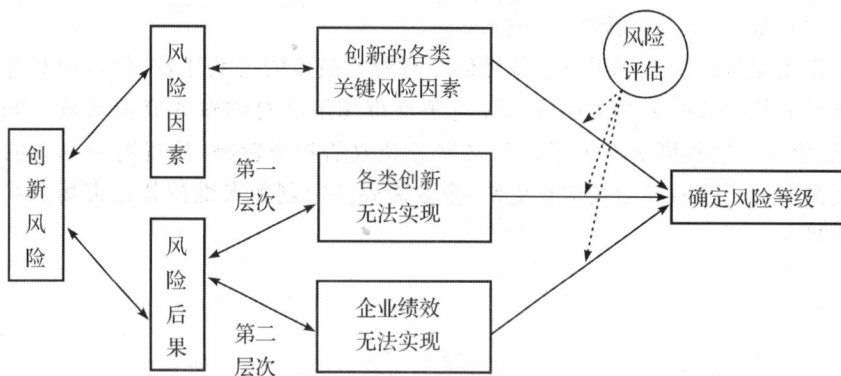

图 8.1　关键风险因素和风险后果的风险等级评估

本章将通过粗糙集方法确定风险评估中相关指标的权重,再采用模糊综合评价方法对创新的关键风险因素和风险后果进行评估。本研究采用这些方法的原因是：第一，由于风险本身与不确定性有关，风险因素、风险后果等指标难以进行精确描述，具有模糊性，与模糊综合评价较为吻合；第二，粗糙集方法可以不依靠先验信息，对问题的不确定处理较为客观，可以增加评估结果的客观性；第三，粗糙集方法和模糊综合评价法可以做到互补，一个用于定权，另一个用于综合评价，结合使用更能刻画评估对象的性质。

8.1　创新风险评估指标定权

由波兰科学家 Pawlak 于 1982 年提出的粗糙集理论（Rough Set Theory）是处理不精确、不确定与不完全数据的理论，能有效地分析不精确、不一致、不完整的信息。该方法可以有效处理以下问题：不确定或不精确知识的表达；经验学习并从经验中获取知识；不一致信息的分析；根据不确定、不完整的知识进行推理；在保留信息的前提下进行数据简化；近似模式分类；识别并评价数据之间的依赖关系等（韩祯祥，1998）。

8.1.1　定权过程

根据 41 个风险因素题项组成风险因素评估指标体系，以及 20 个四类创新题项和 6 个企业绩效题项组成风险后果评估指标体系，共同构建属性集：

$$\boldsymbol{A} = \{a_1, a_2, \cdots, a_{67}\}$$

其中，$a_1 \sim a_{41}$ 为风险因素的各个评估指标，$a_{42} \sim a_{61}$ 为四类创新的各个评估指标，$a_{62} \sim a_{67}$ 为企业绩效的各个评估指标。再以 203 个样本构成论域：

$$\boldsymbol{U} = \{x_1, x_2, \cdots, x_{203}\}$$

构成关系表。

关系表中行对应于各样本 $x_i (i=1,2,\cdots,203)$，列对应于 x_i 的属性 a_j。表中数值 z_{ij} 表示对应行所指样本 x_i 的 a_j 属性取值，来源于问卷的打分值。表 8.1 是技术信息所属评估指标和样本构成的关系表。其中的 a_{11}、a_{12}、a_{13}、a_{14}、a_{15} 分别代表缺少来自供应商的技术信息，缺少来自供应商的投入品，缺少来自竞争对手的技术信息，缺少来自科研机构或大学的技术信息，缺少来自一般公开性的各类技术信息等指标。

表 8.1　技术信息因素所属评估指标和样本的关系表

x_i	a_{11}	a_{12}	a_{13}	a_{14}	a_{15}	x_i	a_{11}	a_{12}	a_{13}	a_{14}	a_{15}	x_i	a_{11}	a_{12}	a_{13}	a_{14}	a_{15}
1	2	3	2	3		69	3	3	2	3	3	137	1	1	3	2	4
2	2	2	1	2	3	70	2	2	4	2	2	138	2	5	3	2	2

（续表）

x_i	a_{11}	a_{12}	a_{13}	a_{14}	a_{15}	x_i	a_{11}	a_{12}	a_{13}	a_{14}	a_{15}	x_i	a_{11}	a_{12}	a_{13}	a_{14}	a_{15}
3	2	2	2	2	3	71	2	2	2	4	4	139	2	1	2	2	2
4	3	2	3	2	2	72	4	4	4	4	4	140	2	2	2	2	2
5	3	3	4	3	4	73	2	4	2	4	4	141	1	1	1	1	1
6	1	2	1	1	1	74	2	1	3	4	3	142	3	3	3	3	3
7	3	2	1	3	3	75	3	1	2	2	2	143	5	5	5	3	5
8	3	1	2	2	2	76	3	2	2	3	3	144	1	3	1	2	1
9	4	2	3	3	3	77	4	3	4	4	3	145	2	2	2	3	2
10	3	4	3	4	4	78	4	1	4	2	4	146	2	1	1	2	1
11	2	2	3	3	3	79	2	2	4	2	4	147	2	2	1	2	2
12	1	3	2	1	3	80	2	3	4	3	2	148	2	2	2	2	2
13	2	2	2	4	3	81	3	3	3	3	3	149	2	1	1	1	2
14	2	4	3	2	2	82	3	3	3	2	3	150	2	1	2	2	2
15	2	2	3	2	2	83	2	1	2	2	2	151	3	2	3	4	3
16	3	2	1	1	4	84	2	3	3	3	3	152	2	3	3	2	3
17	3	2	3	1	2	85	2	1	4	2	2	153	2	2	3	3	4
18	3	1	3	2	3	86	2	1	2	2	2	154	1	1	1	1	1
19	2	1	2	2	2	87	4	1	4	2	4	155	5	3	2	4	3
20	4	3	4	4	3	88	3	4	3	3	3	156	2	2	2	2	2
21	2	2	2	3	3	89	4	4	4	4	4	157	3	2	2	3	3
22	4	3	4	4	4	90	2	2	3	2	3	158	2	3	3	3	3
23	2	2	2	3	2	91	3	3	3	3	3	159	2	4	3	2	4
24	2	1	2	2	2	92	2	1	2	2	2	160	4	4	4	3	4
25	2	3	3	3	3	93	2	2	2	3	3	161	4	4	4	4	4
26	3	3	4	4	3	94	1	2	1	1	1	162	3	3	3	4	4
27	3	3	4	3	4	95	2	3	3	2	2	163	3	3	3	4	5
28	2	3	3	3	3	96	1	1	1	1	1	164	3	3	3	3	4
29	2	3	2	3	3	97	2	3	3	3	3	165	4	4	4	4	4
30	2	1	3	1	1	98	2	4	4	4	4	166	4	3	4	4	4
31	3	3	3	2	3	99	2	3	3	3	4	167	2	3	3	3	3
32	4	2	4	4	4	100	3	3	3	4	4	168	3	3	3	3	4
33	3	1	4	1	1	101	3	3	4	4	3	169	2	3	5	5	2
34	2	2	3	3	4	102	5	5	4	3	5	170	3	4	3	3	4
35	4	3	2	3	4	103	2	3	3	3	3	171	3	3	3	3	3
36	3	3	3	3	3	104	1	1	2	1	1	172	5	3	5	4	4
37	2	1	2	1	3	105	2	1	2	1	2	173	2	2	2	2	3
38	2	3	3	3	3	106	2	1	2	3	2	174	3	3	3	3	4
39	3	3	3	3	4	107	2	2	2	2	2	175	3	3	4	4	4
40	4	1	3	4	2	108	2	1	2	1	2	176	3	3	4	4	4
41	4	4	4	3	4	109	1	3	2	3	1	177	3	2	3	3	3
42	3	2	2	2	3	110	2	2	3	5	4	178	4	2	4	4	4
43	2	1	2	2	2	111	2	1	3	2	2	179	1	1	1	1	1

（续表）

x_i	a_{11}	a_{12}	a_{13}	a_{14}	a_{15}	x_i	a_{11}	a_{12}	a_{13}	a_{14}	a_{15}	x_i	a_{11}	a_{12}	a_{13}	a_{14}	a_{15}
44	2	1	2	2	2	112	1	2	1	3	2	180	2	1	2	1	2
45	3	3	3	3	3	113	2	2	3	2	3	181	1	2	1	1	1
46	2	3	3	4	2	114	1	2	2	1	5	182	2	2	1	1	2
47	3	1	4	3	3	115	3	3	4	3	4	183	2	3	3	2	2
48	4	3	1	3	4	116	3	4	1	4	4	184	2	3	2	2	3
49	4	1	3	3	3	117	3	2	3	3	3	185	2	2	2	2	3
50	4	2	2	3	3	118	3	4	3	4	4	186	2	2	1	1	2
51	2	2	3	3	3	119	4	2	3	4	3	187	1	1	1	1	1
52	3	3	4	4	4	120	2	1	1	2	3	188	2	1	2	2	2
53	4	3	3	4	3	121	3	1	2	3	3	189	3	3	3	3	3
54	4	4	4	4	4	122	1	2	1	2	3	190	3	3	2	4	4
55	3	3	4	3	2	123	4	3	4	3	4	191	5	1	1	1	1
56	3	3	3	4	3	124	4	3	4	3	4	192	1	1	1	1	2
57	3	2	4	3	3	125	2	4	1	2	3	193	2	2	2	2	2
58	4	4	3	3	3	126	1	1	4	1	1	194	1	2	2	1	2
59	2	1	3	2	2	127	3	2	3	2	2	195	2	3	2	2	3
60	3	4	4	4	4	128	3	2	3	3	4	196	3	2	3	2	3
61	3	3	3	4	3	129	2	3	2	2	2	197	1	2	4	3	2
62	4	4	4	4	4	130	5	5	5	5	5	198	1	2	3	4	3
63	3	3	3	3	3	131	1	1	1	1	1	199	1	1	2	2	3
64	2	1	3	2	1	132	2	2	3	3	3	200	2	1	1	1	3
65	4	4	4	4	4	133	4	3	3	3	4	201	2	2	2	2	2
66	3	1	2	2	3	134	1	2	2	2	2	202	1	3	2	2	2
67	3	3	3	3	3	135	2	2	3	2	3	203	2	4	4	5	2
68	3	2	3	3	3	136	1	1	1	1	3						

对于技术信息因素所属各评价指标对应的属性集 $A_1 = \{a_{11}, a_{12}, a_{13}, a_{14}, a_{15}\}$，可得到[①]：

$U/ind(A_1) = \{(131,141,154,179,187),(96,192),(136),(199),(104),$ $(137),(126),(6,94,181),(122),(112),(194),(114),(134),(198),(197),$ $(144),(12),(202),(109),(149),(146),(120),(105,108,180),(37),(19,24,$ $43,44,83,86,92,139,150,188),(106),(30),(200),(64),(59,111),(74),$ $(85),(182,186),(147),(2),(107,140,148,156,193,201),(3,173,185),(23,$ $145),(21,93),(13),(71),(15),(90,113,135),(11,51,132),(34,153),$

---

①该结果通过 rosetta 软件计算获得，rosetta 是一款基于粗糙集理论框架的表格逻辑数据工具，由挪威科技大学计算机与信息科学系和波兰华沙大学数学研究所合作开发。

$(110),(70),(79),(184),(29,84),(128),(95,183),(1,152),(25,28,38,97,$
$103,158,167),(99),(46),(80),(169),(125),(73),(14),(159),(98),(203),$
$(138),(8,75),(66,121),(18),(33),(47),(16),(7),(42),(76,157),(17),$
$(4,129),(196),(68,117,177),(151),(57),(195),(69,91),(127),(190),$
$(31,82),(36,45,63,67,81,142,171,189),(39,164,168,174),(56),(61,100,$
$162,176),(163),(55),(5,27,115),(26,101),(52,175),(116),(88),(170),$
$(10),(60),(49),(40),(87),(78),(50),(9),(119),(32,178),(48),(35),$
$(133),(53),(123,124),(20,77),(22,118,166),(58),(41,160),(54,62,65,$
$72,89,161,165),(191),(155),(172),(102),(143),(130)\};$

$U/ind(\boldsymbol{A}_1 - \{a_{11}\}) = \{(131,141,154,179,187,191),(96,149,192),$
$(136),(146),(199),(120),(104),(105,108,180),(37),(8,19,24,43,44,75,$
$83,86,92,139,150,188),(66,121),(106),(30),(200),(64),(59,111),(18),$
$(137),(49),(40),(74),(33,126),(85),(87),(78),(47),(6,94,181),(182,$
$186),(16),(147),(2,122),(112),(7),(194),(114),(107,134,140,148,156,$
$193,201),(3,42,173,185),(23,145),(21,76,93,157),(13,50),(71),(17),$
$(4,15,129),(90,113,135,196),(9,11,51,68,117,132,177),(34,153),(119,$
$151,198),(110),(57,70),(79),(197),(32,178),(144),(48),(12),(195,$
$202),(184),(109),(29,69,84,91),(35,128),(127,155),(190),(95,183),$
$(1,31,82,152),(25,28,36,38,45,63,67,81,97,103,142,158,167,171,189),$
$(39,99,133,164,168,174),(46),(53,56),(61,100,162,176),(163),(55,$
$80),(5,27,115,123,124),(20,26,77,101),(22,52,118,166,175),(172),$
$(169),(125),(116),(73),(14),(159),(58,88),(170),(10),(41,160),(54,$
$60,62,65,72,89,98,161,165),(203),(138),(102),(143),(130)\};$

$U/ind(\boldsymbol{A}_1 - \{a_{12}\}) = \{(6,94,131,141,154,179,181,187),(96,192),$
$(136),(144),(199),(122),(112),(104),(194),(12),(114),(134,202),$
$(109),(137),(198),(126),(197),(149,182,186),(146),(147),(2,120,$
$125),(105,108,180),(37),(19,24,43,44,83,86,92,107,139,140,148,150,$
$156,188,193,201),(3,173,184,185),(23,106,145),(21,29,84,93),(128),$
$(13),(71,73),(30),(200),(64),(14,15,59,95,111,138,183),(1,90,113,$
$135,152),(159),(11,25,28,38,51,97,103,132,158,167),(34,99,153),$
$(46),(74),(110),(70,85),(79),(80),(98),(203),(169),(16),(7),(116),$
$(8,75,195),(42,66,121),(69,76,91,157),(127),(190),(17),(4,129),(18,$
$31,82,196),(36,45,63,67,68,81,88,117,142,171,177,189),(39,164,168,$
$170,174),(56,151),(10,61,100,162,176),(163),(33),(57),(55),(47),(5,$

$27,115),(26,101),(52,60,175),(48),(35),(50),(9,49,58),(133),(40),$
$(53,119),(87),(78),(41,123,124,160),(20,77),(22,32,54,62,65,72,89,$
$118,161,165,166,178),(191),(155),(102),(143),(172),(130)\}$;

$\boldsymbol{U}/ind(\boldsymbol{A}_1-\{a_{13}\})=\{(104,126,131,141,154,179,187),(96,192),$
$(136),(199),(137),(6,94,181),(194),(114),(134),(122),(112,197),$
$(198),(12),(144),(202),(109),(30),(105,108,149,180),(37,200),(64,$
$146),(19,24,43,44,59,83,85,86,92,111,139,150,188),(120),(106),(74),$
$(182,186),(15,70,107,140,147,148,156,193,201),(2,3,90,113,135,173,$
$185),(79),(23,145),(11,21,51,93,132),(34,153),(13),(71),(110),(95,$
$183),(1,152,184),(80),(25,28,29,38,84,97,103,158,167),(99,128),$
$(46),(169),(14),(125),(159),(73,98),(203),(138),(33),(8,75),(18,66,$
$121),(47),(17),(16),(4,57,129),(42,196),(7,68,76,117,157,177),$
$(151),(195),(31,82),(55),(36,45,63,67,69,81,91,142,171,189),(5,27,$
$39,115,164,168,174),(26,56,101,127),(52,61,100,162,175,176,190),$
$(163),(88),(170),(10,60,116),(87),(78),(49),(40),(9),(50,119),(32,$
$178),(35,48,123,124,133),(20,53,77),(22,118,166),(58),(41,160),(54,$
$62,65,72,89,161,165),(191),(155),(172),(102,143),(130)\}$;

$\boldsymbol{U}/ind(\boldsymbol{A}_1-\{a_{14}\})=\{(131,141,154,179,187),(96,192,199),(136),$
$(104),(137),(126),(6,94,181),(112),(122),(134,194),(114),(198),$
$(197),(144),(109),(202),(12),(146),(149),(120),(19,24,43,44,83,86,$
$92,105,106,108,139,150,180,188),(37),(30,64),(59,111),(74,200),$
$(85),(147,182,186),(2),(23,107,140,145,148,156,193,201),(3,13,21,$
$93,173,185),(71),(15),(11,51,90,113,132,135),(34,110,153),(70),$
$(79),(29,84,184),(128),(46,95,183),(1,25,28,38,97,103,152,158,167),$
$(99),(80),(169),(125),(73),(14),(159),(203),(98),(138),(8,75),(66,$
$121),(18),(33),(47),(7),(16),(42,76,157),(4,17,129),(68,117,151,$
$177,196),(57),(195),(69,91,127),(190),(31,36,45,56,63,67,81,82,142,$
$171,189),(39,61,100,162,164,168,174,176),(163),(55),(26,101),(5,27,$
$52,115,175),(116),(88),(10,170),(60),(40),(49),(87),(78),(50),(9,$
$119),(32,178),(48),(35),(53),(133),(20,77),(22,118,123,124,166),$
$(58),(41,54,62,65,72,89,160,161,165),(191),(155),(172),(102),(130,$
$143)\}$;

$\boldsymbol{U}/ind(\boldsymbol{A}_1-\{a_{15}\})=\{(96,131,136,141,154,179,187,192),(199),$
$(104),(137),(126),(6,94,181),(122),(112),(114,194),(134),(198),$

(197),(144),(12),(202),(109),(149),(120,146),(37,105,108,180),(19,24,43,44,83,86,92,139,150,188),(106),(30,200),(59,64,111),(74),(85),(182,186),(2,147),(3,107,140,148,156,173,185,193,201),(21,23,93,145),(13,71),(15,90,113,135),(11,34,51,132,153),(110),(70,79),(184),(29,84,128),(1,95,152,183),(25,28,38,97,99,103,158,167),(46),(80),(169),(125),(73),(14,159),(98),(203),(138),(8,66,75,121),(18),(33),(47),(16),(7),(42),(76,157),(17),(4,129,196),(68,117,177),(151),(57),(195),(69,91),(127,190),(31,82),(36,39,45,63,67,81,142,164,168,171,174,189),(56,61,100,162,163,176),(5,27,55,115),(26,52,101,175),(116),(88,170),(10),(60),(49),(40),(78,87),(50),(9),(119),(32,178),(48),(35),(133),(53),(123,124),(20,22,77,118,166),(58),(41,160),(54,62,65,72,89,161,165),(191),(155),(172),(102),(143),(130)}。

利用以上各等价类集合,可分别算出 A_1、$(A_1-\{a_{11}\})$、$(A_1-\{a_{12}\})$、$(A_1-\{a_{13}\})$、$(A_1-\{a_{14}\})$ 和 $(A_1-\{a_{15}\})$ 等知识的信息量,属性 a_{11}、a_{12}、a_{13}、a_{14}、a_{15} 的重要性,以及各属性相应指标的权重(见表8.2)。

表8.2　技术信息因素对应评估指标计算结果

评估指标	对应属性	知识	知识信息量	属性重要性	权重指标
技术信息		$I(A_1)$	0.9855		
缺少来自供应商的技术信息	a_{11}	$I(A_1-\lvert a_{11}\rvert)$	0.9769	0.0086	0.1898
缺少来自供应商的投入品	a_{12}	$I(A_1-\lvert a_{12}\rvert)$	0.9735	0.0120	0.2649
缺少来自竞争对手的技术信息	a_{13}	$I(A_1-\lvert a_{13}\rvert)$	0.9764	0.0091	0.2009
缺少来自科研机构或大学的技术信息	a_{14}	$I(A_1-\lvert a_{14}\rvert)$	0.9765	0.0090	0.1987
缺少来自一般公开性的各类技术信息	a_{15}	$I(A_1-\lvert a_{15}\rvert)$	0.9789	0.0066	0.1457

同理可计算出其他各个指标的权重,各类风险因素所属评估指标的权重[①]、各类创新所属指标的权重和各类企业绩效所属指标的权重见表8.3。

---

①在13个风险因子中,由于公共政策和创新成本不属于任何一类创新的关键风险因素,因此无须进行定权。

表 8.3　其他指标的权重

	评估指标		权重
风险因素	市场信息	缺少来自顾客的信息	0.3587
		缺少来自竞争对手的市场信息	0.3568
		缺少来自一般公开性的各类市场信息	0.2844
	技术合作	与供应商合作不足	0.3923
		与高校合作不足	0.2921
		与研发机构合作不足	0.3155
	营销合作	与顾客合作不足	0.4050
		与同行合作不足	0.3148
		与广告营销服务机构合作不足	0.2802
	市场特征	市场需求不确定性	0.3870
		市场需求潜力不足	0.2575
		潜在市场竞争激烈	0.3556
	管理技能	员工管理知识、技能不足	0.3867
		员工管理经验不足	0.3538
		员工管理知识、技能学习或培训不足	0.2595
	技术技能	员工技术知识、技能不足	0.3995
		员工技术经验不足	0.3344
		员工技术知识、技能学习或培训不足	0.2661
	技术匹配	员工技能互补性不足	
	创新资金	企业自有资金不足	0.2859
		资金来源渠道较少	0.2421
		吸引外来资金难度大	0.4720
	创新管理	创新计划不完善	0.1671
		创新战略不完善	0.1044
		缺少获取信息的外部网络	0.3155
		缺少外部有效沟通	0.1090
		缺少内部有效沟通	0.1903
		企业主领导和支持创新不足	0.1137
	创新文化	组织缺少创新文化	0.3165
		管理层对创新的抵制	0.3709
		员工对创新的抵制	0.3126

（续表）

	评估指标		权重
创新类型	产品创新	开发新产品或新服务难以实现	0.3589
		开发产品的新用途难以实现	0.1132
		改进现有产品的性能难以实现	0.2038
		改进现有产品的质量难以实现	0.2210
		改进现有产品的用户友好性难以实现	0.0941
	工艺创新	生产技术改进难以实现	0.2705
		生产设备改进难以实现	0.3437
		软件升级难以实现	0.1508
		物流改进难以实现	0.1064
		生产辅助支撑活动的改进难以实现	0.1286
	营销创新	产品设计改进难以实现	0.2745
		产品外观改进难以实现	0.1957
		产品的分销方式改进难以实现	0.1386
		产品的促销方式改进难以实现	0.1957
		产品的定价策略改进难以实现	0.1957
	组织创新	管理工作的组织方式或程序改进难以实现	0.2143
		工作的职责划分改进难以实现	0.2290
		工作的决策分配改进难以实现	0.1534
		业务处理方式难改进以实现	0.2332
		与其他机构的组织关系改进难以实现	0.1702
企业绩效	财务绩效	企业的投资回报率难以达到预期水平	0.1902
		产品销售毛利率难以达到预期水平	0.1071
		销售额增长率难以达到预期水平	0.3754
		企业的利润增长率难以达到预期水平	0.3272
	成长绩效	企业的规模增长难以达到预期水平	0.4633
		企业的管理水平难以达到预期水平	0.5367

8.1.2 指标权重的含义

1.技术信息因素方面

缺少供应商的投入品、缺少竞争对手的技术信息、缺少科研机构或大学的技术信息、缺少供应商的技术信息，以及缺少一般公开性的技术信息等五项指标的权重依次减少。缺少供应商的投入品的权重最大说明中小企业创新对供应商有很强的依赖性，作为知识和技术载体的投入品，在创新过程中扮演非常重要的角色。而一般公开性的技术信息的权重最小，可能是因为各类媒体为中小企业提供技术信息方面所起到的作用相对有限，导致对创新过程造成的不确定性相对较小。

2.市场信息因素方面

缺少来自顾客的市场信息和缺少竞争对手的市场信息这两者的权重几乎相同,而一般公共性的市场信息权重较小,这表明相对一般性的各类公共市场信息,顾客和竞争对手提供的市场信息在创新过程中的影响更大,对创新的不确定性影响较大。

3.技术合作因素方面

关于技术合作方面,与各类供应商合作不足的权重最大,说明与供应商的技术合作对中小企业创新过程的不确定性影响最大,可能由于目前科研机构、高校与中小企业在技术合作方面还不够普遍,使之对中小企业创新的重要性没有得到充分发挥。

4.营销合作因素方面

与顾客合作不足在营销合作因素中所起的作用最大,明显超过与同行、广告营销服务机构的营销合作。这一结果说明与顾客合作的状况,对中小企业创新产生的不确定性相对较高。因此,与顾客紧密的合作关系对成功进行创新有重要影响。

5.市场特征因素方面

在市场特征方面,按重要性排序,依次是市场需求不确定性、潜在市场竞争激烈、市场需求潜力不足。市场需求的不确定性和潜在市场的激烈竞争,是创新者需要特别关注的,受市场需求下降以及过于激烈的市场竞争的影响,它不仅可能使企业的创新半途而废,还可能造成实现了的创新没有给企业带来预期的绩效。因此,在创新启动之前,深入研究目标市场和全面分析竞争态势,将有助于降低创新风险。

6.管理技能因素方面

在管理技能方面,员工管理知识、技能不足和员工管理经验不足的权重位居第一位和第二位,明显超过位于第三位的员工管理知识、技能的学习或培训不足,这表明员工的现有管理知识、技能和经验对创新的不确定性影响很大,创新是一项复杂的系统工程,对企业员工的管理技能要求较高。由于员工管理知识的学习、所受培训对企业创新的影响具有一定的滞后性,导致员工管理知识、技能学习或培训不足的权重相对较弱,但它是形成企业未来管理技能和经验的重要途径,因此,从长远角度看,中小企业也需重视。

7.技术技能因素方面

在技术技能方面,权重排在首位的是员工技术知识或技能的不足,这表明员工现有的技术知识、技能对创新过程的不确定性有重要影响;其次是员工技术经验不足,表明员工的技术经验也是影响创新过程的重要因素,而员工技术知识、技能的学习或培训所起的作用相对较弱。这些说明员工现有的技术知识、技能和经验还比较薄弱,制约了中小企业的创新,尤其对技术型创新造成了更大的不确定性。

8.创新资金因素方面

在创新资金方面,权重从大到小依次排序为吸引外来资金难度大、企业自有资金不足、资金来源渠道较少,其中吸引外来资金难度大的权重明显超过后两者,这说明中小企业对外融资困难而造成创新资金不足是创新过程中重要的不确定性因素。中小企业在创新活动开始之前,根据创新对资金的需求,不仅需要全面考虑自有资金状况和可能的资金来源,而且要评估获得外部资金的可能性,降低外部资金的不确定性对企业创新活动的负面影响。

9.创新管理因素方面

在创新管理方面,权重最大的是缺少获取信息的外部网络,由于企业外部网络为获得外部信息和进行外部合作提供了有利条件,因此在创新管理中,重视建立健全的中小企业的外部网络架构,增强与外部相关者的联系,可以降低创新过程的不确定性。此外,内部有效沟通的权重排在第二位,说明对于复杂的、需要多部门密切配合和紧密联系的创新活动来说,在创新管理过程中要建立内部有效沟通机制,使知识和信息在企业内部可以顺畅流通和共享,减少创新的不确定性。与此相比,创新计划不完善、企业领导对创新支持不足、创新战略不完善等指标重要性较低,在一定程度上说明它们所产生的不确定性相对较低。

10.创新文化因素方面

在创新文化方面,组织缺少创新文化、管理层对创新的抵制、员工对创新的抵制等三项指标的权重分配比较均衡,各占 1/3 左右,这表明我们都不能忽视这些指标的不确定性对创新结果的影响。从企业整体创新文化的培育到各级各类员工的强烈创新意识及其对创新活动的有力支持,无疑是成功创新的重要基础。

11.创新类型方面

在产品创新的各项指标中,开发新产品或新服务难以实现的权重最大,现有产品的质量难以改进和现有产品的性能难以改进,这两者的权重比较接近,分别排在第二位和第三位,而开发产品的新用途和用户友好性难以实现的权重都较小,依次排在第四位和第五位。从中可以看出中小企业产品创新的薄弱环节主要体现在开发新产品、改进产品质量和性能方面。

在工艺创新方面,权重排在前两位的指标分别是生产设备改进难以实现和生产技术改进难以实现,这是中小企业在工艺创新方面表现出来的主要不足之处。

在营销创新方面,产品设计改进的权重最大,这表明中小企业营销创新的不足主要还是在于产品设计有关方面。

在组织创新方面,各项指标的权重不存在明显的差距,业务处理方式、工作职责划分、管理工作的组织方式等指标的权重高于其他两项指标,是组织创新的薄弱环节。

12.企业绩效方面

在财务绩效方面,销售额增长率难以达到预期水平、企业的利润增长率难以达到预期水平等指标的权重较大,是中小企业财务绩效指标中较难实现的指标。

在成长绩效方面,企业的规模增长难以达到预期水平、企业的管理水平难以达到预期水平等指标的权重没有太大的差异,实现难度比较接近。

8.2　创新风险的模糊综合评估

8.2.1　关键风险因素的风险等级评估

(1)将 11 个一级评估指标(即 11 个关键风险因素)所包含的 41 个二级评估指标(即 41 个风险因素题项)组成因素集,同时确定评语为:

$\boldsymbol{V}=\{v_1,v_2,\cdots,v_m\}=\{1,2,3,4,5\}$,其中,1、2、3、4、5 分别代表风险发生可能性的五个等级,即很高、高、中、低、很低。

(2)根据调查数据,进行单因素评估,分别求技术信息、市场信息、技术合作、营销合作、市场特征、管理技能、技术技能、技能匹配、创新资金、创新管理和创新文化等一级评估指标所包含的二级评估指标的评判矩阵 $\boldsymbol{R}_1$、$\boldsymbol{R}_2$、$\boldsymbol{R}_3$、$\boldsymbol{R}_4$、$\boldsymbol{R}_5$、$\boldsymbol{R}_6$、$\boldsymbol{R}_7$、$\boldsymbol{R}_8$、$\boldsymbol{R}_9$、$\boldsymbol{R}_{10}$ 和 $\boldsymbol{R}_{11}$,得到结果如下:

$$\boldsymbol{R}_1=\begin{bmatrix}0.128 & 0.404 & 0.291 & 0.148 & 0.030\\0.241 & 0.296 & 0.340 & 0.103 & 0.020\\0.138 & 0.281 & 0.360 & 0.202 & 0.020\\0.143 & 0.310 & 0.315 & 0.212 & 0.020\\0.084 & 0.276 & 0.365 & 0.251 & 0.025\end{bmatrix};$$

$$\boldsymbol{R}_2=\begin{bmatrix}0.108 & 0.310 & 0.330 & 0.241 & 0.010\\0.148 & 0.261 & 0.315 & 0.261 & 0.015\\0.153 & 0.345 & 0.276 & 0.222 & 0.005\end{bmatrix};$$

$$R_3 = \begin{bmatrix} 0.079 & 0.251 & 0.384 & 0.266 & 0.020 \\ 0.202 & 0.369 & 0.236 & 0.128 & 0.064 \\ 0.069 & 0.276 & 0.369 & 0.256 & 0.030 \end{bmatrix};$$

$$R_4 = \begin{bmatrix} 0.202 & 0.374 & 0.335 & 0.084 & 0.005 \\ 0.069 & 0.222 & 0.463 & 0.241 & 0.005 \\ 0.187 & 0.291 & 0.443 & 0.079 & 0 \end{bmatrix};$$

$$R_5 = \begin{bmatrix} 0.034 & 0.217 & 0.468 & 0.256 & 0.025 \\ 0.054 & 0.227 & 0.458 & 0.256 & 0.005 \\ 0.059 & 0.197 & 0.453 & 0.291 & 0 \end{bmatrix};$$

$$R_6 = \begin{bmatrix} 0.044 & 0.182 & 0.463 & 0.291 & 0.020 \\ 0.054 & 0.138 & 0.478 & 0.315 & 0.015 \\ 0.030 & 0.123 & 0.438 & 0.394 & 0.015 \end{bmatrix};$$

$$R_7 = \begin{bmatrix} 0.069 & 0.271 & 0.369 & 0.236 & 0.054 \\ 0.148 & 0.182 & 0.468 & 0.187 & 0.015 \\ 0.084 & 0.163 & 0.429 & 0.300 & 0.025 \end{bmatrix};$$

$$R_8 = \begin{bmatrix} 0.128 & 0.300 & 0.394 & 0.163 & 0.015 \end{bmatrix};$$

$$R_9 = \begin{bmatrix} 0.143 & 0.419 & 0.305 & 0.118 & 0.015 \\ 0.163 & 0.473 & 0.227 & 0.123 & 0.015 \\ 0.128 & 0.409 & 0.310 & 0.133 & 0.020 \end{bmatrix};$$

$$R_{10} = \begin{bmatrix} 0.059 & 0.187 & 0.458 & 0.266 & 0.030 \\ 0.044 & 0.118 & 0.483 & 0.340 & 0.015 \\ 0.054 & 0.236 & 0.414 & 0.291 & 0.005 \\ 0.049 & 0.133 & 0.424 & 0.394 & 0 \\ 0 & 0.197 & 0.463 & 0.320 \\ 0.025 & 0.163 & 0.527 & 0.261 & 0.025 \end{bmatrix};$$

$$R_{11} = \begin{bmatrix} 0.015 & 0.315 & 0.345 & 0.241 & 0.084 \\ 0.015 & 0.325 & 0.320 & 0.271 & 0.069 \\ 0.015 & 0.419 & 0.246 & 0.266 & 0.054 \end{bmatrix}。$$

（3）求一级评估指标的隶属向量，并构建因素集的模糊综合评判矩阵。

$$B_1 = A_1 \cdot R_1 = (0.1898, 0.2649, 0.2009, 0.1987, 0.1457) \cdot$$

$$\begin{bmatrix} 0.128 & 0.404 & 0.291 & 0.148 & 0.030 \\ 0.241 & 0.296 & 0.340 & 0.103 & 0.020 \\ 0.138 & 0.281 & 0.360 & 0.202 & 0.020 \\ 0.143 & 0.310 & 0.315 & 0.212 & 0.020 \\ 0.084 & 0.276 & 0.365 & 0.251 & 0.025 \end{bmatrix} = (0.070, 0.164, 0.195, 0.118,$$

0.012）

同理，可计算出 B_2、B_3、B_4、B_5、B_6、B_7、B_8、B_9、B_{10} 和 B_{11}：

$B_2 = A_2 \cdot R_2 = (0.135, 0.302, 0.309, 0.243, 0.010)$

$B_3 = A_3 \cdot R_3 = (0.124, 0.305, 0.321, 0.209, 0.040)$

$B_4 = A_4 \cdot R_4 = (0.156, 0.303, 0.406, 0.132, 0.004)$

$B_5 = A_5 \cdot R_5 = (0.048, 0.212, 0.460, 0.268, 0.011)$

$B_6 = A_6 \cdot R_6 = (0.044, 0.151, 0.462, 0.326, 0.017)$

$B_7 = A_7 \cdot R_7 = (0.092, 0.221, 0.408, 0.242, 0.037)$

$B_8 = A_8 \cdot R_8 = (0.128, 0.300, 0.394, 0.163, 0.015)$

$B_9 = A_9 \cdot R_9 = (0.141, 0.427, 0.288, 0.126, 0.017)$

$B_{10} = A_{10} \cdot R_{10} = (0.040, 0.189, 0.452, 0.305, 0.015)$

$B_{11} = A_{11} \cdot R_{11} = (0.015, 0.351, 0.305, 0.260, 0.069)$

（4）根据最大隶属原则，判断评估结果。根据 $b^* = \max\{b_1, b_2, \cdots, b_m\}$ 可知：

$b_1^* = 0.195$　　$b_2^* = 0.309$　　$b_3^* = 0.321$　　$b_4^* = 0.406$　　$b_5^* = 0.460$

$b_6^* = 0.462$　　$b_7^* = 0.408$　　$b_8^* = 0.394$　　$b_9^* = 0.427$　　$b_{10}^* = 0.452$

$b_{11}^* = 0.351$

由以上结果可以分别判断出技术信息、市场信息、技术合作、营销合作、市场特征、管理技能、技术技能、技能匹配、创新资金、创新管理和创新文化等一级评估指标的评估结果分别属于评语

$v_1^* = 3$　　$v_2^* = 3$　　$v_3^* = 3$　　$v_4^* = 3$　　$v_5^* = 3$

$v_6^* = 3$　　$v_7^* = 3$　　$v_8^* = 3$　　$v_9^* = 2$　　$v_{10}^* = 3$　　$v_{11}^* = 2$

因此，技术信息、市场信息、技术合作、营销合作、市场特征、管理技能、技术技能、技能匹配、创新资金、创新管理和创新文化等关键风险因素发生的风险等级分别为中、中、中、中、中、中、中、中、高、中、高。

以上分析表明，在中小企业创新中，11 类关键风险因素的评价为中或高，没有出现低或很低的风险因素，这些风险因素在创新过程中都需要受到重视。11 类关键风险因素中，创新资金因素和创新文化因素比其他 9 类风险因素更容易导致创新本身结果的不确定性，并且这两类风险因素同时属于 4 类创新的关键风险因素。因此，在中小企业创新风险管理中，在注意技术信息、市场信息、技术合作、营销合作、市场特征、管理技能、技术技能、技能匹配、创新管理等因素的同时，要更加注意创新资金、创新文化等因素。

8.2.2　风险后果的风险等级评估

风险后果包括各类创新无法实现和各类创新的企业绩效无法实现。各类

创新无法实现包括产品创新、工艺创新、营销创新和组织创新的无法实现；企业绩效无法实现包括财务绩效和成长绩效的无法实现。在本研究中，各类创新无法实现和各类创新的企业绩效无法实现都有 5 项指标进行衡量，现采用模糊综合评估方法对其进行评估。

以对产品创新无法实现的风险后果评估为例，由 5 项一级评估指标构成因素集，并指定评语集为 $V = \{v_1, v_2, \cdots, v_m\} = \{1, 2, 3, 4, 5\}$，其中，1、2、3、4、5 分别代表风险发生可能性的 5 个等级，即很高、高、中、低、很低。

求得产品创新无法实现的评判矩阵和隶属向量：

$$R = \begin{bmatrix} 0.340 & 0.399 & 0.197 & 0.054 & 0.010 \\ 0.025 & 0.153 & 0.537 & 0.266 & 0.020 \\ 0.158 & 0.266 & 0.350 & 0.212 & 0.015 \\ 0.103 & 0.384 & 0.355 & 0.128 & 0.030 \\ 0.054 & 0.103 & 0.502 & 0.340 & 0 \end{bmatrix};$$

$$B = C \cdot R = (0.185, 0.309, 0.329, 0.153, 0.016)。$$

按照最大隶属原则，根据公式 $b^* = \max\{b_1, b_2, \cdots, b_m\}$，得到 $b^* = 0.329$，由此可判定评语 $v^* = 3$，表明产品创新风险后果的等级为中。

同理，可分别求工艺创新、营销创新、组织创新、财务绩效和成长绩效等方面无法实现的风险后果等级，计算结果见表 8.4。根据这些评估结果，我们发现各类风险后果的风险等级都为中。虽然中小企业创新存在高风险的可能性较低，但也不能轻视，加强创新过程的风险管理，对于实现中小企业的各类创新和创新的企业绩效等方面都有积极意义。

表 8.4　风险后果的评估结果

风险后果		隶属向量	b^*	v^*	风险等级
创新方面	产品创新	$(0.185, 0.309, 0.329, 0.153, 0.016)$	0.329	3	中
	工艺创新	$(0.125, 0.300, 0.325, 0.237, 0.013)$	0.325	3	中
	营销创新	$(0.157, 0.312, 0.366, 0.145, 0.020)$	0.366	3	中
	组织创新	$(0.136, 0.311, 0.337, 0.196, 0.020)$	0.337	3	中
绩效方面	财务绩效	$(0.057, 0.205, 0.439, 0.280, 0.019)$	0.439	3	中
	成长绩效	$(0.066, 0.215, 0.415, 0.284, 0.020)$	0.415	3	中

8.3　本章小结

通过运用粗糙集方法给各指标定权，再用模糊综合评估方法对风险因素和风险后果的风险等级大小进行评估，笔者发现在关键风险因素方面，技术信息、市场信息、技术合作、营销合作、市场特征、管理技能、技术技能、技能匹配、创新资金、创新管理和创新文化等方面风险发生的可能性等级分别为中、中、中、中、中、中、中、中、高、中、高;在风险后果方面,产品创新、工艺创新、营销创新和组织创新等 4 类创新无法实现的风险等级全部为中,财务绩效和成长绩效等 2 类企业绩效无法实现的风险等级也全部为中。

　　以上结果说明在中小企业创新过程中,一方面创新者并没有面临很高的风险,因此在全面考虑各项风险因素和风险后果之后,中小企业不应惧怕创新风险,应尽可能多地进行创新实践,提高创新能力;另一方面,由于中小企业创新还是存在中等程度的风险,需要重视对创新过程的风险管理,弱化和规避关键风险因素可能对各类创新产生的不良影响,低创新性和高竞争性市场可能对各类创新的企业绩效产生的不良影响。

　　另外,我们的评估结果是基于中小纺织企业创新的数据得出的。纺织行业是一种典型的中低技术产业,其创新特征与高技术产业中小企业创新存在差异,因此,我们的风险评估结论可能不适用于高技术产业中小企业。

第9章 主要结论与对策启示

9.1 主要结论

本研究对国内外有关中低技术产业创新、中小企业创新、创新风险因素、创新与企业绩效关系等方面的理论与实证研究成果进行了比较系统全面的文献综述,并通过浙江中小制造企业创新现状调查、绍兴中小纺织企业创新管理调查和浙江203家中小纺织企业创新调查,采集了大量中小企业创新的数据,撰写了浙江中小制造企业创新现状调查报告、绍兴中小纺织企业创新管理现状调查报告,并使用中小纺织企业创新调查数据,采用多种规范的量化实证分析方法,识别影响中低技术产业中小企业不同类型创新的关键风险因素,探讨不同类型创新对企业绩效的作用机理,并对中小企业创新的关键风险因素(包括11个风险因素)和风险后果(包括各类创新无法实现、各类企业绩效无法实现)发生的可能性进行风险评估,最后从微观和宏观两方面提出了中小企业创新的若干对策。

通过上述研究过程,本研究得出以下主要结论:

(1)根据对相关文献的研究归纳,中低技术产业中小企业创新的主要特征有:对外依赖性较强,创新往往离不开外部的知识、信息和相关投入品,以及与外部相关机构的创新合作,导致来自外部的有关市场和技术方面的知识、信息和投入品对企业创新影响重大;企业内部创新资源和能力比较薄弱,表现为创新资金不足、创新团队的技术技能和管理技能较差,导致企业内部创新障碍多;中小企业一般由企业家管理,创新意识较强,并愿意冒一定的风险,组织结构灵活,行动迅速,但是创新计划和战略不完善,创新管理能力较差,需要培育企业创新文化。

(2)通过对浙江中小制造企业创新现状的调查,发现:产品创新或工艺创新在企业内部独立完成的比例相对较低,有超过一半以上的产品创新或工艺创新是通过与外部企业合作和使用其他企业创新成果来实现的;主要的创新活动包括获取外部机器设备和软件、外部研发和培训员工,而在企业内部的研发活动相对较少;顾客、供应商和同行竞争者是企业创新的重要信息源,而大学、公共研究机构等信息源对企业创新的重要性较低;产品创新最重要的产出表现在产品质量的改进上,工艺创新最重要的产出表现在提高灵活性、提高生产和服务的能力上;在影响企业创新的风险因素上,获取资金成本太高是最重要的风险因素;缺少合格的人力资源、缺少有关技术信息和缺少有关市场信息等也被认为是重要的风险因素。

(3)通过对绍兴中小纺织企业创新管理现状的调查,发现:绍兴纺织企业创新类型的前三位是开发新产品、开拓新市场和引进新机器设备、生产工艺;创新想法最主要的来源是顾客,其次是高层管理者和员工,最后是供应商和政府政策;创新实现的方式主要通过合作创新,其次是购买创新成果和自主创新;在创新风险管理方面,大部分企业认为创新项目风险与风险管理知识、风险管理措施的关系大或很大,但是企业创新项目的风险识别与评估、风险管理措施不够系统和完善。

(4)影响中小企业创新的关键风险因素共有 11 个,包括技术信息、市场信息、技术合作、营销合作和市场特征等 5 个主要来自企业外部的风险因素,管理技能、技术技能、技能匹配、创新资金、创新管理和创新文化等 6 个主要来自企业内部的风险因素。除了一般公开的技术信息和市场信息之外,供应商、顾客、竞争者、科研院所、广告营销服务机构等组织或个人是中小企业技术信息或市场信息的主要来源,这些机构或个人也是中小企业开展技术合作或营销合作的主要对象。市场特征主要表现为市场需要的不确定性、潜在市场规模的大小和市场竞争的程度。管理技能、技术技能和技能匹配等属于企业的人力资源能力因素,体现在企业员工在管理技能和技术技能方面的水平、经验、学习和所受的培训,以及相关技能配置状况。创新资金主要表现为企业用于创新的资金数量、融资渠道和融资能力状况。创新管理主要包括创新的计划和战略、获得信息的网络和内外部沟通、企业主对创新的领导和支持等方面。创新文化主要由整个组织的创新氛围、管理层和员工对创新的态度等构成。

(5)不同类型创新的关键风险因素存在差异。影响产品创新的关键风险因素最多,全部 11 个关键风险因素都与产品创新有关,揽括了技术、市场、技能、资金、管理和文化等多方面,体现了产品创新的复杂性;影响工艺创新的关键风险因素有 7 个,包括技术信息、技术合作和技术技能等与技术相关的因素,也包括管理技能、创新资金、创新管理和创新文化等因素;影响营销创新的关键风险因素也有 7 个,主要有市场信息、营销合作、市场特征等与市场相关的因素,也包括管理技能、创新资金、创新管理和创新文化等因素;影响组织创新的关键风险因素最少,只有 4 个,主要来自企业内部,包括管理技能、创新资金、创新管理和创新文化等。不管哪一类创新,都受企业的管理技能、创新资金、创新管理和创新文化等 4 个因素影响,除此之外,产品创新还受技术、市场相关因素的双重影响,工艺创新还受技术相关因素的影响,营销创新还受市场相关因素的影响。

(6)产品创新、工艺创新、营销创新和组织创新等对企业的财务绩效和成长绩效都有显著影响,各类创新与企业绩效存在正相关关系。在四种不同类型创新中,组织创新起到了基础性的作用,因为它促进了产品创新、工艺创新和营销创新,组织创新也主要通过这三类创新影响企业绩效。产品创新是其他三类创新影响企业绩效的一个中心环节,因为工艺创新、营销创新和组织创新部分或全部通过产品创新实现对企业绩效的影响。工艺创新和营销创新一方面受组织创新的影响,另一方面又通过产品创新间接地影响企业绩效。

(7)创新性(创新程度)起到调节各类创新与企业绩效关系的作用。产品创新性和营销创新性的调节作用分别对产品创新、营销创新与财务绩效的关系比较明显,而工艺创新性和组织创新性的调节作用分别对工艺创新、组织创新与成长绩效的关系比较明显。与低创新性相比,高创新性能使财务绩效或成长绩效提升得更快。

(8)各类创新与企业绩效的关系还受市场竞争调节。市场竞争的调节作用对各类创新与财务绩效的关系比较明显,而对各类创新与成长绩效的关系不明显。与低竞争性市场相比,高竞争性市场使财务绩效的提升变慢。

(9)中小企业创新的风险等级总体上为中等。在关键风险因素方面,技术信息、市场信息、技术合作、营销合作、市场特征、管理技能、技术技能、技能匹配和创新管理等 9 个风险因素的风险等级为中;创新资金和创新文化等 2 个风险因素的风险等级为高。关键风险因素的风险等级越高,该因素造成创新不能实现的可能性就越大。在风险后果方面,产品创新、工艺创新、营销创新和组织创新等无法实现的风险等级为中,成长绩效和财务绩效等无法现实的风险等级也为中。风险后果的风险等级越高,各类创新或各类企业绩效不能实现的可能性就越大。

9.2 对策启示

基于上述研究结论,为了有效弱化中小企业创新风险,提高创新的企业绩效,应该从微观和宏观两个层面入手。

从微观层面上,中小企业创新应该采取以下对策措施:

（1）对企业自身要有全面深入的了解。中小企业要了解自身在创新方面的优势和不足，充分发挥自身灵活、敏捷的行动优势，通过建立良好的外部技术、市场信息收集的渠道和合作机制，借助外力弥补自身在创新资源和能力上的短板。

（2）对创新要有全面深入的了解。根据不同创新类型，重点防范该类创新的关键风险因素。由于不同类型创新所属关键风险因素的差异性，除了增强和提升企业内部的创新资源和能力外，对于工艺创新还要防范技术方面的风险，要注重技术信息的收集，与外部机构进行技术合作；对于营销创新还要防范市场方面的风险，要注重市场信息的收集，与外部机构开展营销合作；对于产品创新还要同时防范技术和市场方面的风险，并注意企业内部创新团队的技能配置，建立跨职能、多样化的产品创新团队。

（3）多种创新类型协同开展。中小企业虽然可以通过单独进行某一类创新以取得更好的企业绩效，但是四类创新的协同作用对企业绩效的影响将更加明显，企业应该注重产品创新的中心作用和组织创新的基础性作用，并在工艺创新和营销创新协同下，有助于企业绩效的进一步提升。

（4）努力提高各类创新的水平和层次，并进行持续创新。中小企业随着创新能力的增强，应该提高各类创新水平和层次，增加创新性；同时，企业需要持续创新来维持在市场上的竞争优势。

（5）从总体上认识和管理中小企业的创新风险，敢于创新。中低技术产业中小企业的创新并没有面临很高的风险，因此不应惧怕创新风险，尽可能多地进行创新实践，提高创新能力；同时，中小企业创新还是存在中等程度的风险，需要重视对创新过程的风险管理，弱化和规避关键风险因素可能对各类创新造成的不良影响、低创新性和高竞争性市场可能对各类创新的企业绩效产生的不良影响。

在中小企业采取上述措施防范创新风险、提高企业绩效的同时，鉴于中小企业自身创新资源和能力的有限性和对外部知识、信息的依赖性，政府也应该在降低中小企业创新风险和帮助提高创新的企业绩效方面发挥积极作用。政府在宏观层面上要完善中小企业创新扶持政策与推动机制，其中采取以下对策措施将具有十分重要的现实意义：

（1）建立为中小企业服务的公共技术研发平台。由于目前公共研发机构、科研院所对中小企业的技术服务比较有限，中小企业使用这些机构的信息、技术成果相对较少。政府应该建立服务地方中小企业创新的公共技术研发平台，整合技术研发机构的技术供给信息和中小企业对技术的需求信息，一方面有利于技术成果走出实验室，实现产业化，另一方面解决中小企业自身技术研发能力不足的问题。

(2)建立为中小企业服务的市场信息预警中心。由于中小企业获取外部信息能力的有限性和缺少对各类信息的宏观把握,容易产生对外部经济形势和市场趋势的误判,导致创新行动的盲目性和同质化竞争严重等问题。政府建立有关经济发展和市场变化趋势的宏观信息预警中心,发布市场现状和预期趋势,对出口企业提供相应的分国别的宏观环境、市场和竞争等方面的信息,有助于企业作出正确的创新决策。

(3)对中小企业创新给予资金支持。中小企业资金短缺问题一直比较严重,这很可能会阻碍企业的创新事业。为了鼓励中小企业涌现出更多的创新,政府对中小企业创新的资金补助可以起到这种导向作用。除了直接资金支持外,政府还可以通过税收优惠、小企业创新专项融资渠道、对重大创新成果进行奖励等政策措施刺激中小企业创新的积极性。

(4)出台多种创新扶持政策,扩大中小企业的受益面。通过调查当地中小企业创新碰到的主要问题,出台企业真正需要的政策措施,对症下药,使公共政策切实起到助推中小企业创新的作用。降低享受优惠政策门槛,扩大企业受益面,鼓励各类企业的创新活动,塑造良好的区域创新氛围。

(5)建立区域创新系统,使区域内的不同产业、不同职能机构实现互动,尤其要培育战略性新兴产业与传统产业(主要是中低技术产业)的协同与互动机制。一方面,传统产业要改变原有的发展模式,进行创新发展,需要依靠大量先进的技术和装备;另一方面,新兴产业的发展离不开传统产业的支持,传统产业的改造和升级对新兴产业的产品有巨大需求,为新兴产业带来巨大市场,促进新兴产业的发展壮大。通过建立区域创新系统,促进先进技术开发、传播和商业化,加快中低技术产业中小企业的创新步伐,使整个经济体系协调、健康发展。

参考文献

白玲,邓玮.2008.科技创新在中低技术产业中为什么同样重要[J].社会科学战线,(06):80-85.

蔡宇.2005.企业技术创新的风险分析与防范[J].科技管理研究,25(9):149-150.

陈劲.2001.永续发展:企业技术创新透析[M].北京:科学出版社.

陈劲,景劲松.2005.驭险创新:企业复杂产品系统创新项目风险管理[M].北京:知识产权出版社.

陈劲,柳卸林.2008.自主创新与国家强盛:建设中国特色的创新型国家中的若干问题与对策研究[M].北京:科学出版社.

陈劲,王方瑞.2005.突破全面创新,技术和市场协同创新管理研究[J].科学学研究,23(7):249-254.

陈劲,郑刚.2009.创新管理[M].北京:北京大学出版社.

陈清泰.2011.自主创新和产业升级[M].北京:中信出版社.

戴红梅.2006.在创新中升级:绍兴纺织产业的第六次革命[J].纺织服装周刊,(22):36-37.

冯军,颜永才.2011.我国低技术制造业技术创新模式演变研究[J].当代经济,(05):38-40.

傅家骥.1992.技术创新——中国企业发展之路[M].北京:清华大学出版社.

高洪成,王琳.2012.高中低技术产业范围界定标准探析[J].科技进步与对策,(13):46-48.

郭斌,许庆瑞.1997.企业组合创新研究[J].科学学研究,15(1):12-17.

韩祯祥,张琦,文福拴.1998.粗糙集理论及其应用[J].信息与控制,27(1):37-45.

洪进,汤书昆.2003.企业技术创新过程中的风险问题研究[J].科学学与科学技术管理,(03):31-33.

冀春贤,王凤山.2008.近代浙商的三大转变与启示[J].商业经济与管理,(10):
25-30.

江剑,官建成.2008.中国中低技术产业创新效率分析[J].科学学研究,(06):
1325-1332.

劳建芳.2005.打造绍兴的创新型经济[J].浙江经济,(10):50-51.

李生校,赵梁红.2008.绍兴纺织产业集群发展和竞争力提升的对策[J].企业经
济,(9):75-77.

柳卸林.1997.技术轨道和自主创新[J].中国科技论坛,2(3):30-33.

马庆国.2002.管理统计:数据获取,统计原理,SPSS工具与应用研究[M].北
京:科学出版社.

毛荐其,霍保世.2002.技术创新风险与评估[J].数量经济技术经济研究,(02):
28-31.

孟笑然.1994.新技术产业化的风险因素与风险评估[J].科研管理,15(3):
38-43.

孙理军,陈劲,王恒彦.2010.中国低技术制造业发展的阶段性及其创新战
略——以中国纺织服装业为例[J].科学学研究,(02):234-242.

田方军,董静.2007.企业技术创新风险的聚类分析:一项实证研究[J].科技进
步与对策,(01):120-123.

王瑾.2009.越商精神与绍兴纺织产业链升级[J].绍兴文理学院学报,29(1):
57-57.

王立新,李勇,任荣明.2006.基于灰色多层次方法的企业技术创新风险评估研
究[J].系统工程理论与实践,(07):98-104.

王鹏,王墨玉,李亨英.2007.企业技术创新风险因素分析方法的应用[J].工业
工程,(04):110-113.

王燕玲.2011.基于专利分析的我国低技术制造业技术创新特征研究[J].统计
研究,(04):57-61.

温忠麟.2006.心理与教育统计[M].广州:广东高等教育出版社.

吴涛.1999.技术创新风险的分类研究及矩阵分析方法[J].科研管理,20(2):
40-45.

吴涛.2002.考虑决策维和风险维的技术创新风险二维分析模型及案例分析
[J].科学管理研究,(02):1-3.

吴涛.2004.技术创新风险分析的三维框架[J].科技进步与对策,(01):38-39.

吴运建,周良毅,吴健中,董斌.1996.企业技术创新风险分析[J].科研管理,
(03):34-38.

谢科范.1994a.工业技术创新风险综论[J].科学技术与辩证法,(03):52-58.

谢科范.1994b.技术创新风险问题探讨[J].科技进步与对策,(01):25-27.

谢科范.1994c.论技术创新风险律[J].科学学与科学技术管理,(03):24-26.

谢科范.1996.技术创新风险的辩证观[J].自然辩证法研究,(07):46-49.

谢科范.1999.技术创新风险管理[M].石家庄:河北科学技术出版社.

许庆瑞.2002.研究、发展与技术创新管理[M].北京:高等教育出版社.

许庆瑞,郑刚,喻子达,沈威.2003.全面创新管理(TIM),企业创新管理的新趋势——基于海尔集团的案例研究[J].科研管理,24(5):1-7.

袁泽沛,王琼.2002.技术创新与创新风险的研究综述[J].经济学动态,(03):79-82.

张文彤.2013.SPSS统计分析高级教程(第2版)[M].北京:高等教育出版社.

张亚东.2004.家族式民营经济与家长式管理模式——浅谈中国传统文化对民营经济发展的负面影响[J].山西高等学校社会科学学报,(06):15-17.

周寄中,薛刚.2002.技术创新风险管理的分类与识别[J].科学学研究,(02):221-224.

卓志.1998.保险经营风险防范机制研究[M].成都:西南财经大学出版社.

Abemathy,W. J. 1978. The productivity Dilemma:Roadblock to Innovation in the Automobile Industry[M]. Baltimore:The John Hopkins Press.

Acs,Z. J. 1999. Small and Medium-Sized Enterprises in the Global Economy [M]. Ann Arbor:University of Michigan Press.

Acs,Z. J.,Audretsch,D. B. 1987. Innovation,market structure,and firm size[J]. The Review of Economics and Statistics:567-574.

Acs,Z. J.,Audretsch,D. B. 1988. Innovation in large and small firms:an empirical analysis[J]. The American Economic Review:678-690.

Acs,Z. J.,Audretsch,D. B. 1991. Innovation and Technological Change:An International Comparison[M]. Ann Arbor:University of Michigan Press.

Ansoff,H. I.,McDonnell,E. J. 1990. Implanting Strategic Management [M]. New York:Prentice Hall.

Aplin,I. A. N. M.,Winterton,J. 1995. New clothes from old techniques:restructuring and flexibility in the US and UK clothing industries[J]. Industrial and Corporate Change,4(3):615-638.

Appiah-Adu,K.,Singh,S. 1998. Customer orientation and performance:a study of SMEs[J]. Management Decision, 36(6): 385-394.

Aragón-Correa, J. A., García-Morales, V. J., Cordón-Pozo, E. 2007. Leadership and organizational learning's role on innovation and performance: lessons from Spain [J]. Industrial Marketing Management, 36 (3): 349-359.

Armbruster, H., Bikfalvi, A., Kinkel, S., Lay, G. 2008. Organizational innovation: the challenge of measuring non-technical innovation in large-scale surveys[J]. Technovation, 28(10): 644-657.

Arora, A., Gambardella, A. 1990. Complementarity and external linkages: the strategies of the large firms in biotechnology[J]. The Journal of Industrial Economics: 361-379.

Azadegan, A., Wagner, S. M. 2011. Industrial upgrading, exploitative innovations and explorative innovations[J]. International Journal of Production Economics, 130(1): 54-65.

Bagozzi, R. P., Yi, Y. 1988. On the evaluation of structural equation models [J]. Journal of the Academy of Marketing Science, 16(1): 74-94.

Balachandra, R., Friar, J. H. 1997. Factors for success in R&D projects and new product innovation: a contextual framework. Engineering Management, IEEE Transactions on, 44(3): 276-287.

Baldwin, J. 1995. Innovation: the key to success in small firms[J]. Statistics Canada Working Paper, 76.

Baldwin, J., Lin, Z. 2002. Impediments to advanced technology adoption for canadian manufacturers[J]. Research Policy, 31(1): 1-18.

Banbury, C. M., Mitchell, W. 1995. The effect of introducing important incremental innovations on market share and business survival[J]. Strategic Management Journal, 16(S1): 161-182.

Barber, J., Metcalfe, S., Porteous, M. 1989. Barriers to growth: the ACARD study[J]. Barriers to Growth in Small Firms: 1-19.

Baron, R. M., Kenny, D. A. 1986. The moderator-mediator variable distinction in social psychological research: conceptual, strategic, and statistical considerations[J]. Journal of Personality and Social Psychology, 51 (6): 1173-1182.

Bart, C. K. 1993. Controlling new product R&D projects[J]. R&D Management, 23(3): 187-197.

Bartocha, B. , Narin, F. , Stone, C. 1970. TRACES-Technology in Retrospect and Critical Events in Science[M]. New York: Gordon and Breach.

Battelle Columbus Laboratories. 1973. Interactions of science and technology in the innovative process: some case studies[C]. Final Reprot, Prepared for the National Science Foundation, Contract NSF-C667.

Bayus, B. L. , Erickson, G. , Jacobson, R. 2003. The financial rewards of new product introductions in the personal computer industry[J]. Management Science, 49(2): 197-210.

Bender, G. 2004. Innovation in low-tech-considerations based on a few case studies in eleven european countries[C]. Key Action Improving the Socioeconomic Knowledge Base.

Bessant, J. 1993. The lessons of failure: learning to manage new manufacturing technology[J]. International Journal of Technology Management, 8 (3-4): 197-215.

Dodgson M, Bessant J. 1997. Effective innovation policy: a new approach[J]. Long Range Planning, 30(1): 143.

Binks, M. R. , Ennew, C. T. 1996. Growing firms and the credit constraint [J]. Small Business Economics, 8(1): 17-25.

Birchall, D. , Chanaron, J. , Soderquist, K. 1996. Managing innovation in SMEs: a comparison of companies in the UK, France and Portugal[J]. International Journal of Technology Management, 12(3): 291-305.

Birkinshaw, J. M. , Mol, M. J. 2006. How management innovation happens [J]. MIT Sloan Management Review, 47(4): 81-88.

Borch, K. H. , Aase, K. K. , Sandmo, A. 1990. Economics of Insurance [M]. North-Holland: North-Holland Publishing Company.

Bottazzi, L. , Peri, G. 2003. Innovation and spillovers in regions: evidence from european patent data[J]. European Economic Review, 47 (4): 687-710.

Bowen, F. E. , Rostami, M. , Steel, P. 2010. Timing is everything: a meta-analysis of the relationships between organizational performance and innovation[J]. Journal of Business Research, 63(11): 1179-1185.

Brenner, M. S. 1994. Tracking new products: a practitioners guide[J]. Research Technology Management, 37(6): 36-40.

Brouwer, E. , Budil-Nadvornikova, H. , Kleinknecht, A. 1999. Are urban agglomerations a better breeding place for product innovation? An analysis of new product announcements[J]. Taylor & Francis: 541-549.

Brown, J. S. , Duguid, P. 2001. Knowledge and organization: a social-practice perspective[J]. Organization Science, 12(2): 198-213.

Brown, S. L. , Eisenhardt, K. M. 1997. The art of continuous change: linking complexity theory and time-paced evolution in relentlessly shifting organizations[J]. Administrative Science Quarterly: 1-34.

Browne, M. W. , Cudeck, R. , Bollen, K. A. , et al. 1993. Alternative ways of assessing model fit[J]. Sage Focus Editions: 154-136.

Buijs, J. A. 1987. Innovation can be taught[J]. Research Policy, 16(6): 303-314.

Burns, T. , Stalker, G. M. 1961. The Management of Innovation[C]. University of Illinois at Urbana-Champaign's Academy for Entrepreneurial Leadership Historical Research Reference in Entrepreneurship.

Calantone, R. J. , Cavusgil, S. T. , Zhao, Y. 2002. Learning orientation, firm innovation capability, and firm performance[J]. Industrial Marketing Management, 31(6): 515-524.

Calantone, R. J. , Di Benedetto, C. A. , Divine, R. 1993. Organisational, Technical and marketing antecedents for successful new product development[J]. R&D Management, 23(4): 337-351.

Capon, N. , Farley, J. U. , Lehmann, D. R. , et al. 1992. Profiles of product innovators among large US manufacturers[J]. Management Science, 38(2): 157-169.

Carmeli, A. , Gelbard, R. , Gefen, D. 2010. The importance of innovation leadership in cultivating strategic fit and enhancing firm performance[J]. The Leadership Quarterly, 21(3): 339-349.

Carmines, E. G. , McIver, J. P. 1981. Analyzing models with unobserved variables: analysis of covariance structures[J]. Social Measurement: Current Issues: 65-115.

Champy, J. 2003. X-engineering the corporation: the next frontier of business performance[J]. Warner Business Books.

Chandler, A. D. 1969. Strategy and Structure: Chapters in the History of the American Industrial Enterprise[M]. Cambridge: MIT Press.

Chang, D. R. , Cho, H. 2008. Organizational memory influences new product success[J]. Journal of Business Research, 61(1): 13-23.

Chen, L. C. 2009. Learning through informal local and global linkages: the case of taiwan's machine tool industry[J]. Research Policy, 38(3): 527-535.

Chen, Y. S., Lin, M. J. J., Chang, C. H. 2009. The positive effects of relationship learning and absorptive capacity on innovation performance and competitive advantage in industrial markets[J]. Industrial Marketing Management, 38(2): 152-158.

Cho, H. J., Pucik, V. 2005. Relationship between innovativeness, quality, growth, profitability, and market value[J]. Strategic Management Journal, 26(6): 555-575.

Choi, S. C. S., Jang, H. J. H., Hyun, J. H. J. 2009. Correlation between innovation and performance of construction firms[J]. Canadian Journal of Civil Engineering, 36(11): 1722-1731.

Christensen, C. 1997. The Innovator's Dilemma: When New Technologies Cause Great Firms to Fail[M]. Cambridge: Harvard Business Press.

Christensen, C. M., Raynor, M. E. 2003. The Innovators Solution: Creating and Sustaining Successful Growth[M]. Cambridge: Harvard Business Press.

Clancy, J. 2001. Barriers to innovation in small-scale industries: case study from the briquetting industry in india[J]. Science Technology & Society, 6(2): 329-357.

Coad, A., Rao, R. 2008. Innovation and firm growth in high-tech sectors: a quantile regression approach[J]. Research Policy, 37(4): 633-648.

Cobbenhagen, J. 2000. Successful Innovation: Towards a New Theory for the Management of Small and Medium-sized Enterprises[M]. Cheltenham: Edward Elgar Publishing.

Cooke, P., Wills, D. 1999. Small firms, social capital and the enhancement of business performance through innovation programmes[J]. Small Business Economics, 13(3): 219-234.

Cooper, A. C. 1964. R&D is more efficient in small companies[J]. Harvard Business Review, 42(3): 75-83.

Cooper, R. G. 1979a. The dimensions of industrial new product success and failure[J]. The Journal of Marketing: 93-103.

Cooper, R. G. 1979b. Identifying industrial new product success: project newprod[J]. Industrial Marketing Management, 8(2): 124-135.

Cooper, R. G. 1980. Project new prod: factors in new product success[J]. European Journal of Marketing, 14(5/6): 277-292.

Cooper, R. G. 1981. The components of risk in new product development: project new prod[J]. R&D Management, 11(2): 47-54.

Cooper, R. G. 1983. Most new products do succeed[J]. Research Management, 26(6): 20-25.

Cooper, R. G. 1984. The strategy-performance link in product innovation [J]. R&D Management, 14(4): 247-259.

Cooper, R. G. 1988. Winning at New Products[M]. London: Kogan Page.

Cooper, R. G. 1994. Perspective third-generation new product processes[J]. Journal of Product Innovation Management, 11(1): 3-14.

Cooper, R. G. 1999. The invisible success factors in product innovation[J]. Journal of Product Innovation Management, 16(2): 115-133.

Cooper, R. G. 2000. Winning with new products: doing it right[J]. Ivey Business Journal, 64(6): 54-60.

Cooper, R. G., Kleinschmidt, E. J. 1987. Success factors in product innovation[J]. Industrial Marketing Management, 16(3): 215-223.

Cooper, R. G., Kleinschmidt, E. J. 1995. Benchmarking the firm's critical success factors in new product development[J]. Journal of Product Innovation Management, 12(5): 374-391.

Cordero, R. 1990. The measurement of innovation performance in the firm: an overview[J]. Research Policy, 19(2): 185-192.

Cottam, A., Ensor, J., Band, C. 2001. A benchmark study of strategic commitment to innovation[J]. European Journal of Innovation Management, 4(2): 88-94.

Cozijnsen, A. J., Vrakking, W. J., van IJzerloo, M. 2000. Success and failure of 50 innovation projects in dutch companies[J]. European Journal of Innovation Management, 3(3): 150-159.

Crawford, C. M. 1987. New product failure rates: a reprise[J]. Research Management, 30(4): 20-24.

Cusumano, M. A., Mylonadis, Y., Rosenbloom, R. S. 1992. Strategic maneuvering and mass-market dynamics: the triumph of vhs over beta[J].

Business History Review, 66(1): 51-94.

Díaz-Díaz, N. L., Aguiar-Díaz, I., De Saá-Pérez, P. 2008. The Effect of technological knowledge assets on performance: the innovative choice in spanish firms[J]. Research Policy, 37(9): 1515-1529.

Damanpour, F. 1987. The adoption of technological, administrative, and ancillary innovations: impact of organizational factors[J]. Journal of Management, 13(4): 675-688.

Damanpour, F. 1991. Organizational innovation: a meta-analysis of effects of determinants and moderators [J]. Academy of Management Journal: 555-590.

Damanpour, F., Evan, W. M. 1984. Organizational innovation and performance: the problem of organizational lag[J]. Administrative Science Quarterly: 392-409.

Damanpour, F., Szabat, K. A., Evan, W. M. 1989. The relationship between types of innovation and organizational performance[J]. Journal of Management Studies, 26(6): 587-602.

Danneels, E., Kleinschmidtb, E. J. 2001. Product innovativeness from the firm's perspective: its dimensions and their relation with project selection and performance[J]. Journal of Product Innovation Management, 18(6): 357-373.

Davenport, S., Bibby, D. 1999. Rethinking a national innovation system: the small country as SME[J]. Technology Analysis & Strategic Management, 11(3): 431-462.

Davenport, T. H. 1993. Process Innovation: Reengineering Work through Information Technology[M]. Boston: Harvard Business Press.

David, B. A. 2004. Sustaining innovation and growth: public policy support for entrepreneurship[J]. Industry and Innovation, 11(3): 167-191.

Day, G. S. 1994. The capabilities of market-driven organizations[J]. The Journal of Marketing: 37-52.

Deakins, D., Hussain, G. 1994. Risk assessment with asymmetric information[J]. International Journal of Bank Marketing, 12(1): 24-31.

Delaney, J. T., Huselid, M. A. 1996. The impact of human resource management practices on perceptions of organizational performance[J]. Academy of Management Journal, 39(4): 949-969.

Dewar, R. D., Dutton, J. E. 1986. The adoption of radical and incremental innovations: an empirical analysis[J]. Management Science, 32(11): 1422-1433.

Dibrell, C., Davis, P. S., Craig, J. 2008. Fueling innovation through information technology in SMEs[J]. Journal of Small Business Management, 46(2): 203-218.

Dickson, G. C. A., Kerr, E., Steele, J. 1984. Introduction to Insurance [M]. Estover: Macdonald and Evans.

Dodgson, M., Rothwell, R. 1994. The Handbook of Industrial Innovation [M]. Cheltenham: Edward Elgar Aldershot.

Dorfman, M. S. 2002. Introduction to Risk Management and Insurance[M]. London: Prentice-Hall.

Dougherty, D. 1992. Interpretive barriers to successful product innovation in large firms[J]. Organization Science, 3(2): 179-202.

Drejer, A. 2002. Situations for innovation management: towards a contingency model[J]. European Journal of Innovation Management, 5(1): 4-17.

Edgett, S., Shipley, D., Forbes, G. 1992. Japanese and British companies compared: contributing factors to success and failure in NPD[J]. Journal of Product Innovation Management, 9(1): 3-10.

Edquist, C. 2005. Systems of Innovation[M]// Jan Fagerberg, Richard R. Nelson. The Oxford Handbook of Innovation. New York: Oxford University Press: 181-208.

Ekvall, G., Ryhammar, L. 1998. Leadership style, social climate and organizational outcomes: a study of a swedish university college[J]. Creativity and Innovation Management, 7(3): 126-130.

Feinman, S., Fuentevilla, W. 1976. Science Indicators Unit-indicators of International Trends in Technological Innovation: Final Report[R]. National Science Foundation.

Filson, A., Lewis, A. 2000. Cultural issues in implementing changes to new product development process in a small to medium sized enterprise (SME) [J]. Journal of Engineering Design, 11(2): 149-157.

Flor, M., Oltra, M. 2004. Identification of innovating firms through technological innovation indicators: an application to the spanish ceramic tile industry[J]. Research Policy, 33(2): 323-336.

Flynn, R., Williams, G., Pickard, S. 1996. Markets and Networks: Contracting in Community Health Services[M]. Buckingham: Open University Press.

Fone, M., Young, P. C. 2000. Public Sector Risk Management[M]. Oxford: Butterworth- Heinemann.

Forrest, J. E. 1990. Strategic alliances and the small technology-based firm [J]. Journal of Small Business Management, 28(3).

Freel, M. S. 2000. Barriers to product innovation in small manufacturing firms[J]. International Small Business Journal, 18(2): 60-80.

Freel, M. S. 2003. Sectoral patterns of small firm innovation, networking and proximity[J]. Research Policy, 32(5): 751-770.

Freel, M. S., Robson, P. J. 2004. Small firm innovation, growth and performance evidence from scotland and northern england[J]. International Small Business Journal, 22(6): 561-575.

Freeman, C. 1989. The nature of innovation and the evolution of the productive system[J]. MERIT.

Freeman, C. 1995. The National system of innovation in historical perspective [J]. Cambridge Journal of Economics, 19(1): 5-24.

Freeman, C., Louçã, F. 2001. As Time Goes by: From the Industrial Revolutions to the Information Revolution[M]. Oxford: Oxford University Press.

Freeman, C., Soete, L. 1997. The Economics of Industrial Innovation[M]. New York: Routledge.

Frenkel, A. 2003. Barriers and limitations in the development of industrial innovation in the region[J]. European Planning Studies, 11(2): 115-137.

Frenz, M., Ietto-Gillies, G. 2009. The impact on innovation performance of different sources of knowledge: evidence from the UK community innovation survey[J]. Research Policy, 38(7): 1125-1135.

Frishammar, J., Åke Hörte, S. 2005. Managing external information in manufacturing firms: the impact on innovation performance[J]. Journal of Product Innovation Management, 22(3): 251-266.

Günday, G., Ulusoy, G., Klllç, K., Alpkan, L. 2011. Effects of innovation types on firm performance[J]. International Journal of Production Economics, 133(2): 662-676.

Galbraith J K. 1970. American Capitalism: The Concept of Countervailing Power[M]. New Jersey: Transaction Publishers.

Galia, F., Legros, D. 2004. Complementarities between obstacles to innovation: evidence from france[J]. Research Policy, 33(8): 1185-1199.

Garcia, R., Calantone, R. 2002. A critical look at technological innovation typology and innovativeness terminology: a literature review[J]. Journal of Product Innovation Management, 19(2): 110-132.

Garg, V. K., Walters, B. A., Priem, R. L. 2003. Chief executive scanning emphases, environmental dynamism, and manufacturing firm performance[J]. Strategic Management Journal, 24(8): 725-744.

Gatignon, H., Anderson, E., Helsen, K. 1989. Competitive reactions to market entry: explaining interfirm differences[J]. Journal of Marketing Research: 44-55.

Gebreeyesus, M., Mohnen, P. 2013. Innovation performance and embeddedness in networks: evidence from the ethiopian footwear cluster[J]. World Development, 41: 302-316.

Gemunden, H. G., Heydebreck, P., Herden, R. 1992. Technological interweavement: a means of achieving innovation success[J]. R&D Management, 22(4): 359-376.

Germain, R. 1996. The role of context and structure in radical and incremental logistics innovation adoption[J]. Journal of Business Research, 35(2): 117-127.

Geroski, P., Machin, S., Van Reenen, J. 1993. The profitability of innovating firms[J]. The RAND Journal of Economics: 198-211.

Gobeli, D. H., Brown, D. J. 1987. Analyzing product innovations[J]. Research Management, 30(4): 25-31.

González, X., Jaumandreu, J., Pazó, C. 2005. Barriers to innovation and subsidy effectiveness [J]. The Rand Journal of Economics, 36 (4): 930-950.

Gopalakrishnan, S., Damanpour, F. 1997. A review of innovation research in economics, sociology and technology management[J]. Omega, 25 (1): 15-28.

Griffin, A. 1997. PDMA research on new product development practices: updating trends and benchmarking best practices[J]. Journal of Product Innovation Management, 14(6): 429-458.

Griffin, A. , Page, A. L. 1993. An interim report on measuring product development success and failure[J]. Journal of Product Innovation Management, 10(4): 291-308.

Groen, A. J. , Linton, J. D. 2010. Is open innovation a field of study or a communication barrier to theory development? [J]. Technovation, 30 (11): 554.

Guan, J. C. , Mok, C. K. , Yam, R. , et al. 2006. Technology transfer and innovation performance: evidence from chinese firms[J]. Technological Forecasting and Social Change, 73(6): 666-678.

Gunday, G. , Ulusoy, G. , Kilic, K. , et al. 2011. Effects of Innovation types on firm performance[J]. International Journal of Production Economics, 133(2), 662-676.

Hadjimanolis, A. 1999. Barriers to innovation for smes in a small less developed country (cyprus) [J]. Technovation, 19(9): 561-570.

Hadjimanolis, A. 2000. An investigation of innovation antecedents in small firms in the context of a small developing country[J]. R&D Management, 30(3): 235-246.

Hadjimanolis, A. , Dickson, K. 2000. Innovation strategies of smes in cyprus, a small developing country[J]. International Small Business Journal, 18(4): 62-79.

Hair, J. , Black, W. , Babin, B. , et al. 2010. SEM Basics: A Supplement to Multivariate Data Analysis[M]// Joseph F. Hair Jr , William C. Black, Barry J. Babin, et al. Anderson Multivariate Data Analysis. 7th edition. London: Pearson Education Limited.

Halit, K. 2006. Market orientation, learning orientation, and innovation capabilities in SMEs[J]. European Journal of Innovation Management, 9 (4): 396.

Halman, J. , A Keizer, J. 1994. Diagnosing risks in product-innovation projects[J]. International Journal of Project Management, 12(2): 75-80.

Halman, J. , Keizer, J. , Song, M. 2001. Risk Factors in Product Innovation Projects[C]//Conference of The Future of Innovation Studies, Eindhoven University of Technology, the Netherlands: 20-23.

Hammer, M. 1996. Beyond Reengineering: How the Process-centered Organization will Change Our Work and Our Lives[M]. New York, USA: Harper Business.

Hammer, M., Champy, J. 1993. Reengineering the Corporation[M]. London: Nicholas Brealey.

Hammer, M., Champy, J. 2003. Reengineering the Corporation: A Manifesto for Business Revolution[M]. New York: Harper Business.

Han, J. K., Kim, N., Srivastava, R. K. 1998. Market orientation and organizational performance: Is innovation a missing link? [J]. The Journal of marketing: 30-45.

Hanna, V., Walsh, K. 2002. Small Firm Networks: A Successful Approach to Innovation? [J]. R&D Management, 32(3): 201-207.

Hanvanich, S., Sivakumar, K., Hult, G. T. M. 2006. The relationship of learning and memory with organizational performance: the moderating role of turbulence[J]. Journal of the Academy of Marketing Science, 34 (4): 600-612.

Hargadon, A. B., Douglas, Y. 2001. When innovations meet institutions: edison and the design of the electric light[J]. Administrative Science Quarterly, 46(3): 476-501.

Harrington, S. E., Niehaus, G. R., Harrington, N. 2003. Risk Management and Insurance[M]. New York: McGraw-Hill.

Hausman, A. 2005. Innovativeness among small businesses: theory and propositions for future research[J]. Industrial Marketing Management, 34 (8): 773-782.

Haynes, J. 1895. Risk as an economic factor[J]. The Quarterly Journal of Economics: 409-449.

Heidenreich, M. 2005. The renewal of regional capabilities: experimental regionalism in germany[J]. Research Policy, 34(5): 739-757.

Heins, R., Williams, A. 1985. Risk Management and Insurance[M]. New York: McGraw-Hill.

Henderson, R. M., Clark, K. B. 1990. Architectural innovation: the reconfiguration of existing product technologies and the failure of established firms[J]. Administrative Science Quarterly: 9-30.

Henrekson, M., Johansson, D. 1999. Institutional effects on the evolution of the size distribution of firms[J]. Small Business Economics, 12 (1):

11-23.

Henry, C. 2003. Open Innovation: The New Imperative for Creating and Profiting from Technology[M]. Boston: Harvard Business School Press.

Heunks, F. J. 1998. Innovation, creativity and success[J]. Small Business Economics, 10(3): 263-272.

Hewitt-Dundas, N. 2006. Resource and capability constraints to innovation in small and large plants[J]. Small Business Economics, 26(3): 257-277.

Hirsch-Kreinsen, H. 2005. Low-Tech Industries: Innovativeness and Development Perspectives [R]. ExecutiveSummary of a European Research Project.

Hirsch-Kreinsen, H. 2008a. Low-tech innovations[J]. Industry & Innovation, 15(1): 19-43.

Hirsch-Kreinsen, H. 2008b. Low-technology: a forgotten section in innovation policy[J]. Journal of Technology Management & Innovation, 3(3): 11-20.

Hirsch-Kreinsen, H. , Jacobson, D. 2008. Innovation in Low-Tech Firms and Industries[M]. [s. l.]:Edward Elgar Publishing.

Hoffman, K. , Parejo, M. , Bessant, J. , et al. 1998. Small firms, R&D, technology and innovation in the UK: a literature review[J]. Technovation, 18(1): 39-55.

Hopkins, D. S. 1980. New-product winners and losers[R]. Conference Board Report.

Howell, J. M. , Higgins, C. A. 1990. Champions of technological innovation [J]. Administrative Science Quarterly: 317-341.

Hu, L. , Bentler, P. M. , Kano, Y. 1992. Can test statistics in covariance structure analysis be trusted? [J]. Psychological Bulletin, 112(2): 351.

Hu, L. , Bentler, P. M. 1999. Cutoff criteria for fit indexes in covariance structure analysis: conventional criteria versus new alternatives [J]. Structural Equation Modeling: A Multidisciplinary Journal, 6(1): 1-55.

Hua, S. Y. , Wemmerlöv, U. 2006. Product change intensity, product advantage, and market performance: an empirical investigation of the PC industry[J]. Journal of Product Innovation Management, 23(4): 316-329.

Huang, F. , Rice, J. 2009. The role of absorptive capacity in facilitating open innovation outcomes: a study of Australian SMEs in the manufacturing sector[J]. International Journal of Innovation Management, 13(02): 201-220.

Hughes, A. 2001. Innovation and business performance: small entrepreneurial firms in the UK and the EU[J]. New Economy, 8(3): 157-163.

Hult, G. T. M., Hurley, R. F., Knight, G. A. 2004. Innovativeness: its antecedents and impact on business performance[J]. Industrial Marketing Management, 33(5): 429-438.

Hultink, E. J., Atuahene-Gima, K. 2000. The effect of sales force adoption on new product selling performance[J]. Journal of Product Innovation Management, 17(6): 435-450.

Hussinger, K. 2010. On the importance of technological relatedness: SMEs versus large acquisition targets[J]. Technovation, 30(1): 57-64.

Hyvärinen, L. 1990. Innovativeness and its tndicators in small and medium-sized industrial enterprises[J]. International Small Business Journal, 9(1): 64-79.

Isenson, R. 1968. Technology in retrospect and critical events in science (project traces)[J]. Illinois Institute of Technology/National Science Foundation, Chicago.

Ittner, C. D., Larcker, D. F., Rajan, M. V. 1997. The choice of perfomance measures in annual bonus contracts [J]. Accounting Review: 231-255.

James, L. R., Brett, J. M. 1984. Mediators, moderators, and tests for mediation[J]. Journal of Applied Psychology, 69(2): 307.

Jiménez-Jiménez, D., Sanz-Valle, R. 2011. Innovation, organizational Learning, and performance[J]. Journal of Business Research, 64(4): 408-417.

Jin, Z., Hewitt-Dundas, N., Thompson, N. J. 2004. Innovativeness and performance: evidence from manufacturing sectors[J]. Journal of Strategic Marketing, 12(4): 255-266.

Johannessen, J. A., Olsen, B., Lumpkin, G. T. 2001. Innovation as newness: What is new, how new, and new to whom? [J]. European Journal of Innovation Management, 4(1): 20-31.

Johne, A. 1999. Successful Market Innovation[J]. European Journal of Innovation Management, 2(1): 6-11.

Johne, A., Davies, R. 2000. Innovation in medium-sized insurance companies: How marketing adds value[J]. International Journal of Bank Marketing, 18(1): 6-14.

Johne, F. A. 1984. How experienced product innovators organize[J]. Journal of Product Innovation Management, 1(4): 210-223.

Johne, F. A., Snelson, P. A. 1988. Success factors in product innovation: a selective review of the literature[J]. Journal of Product Innovation Management, 5(2): 114-128.

Kafouros, M. I., Buckley, P. J., Sharp, J. A., et al. 2008. The role of internationalization in explaining innovation performance[J]. Technovation, 28(1-2): 63-74.

Kaiser, H. F. 1958. The varimax criterion for analytic rotation in factor analysis[J]. Psychometrika, 23(3): 187-200.

Kalantaridis, C. 1999. Processes of innovation among manufacturing SMEs: the experience of Bedfordshire[J]. Entrepreneurship & Regional Development, 11(1): 57-78.

Kaloudis, A., Sandven, T., Smith, K. 2005. Structural change, growth and innovation: the roles of medium and low tech industries, 1980-2002[J]. Journal of Mental Changes, 11(1-2): 49-73.

Kaufmann, A., Tödtling, F. 2002. How effective is innovation support for SMEs? An analysis of the region of upper austria[J]. Technovation, 22(3): 147-159.

Kelly, D., Amburgey, T. L. 1991. Organizational inertia and momentum: a dynamic model of strategic change[J]. Academy of Management Journal: 591-612.

Kessler, E. H., Chakrabarti, A. K. 1996. Innovation speed: a conceptual model of context, antecedents, and outcomes[J]. Academy of Management Review: 1143-1191.

Khazanchi, S., Lewis, M. W., Boyer, K. K. 2007. Innovation-supportive culture: the impact of organizational values on process innovation[J]. Journal of Operations Management, 25(4): 871-884.

Kim, S. H., Huarng, K. H. 2011. Winning strategies for innovation and high-technology products management[J]. Journal of Business Research, 64(11): 1147-1150.

Kim, Y., Song, K., Lee, J. 1993. Determinants of technological innovation in the small firms of Korea[J]. R&D Management, 23(3): 215-226.

Kirner, E., Kinkel, S., Jaeger, 2009. Innovation paths and the innovation performance of low-technology firms: an empirical analysis of german industry[J]. Research Policy, 38(3): 447-458.

Kleinknecht, A. 2003. Success and failure of innovation: a literature review [J]. International Journal of Innovation Management, 7(3): 1-30.

Kleinknecht, A., Van Montfort, K., Brouwer, E. 2002. The non-trivial choice between innovation indicators[J]. Economics of Innovation and New Technology, 11(2): 109-121.

Kleinschmidt, E. J., Cooper, R. G. 1991. The impact of product innovativeness on performance[J]. Journal of Product Innovation Management, 8 (4): 240-251.

Kleinschmidt, E. J., Cooper, R. G. 1995. The relative importance of new product success determinants: perception versus reality[J]. R&D Management, 25(3): 281-298.

Klette, T. J. 1996. R&D, scope economies, and plant performance[J]. The RAND Journal of Economics: 502-522.

Koellinger, P. 2008. The relationship between technology, innovation, and firm performance-empirical evidence from E-business in Europe[J]. Research Policy, 37(8): 1317-1328.

Kogut, B. 1991. Joint ventures and the option to expand and acquire[J]. Management Science: 19-33.

Kotler, P., Keller, K. L. 2006. Marketing Management[M]. New Jersey: Pearson.

Kulp, C. A., Hall, J. W. 1968. Casualty Insurance[M]. New York: Ronald Press Co.

Laestadius, S. 1998. Technology Level, Knowledge Formation, and Industrial Competence in Paper Manufacturing[M]. East Lansing: University of Michigan Press.

Lagace, D., Bourgault, M. 2003. Linking manufacturing improvement programs to the competitive priorities of Canadian SMEs[J]. Technovation, 23(8): 705-715.

Landström, H. 1990. Co-operation between venture capital companies and small firms [J]. Entrepreneurship & Regional Development, 2 (4):

345-362.

Larson, E. W. , Gobeli, D. H. 1988. Organizing for product development projects[J]. Journal of Product Innovation Management, 5(3): 180-190.

LeBlanc, L. J. , Nash, R. , Gallagher, D. , et al. 1997. A comparison of us and Japanese technology management and innovation[J]. International Journal of Technology Management, 13(5): 601-614.

Lee, S. , Park, G. , Yoon, B. , et al. 2010. Open innovation in SMEs: an intermediated network model[J]. Research Policy, 39(2): 290-300.

Leiponen, A. , Helfat, C. E. 2009. Innovation objectives, knowledge sources, and the benefits of breadth[J]. Strategic Management Journal, 31(2): 224-236.

Leonard-Barton, D. 1992. Core capabilities and core rigidities: a paradox in managing new product development[J]. Strategic Management Journal, 13(S1): 111-125.

Lessnoff, M. 1979. Capitalism, socialism and democracy[J]. Political Studies, 27(4): 594-602.

Lester, D. H. 1998. Critical success factors for new product development[J]. Research Technology Management, 41(1): 36-43.

Levitt, T. 1962. Innovation in Marketing: New Perspectives for Profit and Growth[M]. New York: NMcGraw-Hill.

Levitt, T. 1965. Exploit the Product Life Cycle[M]. Boston: Harvard University Press.

Li, H. , Atuahene-Gima, K. 2001. Product innovation strategy and the performance of new technology ventures in china[J]. Academy of Management Journal, 44(6): 1123-1134.

Li, H. , Atuahene-Gima, K. 2002. The adoption of agency business activity, product innovation, and performance in Chinese technology ventures[J]. Strategic Management Journal, 23(6): 469-490.

Li, Y. , Liu, Y. , Ren, F. 2007. Product innovation and process innovation in SOEs: evidence from the chinese transition[J]. The Journal of Technology Transfer, 32(1): 63-85.

Liao, T. S. , Rice, J. 2010. Innovation investments, market engagement and financial performance: a study among Australian manufacturing SMEs [J]. Research Policy, 39(1): 117-125.

Lieberman, M. B., Montgomery, D. B. 1988. First-mover advantages[J]. Strategic Management Journal, 9(S1): 41-58.

Lin, C. Y. Y., Chen, M. Y. C. 2007. Does innovation lead to performance? An empirical study of SMEs in Taiwan[J]. Management Research News, 30(2): 115-132.

Link, P. L. 1987. Keys to new product success and failure[J]. Industrial Marketing Management, 16(2): 109-118.

Lipparini, A., Sobrero, M. 1994. The glue and the pieces: entrepreneurship and innovation in small-firm networks[J]. Journal of Business Venturing, 9(2): 125-140.

Lukas, B. A., Ferrell, O. 2000. The effect of market orientation on product innovation[J]. Journal of the Academy of Marketing Science, 28(2): 239-247.

Maidique, M. A., Zirger, B. J. 1984. A Study of success and failure in product innovation: the case of the US electronics industry[J]. IEEE Transactions on Engineering Management, 31(4): 192-203.

Mansfield, E. 1968. Industrial Research and Technological Innovation: An Econometric Analysis[M]. New York: Norton.

Mansfield, E., Wagner, S. 1975. Organizational and strategic factors associated with probabilities of success in industrial R & D[J]. the Journal of Business, 48(2): 179-198.

March, J. G., Sutton, R. I. 1997. Crossroads-organizational performance as a dependent variable. organization science[J], 8(6): 698-706.

Markman, G. D., Gianiodis, P. T., Phan, P. H., Balkin, D. B. 2005. Innovation speed: transferring university technology to market[J]. Research Policy, 34(7): 1058-1075.

Martin Jr, C. R., Horne, D. A. 1995. Level of success inputs for service innovations in the same firm[J]. International Journal of Service Industry Management, 6(4): 40-56.

Martinez, M. G., Briz, J. 2000. Innovation in the Spanish food and drink industry[J]. International Food and Agribusiness Management Review, 3(2): 155-76.

Maskell, P. 1996. Localised Low-Tech Learning in the Furniture Industry [C]. Danish Research Unit for Industrial Dynnamics-Working paper.

McAdam, R. , McConvery, T. , Armstrong, G. 2004. Barriers to innovation within small firms in a peripheral location[J]. International Journal of Entrepreneurial Behaviour & Research, 10(3): 206-221.

Mehr, R. I. , Wagner, S. L. , Sulga, J. R. 1983. Fundamentals of Insurance [M]. Irwin Professional Publishing.

Michie, J. 1998. The internationalisation of the innovation process[J]. Taylor & Francis, 5(3): 261-277.

Miika, V. , Hannu, L. 2010. Types of innovation, sources of information and performance in entrepreneurial SMEs[J]. European Journal of Innovation Management, 13(2): 128.

Miller, D. 1983. The correlates of entrepreneurship in three types of firms [J]. Management Science: 770-791.

Mohnen, P. , Röller, L. H. 2005. Complementarities in innovation policy [J]. European Economic Review, 49(6): 1431-1450.

Mol, M. J. , Birkinshaw, J. 2009. The sources of management innovation: When firms introduce new management practices[J]. Journal of Business Research, 62(12): 1269-1280.

Montoya-Weiss, M. M. , Calantone, R. 1994. Determinants of new product performance: a review and meta-analysis[J]. Journal of Product Innovation Management, 11(5): 397-417.

Moorman, C. , Miner, A. S. 1997. The impact of organizational memory on new product performance and creativity[J]. Journal of Marketing Research: 91-106.

Moosa, I. 2007. Operational Risk Management[M]. New York: Palgrave Macmillan.

Mosey, S. , Clare, J. N. , Woodcock, D. J. 2002. Innovation decision making in british manufacturing SMEs[J]. Integrated Manufacturing Systems, 13(3): 176-184.

Murphy, G. B. , Trailer, J. W. , Hill, R. C. 1996. Measuring performance in entrepreneurship research[J]. Journal of Business Research, 36(1): 15-23.

Nås, S. O. , Leppälahti, A. 1997. Innovation, firm profitability and growth [J]. The STEP Group, Studies in Technology, Innovation and Economic Policy.

Nadvi, K. 1995. Industrial clusters and networks: case studies of SME growth and innovation[J]. United Nations Industrial Development Organization.

Narin, F. 1989. The impact of different modes of research funding[M]//The Evaluation of Scientific Research. Chichester: John Wiley and Sons.

Narver, J. C., Slater, S. F. 1990. The effect of a market orientation on business profitability[J]. The Journal of Marketing: 20-35.

Nasution, H. N., Mavondo, F. T., Matanda, M. J., et al. 2011. Entrepreneurship: its relationship with market orientation and learning orientation and as antecedents to innovation and customer value[J]. Industrial Marketing Management, 40(3): 336-345.

Neely, A., Filippini, R., Forza, C., et al. 2001. A framework for analysing business performance, firm innovation and related contextual factors: perceptions of managers and policy makers in two european regions[J]. Integrated Manufacturing Systems, 12(2): 114-124.

Nelson, R. 1993. National innovation systems: a comparative analysis[J]. Academy for Entrepreneurial Leadership Historical Research Reference in Entrepreneurship.

Nickell, S. J. 1996. Competition and Corporate Performance[J]. Journal of Political Economy: 724-746.

Nonaka, I. 1995. The Knowledge-Creating Company: How Japanese Companies Create the Dynamics of Innovation[M]. Oxford: Oxford university press.

Nooteboom, B. 1994. Innovation and diffusion in small firms: theory and evidence[J]. Small Business Economics, 6(5): 327-347.

O'Regan, N., Ghobadian, A., Sims, M. 2006. Fast tracking innovation in manufacturing SMEs[J]. Technovation, 26(2): 251-261.

Oakey, R. P., Rothwell, R., Cooper, S., Oakey, R. 1988. The Management of Innovation in High-technology Small Firms: Innovation and Regional Development in Britain and the United States[M]. London: Pinter.

OECD. 1997. Oslo Manual: Proposed Guidelines for Collecting and Interpreting Technological Innovation Data[S]. Organisation for Economic Cooperation and Development.

OECD. 2005. The Measurement of Scientific and Technological Activities, Oslo Manual: Guidelines for Collecting and Interpreting Innovation Data [S]. Organisation for Economic Co-operation and Development.

OECD. 2008. OECD Reviews of Innovation Policy China[]S. Organisation for Economic Co-operation and Development.

Oke, A. 2007. Innovation types and innovation management practices in service companies[J]. International Journal of Operations & Production Management, 27(6): 564-587.

Oke, A., Burke, G., Myers, A. 2007. Innovation types and performance in growing UK SMEs[J]. International Journal of Operations & Production Management, 27(7): 735-753.

Otero-Neira, C., Lindman, M. T., Fernández, M. J. 2009. Innovation and performance in SME furniture industries: an international comparative case study[J]. Marketing Intelligence & Planning, 27(2): 216-232.

Oughton, C., Landabaso, M., Morgan, K. 2002. The regional innovation paradox: innovation policy and industrial policy[J]. The Journal of Technology Transfer, 27(1): 97-110.

Page, A. L. 1993. Assessing new product development practices and performance: establishing crucial norms[J]. Journal of Product Innovation Management, 10(4): 273-290.

Palmberg, C. 2001. Sectoral patterns of innovation and competence requirements: a closer look at low-tech industries[J]. Sitra Report Series NO. 8 Helsinki.

Pavitt, K. 1984. Sectoral patterns of technical change: towards a taxonomy and a theory [J]. Research Policy, 13(6): 343-373.

Pfeffer, I. 1956. Insurance and Economic Theory[M]. Philadelphia: Huebner Foundation Studies.

Piatier, A. 1984. Barriers to Innovation [M]. London: Francis Pinter Publishers.

Pierce, J. L., Delbecq, A. L. 1977. Organization structure, individual attitudes and innovation[J]. Academy of Management Review, 2(1): 27-37.

Pinto, J. K., Slevin, D. P. 1989. Critical success factors in R&D projects [J]. Research Technology Management, 32(1): 31-35.

Pol, E., Carroll, P., Robertson, P. 2002. A new typology for economic sectors with a view to policy implications[J]. Economics of Innovation and New Technology, 11(1): 61-76.

Porter, M. E. 1980. Competitive Strategies: Techniques for Analyzing Industries and Competitors[M]. New York: The Free Press.

Porter, M. E. 1985. The Competitive Advantage: Creating and Sustaining Superior Performance[M]. New York: The Free Press.

Porter, M. E. 1990. The Competitive Advantage of Nations: With a New Introduction[M]. New York: The Free Press.

Porter, M. E. 2001. Strategy and Internet[J]. Harward Business Review.

Powell, W. W. , Grodal, S. 2005. Networks of innovators[M]// Jan Fagerberg, Richard R. Nelson. The Oxford Handbook of Innovation. New York: Oxford University Press: 56-85.

Prajogo, D. I. 2006. The relationship between innovation and business performance - a comparative study between manufacturing and service firms [J]. Knowledge and Process Management, 13(3): 218-225.

Pratali, P. 2003. Strategic management of technological innovations in the small to medium enterprise[J]. European Journal of Innovation Management, 6(1): 18-31.

Price, R. M. 2005. Technology and Strategic Advantage[J]. Operations Management: A Strategic Approach: 164-178.

Pritchett, S. T. , Athearn, J. L. 1996. Risk management and insurance[M]. [s. l.]: West Pub. Co.

Rackham, N. 1998. From experience: why bad things happen to good new products [J]. Journal of Product Innovation Management, 15 (3): 201-207.

Ram, S. , Jung, H. S. 1991. "Forced" adoption of innovations in organizations: consequences and implications[J]. Journal of Product Innovation Management, 8(2): 117-126.

Rizzoni, A. 1991. Technological innovation and small firms: a taxonomy[J]. International Small Business Journal, 9(3): 31-42.

Robbins, S. P. , DeCenzo, D. A. , Coulter, M. K. 2011. Fundamentals of Management: Essential Concepts and Applications [M]. New Jersey: Pearson.

Roberts, P. W. 1999. Product innovation, product-market competition and persistent profitability in the US pharmaceutical industry[J]. Strategic Management Journal, 20(7): 655-670.

Roberts, P. W., Amit, R. 2003. The dynamics of innovative activity and competitive advantage: the case of australian retail banking, 1981 to 1995 [J]. Organization Science, 14(2): 107-122.

Robertson, A., Achilladelis, B., Jervis, P. 1972. Success and Failure in Industrial Innovation: Report on Project SAPPHO[R]. Center for the Study of Industrial Innovation, London.

Robertson, M., Swan, J., Newell, S. 1996. The role of networks in the diffusion of technological innovation[J]. Journal of Management Studies, 33 (3): 333-359.

Rochford, L., Rudelius, W. 1997. New product development process: stages and successes in the medical products industry[J]. Industrial Marketing Management, 26(1): 67-84.

Rogers, E. M. 2010. Diffusion of Innovations[M]. New York: Simon and Schuster.

Rogers, M. 2004. Networks, firm size and innovation[J]. Small Business Economics, 22(2): 141-153.

Rolfo, S., Calabrese, G. 2003. Traditional SMEs and Innovation: the role of the industrial policy in Italy[J]. Entrepreneurship and Regional Development, 15(3): 253-271.

Romijn, H., Albaladejo, M. 2002. Determinants of innovation capability in small electronics and software firms in Southeast England[J]. Research Policy, 31(7): 1053-1067.

Roper, S. 1997. Product Innovation and small business growth: a comparison of the strategies of German, UK and Irish companies[J]. Small Business Economics, 9(6): 523-537.

Roper, S., Hofmann, H. 1993. Training and Competitiveness: A Matched Plant Comparison of Companies in Northern Ireland and Germany[R]. NIERC, Research Report, 11.

Rosenbusch, N., Brinckmann, J., Bausch, A. 2011. Is innovation always beneficial? A meta-analysis of the relationship between innovation and performance in SMEs [J]. Journal of Business Venturing, 26 (4): 441-457.

Rothaermel, F. T., Deeds, D. L. 2006. Alliance type, alliance experience and alliance management capability in high-technology ventures[J]. Journal of Business Venturing, 21(4): 429-460.

Rothwell, R. 1983. Innovation and Firm Size: A case for dynamic complementarity; or, is small really so beautiful[J]. Journal of General Management, 8(3): 5-25.

Rothwell, R. 1989. Small firms, innovation and industrial change[J]. Small Business Economics, 1(1): 51-64.

Rothwell, R. 1991. External networking and innovation in small and medium-sized manufacturing firms in Europe[J]. Technovation, 11(2): 93-112.

Rothwell, R. 1992. Successful industrial innovation: critical factors for the 1990s[J]. R&D Management, 22(3): 221-240.

Rothwell, R. 1994a. Industrial innovation: success, strategy, trends[J]. The Handbook of Industrial Innovation: 33-53.

Rothwell, R. 1994b. Towards the fifth-generation innovation process[J]. International Marketing Review, 11(1): 7-31.

Rothwell, R., Dodgson, M. 1991. External linkages and innovation in small and medium-sized enterprises[J]. R&D Management, 21(2): 125-138.

Rothwell, R., Freeman, C., Horlsey, A., et al. 1974. SAPPHO Updated-project SAPPHO Phase II[J]. Research Policy, 3(3): 258-291.

Rothwell, R., Robertson, A. B. 1973. The role of communications in technological innovation[J]. Research Policy, 2(3): 204-225.

Rothwell, R., Zegveld, W. 1982. Innovation and the Small and Medium Sized Firm[M]. Boston: Kluwer Nijhoff Publishing.

Roure, J. B., Keeley, R. H. 1990. Predictors of success in new technology based ventures[J]. Journal of Business Venturing, 5(4): 201-220.

Rubenstein, A. H., Chakrabarti, A. K., O'Keefe, R. D., et al. 1976. Factors influencing innovation success at the project level[J]. Research Management, 19(3): 15-20.

Ryu, S., Ho, S. H., Han, I. 2003. Knowledge sharing behavior of physicians in hospitals [J]. Expert Systems with Applications, 25 (1): 113-122.

Salavou, H. 2002. Profitability in market-oriented SMEs: Does product innovation matter? [J]. European Journal of Innovation Management, 5(3):

164-171.

Sandvik, I. L., Sandvik, K. 2003. The impact of market orientation on product innovativeness and business performance[J]. International Journal of Research in Marketing, 20(4): 355-376.

Santamaría, L., Nieto, M. J., Barge-Gil, A. 2009. Beyond formal R&D: taking advantage of other sources of innovation in low-and medium-technology industries[J]. Research Policy, 38(3): 507-517.

Scherer, F. M. 1992. Schumpeter and plausible capitalism[J]. Journal of Economic Literature, 30(3): 1416-1433.

Scherer, F. M., Ross, D. 1990. Industrial Market Structure and Economic Performance[M]. Boston: Houghton Mifflin.

Schilling, M. A. 2005. Strategic Management of Technological Innovation [M]. New York: McGraw-Hill Education.

Schmidt, J. B. 1995. New product myopia[J]. Journal of Business & Industrial Marketing, 10(1): 23-33.

Schumaker, E. 1973. Small is beautiful[J]. Economics as if People Mattered, 25.

Schumpeter, J. A. 1961. The Theory of Economic Development: An Inquiry into Profits, Capital, Credit, Interest, and the Business Cycle[M]. New Jersey : Transaction Books.

Scott, J. E. 1995. The measurement of information systems effectiveness: evaluating a measuring instrument[J]. ACM SIGMIS Database, 26(1): 43-61.

Scott, W. R. 2001. Institutions and Organizations[M]. London: Sage Publications, Inc.

Shanteau, J., Rohrbaugh, C., Novelty, N. 2000. Social/Psychological Barriers to Successful Management of Techno-logical Innovation[M]// Bo Green, Risk Behavior and Risk Management in Business Life. Berlin, German: Springer: 151-159.

Sher, P. J., Yang, P. Y. 2005. The effects of innovative capabilities and R&D clustering on firm performance: the evidence of Taiwan's semiconductor industry[J]. Technovation, 25(1): 33-43.

Sherwin, C. W., Isenson, R. S. 1966. First Interim Report on Project Hindsight[R]. DTIC Document.

Sherwin, C. W. , Isenson, R. S. 1967. Project hindsight[J]. Science, 156 (3782): 1571-1577.

Skipper, H. D. , Kwon, W. J. 2007. Risk Management and Insurance: Perspectives in a Global Economy[M]. New York: Wiley-Blackwell.

Sok, P. , O'Cass, A. 2011. Achieving superior innovation-based performance outcomes in SMEs through innovation resource – capability complementarity[J]. Industrial Marketing Management, 40(8): 1285-1293.

Solo, C. S. 1951. Innovation in the capitalist process: a critique of the schumpeterian Theory[J]. The Quarterly Journal of Economics, 65(3): 417-428.

Souder, W. E. 1988. Managing relations between R&D and marketing in new product development projects[J]. Journal of Product Innovation Management, 5(1): 6-19.

Souder, W. E. , Song, X. M. 1997. Contingent product design and marketing strategies influencing new product success and failure in us and japanese electronics firms[J]. Journal of Product Innovation Management, 14 (1): 21-34.

Stalk, Evans, Shulman. 1992. Competing on capabilities: the new rules of corporate strategy[J]. Harvard Business Review.

Staropoli, C. 1998. Cooperation in R&D in the pharmaceutical industry-the network as an organizational innovation governing technological innovation[J]. Technovation, 18(1): 13-23.

Stewart, M. B. 1990. Union wage differentials, product market influences and the division of rents [J]. The Economic Journal, 100 (403): 1122-1137.

Storey, D. J. 1994. Understanding the Small Business Sector[M]. London: Thomson Learning Emea.

Storey, J. 2000. The Management of Innovation Problem[J]. International Journal of Innovation Management, 4(03): 347-369.

Stuart, R. , Abetti, P. A. 1987. Start-up ventures: towards the prediction of initial success[J]. Journal of Business Venturing, 2(3): 215-230.

Taplin, I. M. , Frege, C. M. 1999. Managing transitions: the reorganization of two clothing manufacturing firms in hungary[J]. Organization Studies, 20(5): 721-740.

Teece, D. J. 1986. Profiting from technological innovation: implications for integration, collaboration, licensing and public policy[J]. Research Policy, 15(6): 285-305.

Teece, D. J. 2006. Reflections on profiting from innovation[J]. Research Policy, 35(8): 1131-1146.

Tether, B. S. 2002. Who co-operates for innovation, and why: an empirical analysis[J]. Research Policy, 31(6): 947-967.

Tidd, J., Bessant, J. R., Pavitt, K. 2005. Managing Innovation: Integrating Technological, Market and Organizational Change[M]. New York: John Wiley & Sons Inc.

Trieschmann, J. S., Gustavson, S. G., Hoyt, R. E. 2001. Risk Management and Insurance[M]. Cincinnati: South-Western College Publishing.

Trist, E. 1981. The evolution of socio-technical systems[J]. Occasional Paper, 2.

Trott, P. 2008. Innovation Management and New Product Development[M]. London: Pearson Education Limited.

Tsai, K. H. 2009. Collaborative networks and product innovation performance: toward a contingency perspective[J]. Research Policy, 38(5): 765-778.

Tucker, L. R., Lewis, C. 1973. A reliability coefficient for maximum likelihood factor analysis[J]. Psychometrika, 38(1): 1-10.

Tung, J. 2012. A study of product innovation on firm performance[J]. International Journal of Organizational Innovation, 4(3): 84-97.

Utterback, J. M. 1971. The process of technological innovation within the firm[J]. Academy of Management Journal: 75-88.

Utterback, J. M., Abernathy, W. J. 1975. A dynamic model of process and product innovation[J]. Omega, 3(6): 639-656.

Van de Ven, A. H. 1999. The Innovation Journey[M]. Oxford: Oxford University Press.

Vaughan, E. J., Vaughan, T. M. 1995. Essentials of Insurance: A Risk Management Perspective[M]. New York: Wiley.

Venkatraman, N., Ramanujam, V. 1986. Measurement of business performance in strategy research: a comparison of approaches[J]. Academy of Management Review: 801-814.

Vermeulen, P. A., De Jong, J. P., O'shaughnessy, K. 2005. Identifying key determinants for new product introductions and firm performance in small service firms[J]. The Service Industries Journal, 25(5): 625-640.

Vermeulen, P. A. M. 2005. Uncovering barriers to complex incremental product innovation in small and medium-sized financial services firms[J]. Journal of Small Business Management, 43(4): 432-452.

von Hippel, E. 1976. The dominant role of users in the scientific instrument innovation process[J]. Research Policy, 5(3): 212-239.

von Hippel, E. 1987. Cooperation between rivals: informal know-how trading [J]. Research Policy, 16(6): 291-302.

von Hippel, E. 1988. The Sources of Innovation[M]. Oxford: Oxford University Press.

von Tunzelmann, N., Acha, V. 2005. Innovation in Low-Tech Industries [M]// Jan Fagerberg, Richard R. Nelson. The Oxford Handbook of Innovation. New York: Oxford University Press: 407-432.

Voss, C. A. 1985. Determinants of success in the development of applications software[J]. Journal of Product Innovation Management, 2(2): 122-129.

Vossen, R. W. 1998a. Combining small and large firm advantages in innovation: theory and examples[J]. University of Groningen.

Vossen, R. W. 1998b. Relative strengths and weaknesses of small firms in innovation[J]. International Small Business Journal, 16(3): 88-94.

Waarts, E., Everdingen, Y. M., Hillegersberg, J. 2002. The dynamics of factors affecting the adoption of innovations[J]. Journal of Product innovation Management, 19(6): 412-423.

Walker, R. 2004. Innovation and organisational performance: evidence and a research agenda [J]. Advanced Institute of Management Research Paper, 002.

Walker, R. M. 2008. An empirical evaluation of innovation types and organizational and environmental characteristics: towards a configuration framework[J]. Journal of Public Administration Research and Theory, 18(4): 591-615.

Walsh, J. P., Ungson, G. R. 1991. Organizational memory[J]. Academy of Management Review: 57-91.

Wang, T. Y., Chien, S. C. 2006. Forecasting innovation performance via neural networks - a case of taiwanese manufacturing industry[J]. Technovation, 26(5-6): 635-643.

Weerawardena, J. 2003. Exploring the role of market learning capability in competitive strategy [J]. European Journal of Marketing, 37 (3/4): 407-429.

Weerawardena, J., O'Cass, A., Julian, C. 2006. Does industry matter? Examining the role of industry structure and organizational learning in innovation and brand performance[J]. Journal of Business Research, 59(1): 37-45.

Weerawardena, J., Sullivan-Mort, G. 2001. Learning, Innovation and competitive advantage in not-for-profit aged care marketing: a conceptual model and research propositions[J]. Journal of Nonprofit & Public Sector Marketing, 9(3): 53-73.

Wenger, E. 1998. Communities of Practice: Learning, Meaning, and Identity [M]. Cambridge: Cambridge University Press.

Wheelwright, S. C., Clark, K. B. 1995. Leading Product Development: The Senior Manager's Guide to Creating and Shaping the Enterprise[M]. New York: Free Press.

Whitley, R. 2000. The institutional structuring of innovation strategies: business systems, firm types and patterns of technical change in different market economies[J]. Organization Studies, 21(5): 855.

Willett, A. H. 1951. The Economic Theory of Risk and Insurance[M]. Philadelphia: University of Pennsylvania Press.

Williams, A. 1999. Creativity, invention and innovation[J]. Allen & Unwin, 10(15): 10.

Williams, C. A., Smith, M. L., Young, P. C. 1995. Risk Management and Insurance[M]. New York: Irwin/McGraw-Hill.

Wind, Y., Mahajan, V. 1988. New product development process: a perspective for reexamination[J]. Journal of Product Innovation Management, 5 (4): 304-310.

Winter, S. G. 1984. Schumpeterian competition in alternative technological regimes[J]. Journal of Economic Behavior & Organization, 5 (3-4): 287-320.

Wright, P. M., Dunford, B. B., Snell, S. A. 2001. Human resources and the resource based view of the firm[J]. Journal of Management, 27(6): 701-721.

Wright, P. M., McMahan, G. C. 1992. Theoretical perspectives for strategic human resource management[J]. Journal of Management, 18(2): 295-320.

Wright, P. M., McMahan, G. C., McWilliams, A. 1994. Human resources and sustained competitive advantage: a resource-based perspective[J]. International Journal of Human Resource Management, 5(2): 301-326.

Xie, X., Zeng, S., Tam, C. 2010. Overcoming barriers to innovation in smes in china: a perspective based cooperation network[J]. Innovation: Management, Policy & Practice, 12(3): 298-310.

Xu, Q., Chen, J., Xie, Z., et al. 2007. Total innovation management: a novel paradigm of innovation management in the 21st century[J]. The Journal of Technology Transfer, 32(1-2): 9-25.

Yoon, E., Lilien, G. L. 1985. New industrial product performance: the effects of market characteristics and strategy[J]. Journal of Product Innovation Management, 2(3): 134-144.

Zahra, S. A., Covin, J. G. 1993. Business strategy, technology policy and firm performance[J]. Strategic Management Journal, 14(6): 451-478.

Zahra, S. A., Neubaum, D. O. 1998. Environmental adversity and the entrepreneurial activities of new ventures[J]. Journal of Developmental Entrepreneurship, 3(2): 123-140.

Zeng, S. X., Xie, X., Tam, C. 2010. Relationship between cooperation networks and innovation performance of SMEs[J]. Technovation, 30(3): 181-194.

Zirger, B. J. 1997. The influence of development experience and product innovativeness on product outcome[J]. Technology Analysis & Strategic Management, 9(3): 287-297.

Zott, C. 2003. Dynamic Capabilities and the emergence of intraindustry differential firm performance: insights from a simulation study[J]. Strategic Management Journal, 24(2): 97-125.

Zwick, T. 2002. Employee resistance against innovations[J]. International Journal of Manpower, 23(6): 542-552.

附　录

附录1　企业访谈提纲

1.请您介绍一下近几年企业进行的各类创新活动,以及相应的创新成果,对企业业绩的影响。

2.请您介绍一下近几年整个纺织产业创新的状况,包括创新企业状况、从事哪些方面的创新、创新程度等。

3.根据您对创新管理的经验,请分析一下哪些因素可能会导致创新失败,其中最关键的三个因素是什么?

4.请谈一下创新对企业业绩的影响,如对利润、销售、规模等方面的影响。

5.对企业的经营业绩有哪些衡量指标? 这些指标能否有效地反映出企业经营业绩? 最能真实反映企业经营业绩的三个指标您认为是什么?

6.您是否了解政府对企业创新的一些扶持政策? 哪些政策对企业来说比较重要、实用? 企业从这些政策中受益了吗? 您期待政府出台那方面的新政策?

附录2　中小纺织企业创新调查问卷

尊敬的企业领导、经理及相关部门负责人：

您好！感谢您在百忙之中来完成这份问卷。本问卷纯属学术研究的目的，我们承诺对您提供的所有信息保密！如果您对本研究的结论感兴趣，我们会在研究结束后将研究结果发送给您。

企业名称：＿＿＿＿＿＿＿＿　　您所在的部门：＿＿＿＿＿＿＿＿

您的职位：＿＿＿＿＿＿＿＿

以下1～4题，请在相应的选项前的 □ 内打√。

1.企业当前员工数量：

□ 1～19 人　　　　　　　　　　□ 20～99 人

□ 100～199 人　　　　　　　　 □ 200～299 人

□ 300 人及以上

2.企业经营时间已达：

□ 0 年到 3 年(未到 4 年)　　　 □ 4 年到 6 年(未到 7 年)

□ 7 年到 9 年(未到 10 年)　　　□ 10 年到 12 年(未到 13 年)

□ 13 年及以上

3.企业最主要的主营业务：

□ 纺织面料生产和销售　　　　 □ 纺织印染

□ 纺织贸易　　　　　　　　　　□ 服装加工和生产

□ 其他

4.企业目前需面对的竞争者数量：

□ 非常少　　　　　　　　　　　□比较少

□ 一般　　　　　　　　　　　　□比较多

□ 非常多

以下5～7题，请结合企业实际情况，对下列陈述进行判断。1 代表与企业实际情况完全符合，2 代表与企业实际情况比较符合，3 代表与企业实际情况基本符合，4 代表与企业实际情况不太符合，5 代表与企业实情况完全不符合。请根据您的判断在相应的表格中打"√"。

5. 企业绩效

请结合近三年企业经营业绩,回答以下问题:	1 2 3 4 5

PF1－企业的投资回报率难以达到预期水平

PF2－企业的产品销售毛利率难以达到预期水平

PF3－企业的销售额增长率难以达到预期水平

PF4－企业的利润增长率难以达到预期水平

PF5－企业的规模增长难以达到预期水平

PF6－企业的管理水平难以达到预期水平

6. 企业创新

A. 请根据近三年企业的产品创新,请回答以下问题:	1 2 3 4 5

PD1－开发新产品或新服务难以实现

PD2－开发产品的新用途难以实现

PD3－改进现有产品的性能难以实现

PD4－改进现有产品的质量难以实现

PD5－改进现有产品的用户友好性难以实现

CX1－企业的产品创新水平达不到同行竞争者的水平

B. 请根据近三年企业的工艺创新,请回答以下问题:	1 2 3 4 5

PC1－生产技术改进难以实现

PC2－生产设备改进难以实现

PC3－软件升级难以实现

PC4－物流改进难以实现

PC5－生产辅助支撑活动(采购、会计、数据处理等)的改进难以实现

CX2－企业的工艺创新水平达不到同行竞争者的水平

C. 请根据近三年企业的营销创新,请回答以下问题:	1 2 3 4 5

MK1－产品设计改进难以实现

MK2－产品外观改进难以实现

MK3－产品的分销方式改进难以实现

MK4－产品的促销方式改进难以实现

MK5－产品的定价策略改进难以实现

CX3－企业的营销创新水平达不到同行竞争者的水平

D. 请根据近三年企业的组织创新,请回答以下问题:	1 2 3 4 5

OG1－管理工作的组织方式或程序改进难以实现

OG2－工作的职责划分改进难以实现

OG3－工作的决策分配改进难以实现

OG4－业务处理方式改进难以实现

OG5－与其他企业或机构的组织关系改进难以实现

CX4－企业的组织创新水平达不到同行竞争者的水平

7. 创新现状

A. 关于外部知识、信息和投入品的陈述，请回答以下问题：	1 2 3 4 5
F1－缺少来自供应商的技术信息	
F2－缺少来自供应商的投入品	
F3－缺少来自顾客的信息	
F4－缺少来自竞争对手的技术信息	
F5－缺少来自竞争对手的市场信息	
F6－缺少来自科研院所的技术信息	
F7－缺少来自一般公开性的技术信息	
F8－缺少来自一般公开性的市场信息	
B. 关于企业外部合作的陈述，请回答以下问题：	1 2 3 4 5
F9－与供应商合作不足	
F10－与顾客合作不足	
F11－与同行合作不足	
F12－与高校合作不足	
F13－与研发机构合作不足	
F14－与广告营销服务机构合作不足	
C. 关于市场与公共政策的陈述，请回答以下问题：	1 2 3 4 5
F15－市场需求不确定性	
F16－市场需求潜力不足	
F17－市场竞争激烈	
F18－政策支持不足	
F19－政府规制	
F20－政策扶持不到位	
D. 关于人力资源能力的陈述，请回答以下问题：	1 2 3 4 5
F21－员工管理知识、技能不足	
F22－员工技术知识、技能不足	
F23－员工管理经验不足	
F24－员工技术经验不足	
F25－员工管理技能学习或培训不足	
F26－员工技术技能学习或培训不足	
F27－专业人员数量不足	
F28－员工技能互补性不足	
E. 关于财务资源的陈述，请回答以下问题：	1 2 3 4 5
F29－企业自有资金不足	
F30－资金来源渠道较少	
F31－吸引外来资金难度大	
F32－创新成本难以估计	
F33－创新成本难以控制	

（续表）

F. 关于管理与文化的陈述，请回答以下问题：	1 2 3 4 5
F34—创新计划不完善	
F35—创新战略不完善	
F36—缺少获取信息的外部网络	
F37—缺少外部沟通	
F38—缺少内部沟通	
F39—企业主领导和支持创新不足	
F40—组织缺少创新文化	
F41—管理层对创新的抵制	
F42—员工对创新的抵制	

问卷到此结束，谢谢您的作答！

索 引